贵州省教育科学规划课题 2021 年度
“百年贵州学前教育发展研究”（课题批准号：2021B2

U0812989

1921年

百年贵州学前教育发展

娄小韵 编著

2021年

天津出版传媒集团
天津古籍出版社

图书在版编目（CIP）数据

1921年—2021年百年贵州学前教育发展 / 娄小韵编著. -- 天津 : 天津古籍出版社, 2024.8
ISBN 978-7-5528-1446-0

Ⅰ. ①1… Ⅱ. ①娄… Ⅲ. ①学前教育－教育史－贵州－1921-2021 Ⅳ. ①G619.29

中国国家版本馆CIP数据核字(2024)第016511号

1921年—2021年百年贵州学前教育发展

1921NIAN —2021NIAN BAINIAN GUIZHOU XUEQIAN JIAOYU FAZHAN

娄小韵 / 编著

出　　版　天津古籍出版社
出 版 人　张　玮
地　　址　天津市和平区西康路35号康岳大厦
邮政编码　300051
邮购电话　（022）23517902

责任编辑　吴曈曈
美术设计　寒　露

印　　刷　河北万卷印刷有限公司
经　　销　全国新华书店
开　　本　710毫米×1000毫米　1/16
印　　张　16.75
字　　数　230千字
版次印次　2024年8月第1版　2024年8月第1次印刷
定　　价　78.00元

版权所有　侵权必究
图书如出现印装质量问题，请致电联系调换（022—23517902）

前言

我国幼儿园发端于清朝末年“新政”进行教育改革的时期，清政府兴办蒙养院，是近代学校教育的预备阶段。光绪二十八年（1902年）张之洞在《奏定学堂章程》规定设蒙养院，专门教导3—7岁的幼儿。1904年1月13日，《奏定学堂章程·蒙养院及家庭教育法》，即“癸卯学制”，规定：“凡省、府、州、县及极大市镇，现均有育婴堂、敬节堂，兹于育婴、敬节二堂内附设蒙养院”，以“保育教导”3岁至7岁儿童“专在发育身体，渐启其心知，使之远于浅薄之恶风，习于善良之轨范”。规定蒙养院课程设置为游戏、歌谣、谈话及手技。在教育方法上主张“在就儿童最易通晓之事情，最所喜好之事物，渐次启发涵养之”。由于政府对幼儿教育教材没有明确规定，西方的幼儿教育课本又尚未引进，贵州各幼稚班使用的教材很混乱，多由教师自选自用。读方面的教材，往往是《百家姓》《三字经》一类，故事是“二十四孝”等，有的教师还让幼儿背诵五言绝句等古诗，识字如“人、手、刀、尺、田、土、琴、棋、书、画”等。数方面多是沿用小学一年级教材，注重运算、做习题、数数等。唱歌也采用小学生唱歌教材或民间歌谣。蒙养院进行课堂教学，以背诵为主，伴之以体罚教育。蒙养院置院董（即院长）一人，并酌设司事，管理院中事务（负责保教工作的称“保姆”，由堂内识字的老妇人担任）。官立蒙养院的院董、司事由官府选派，公立和私立蒙养院的院董、司事的任用，须报当地地方官核准、立案。教育经费的筹集和管理在兴办学堂前没有统一规定，兴办学堂后，教育经费由劝学所管理。

湖北幼稚园是中国第一所官办幼稚园。湖北巡抚端方于光绪二十九年八月（1903年9月）设于湖北武汉阅马场，聘请日本人户野美知惠担任园长，另聘三位日本保育员，借鉴日本的管理制度，确定目标为“专辅小儿自然智能、开导文理、涵养德行，以备小学堂之基础”，理念为“重养不重教”，宗旨为“幼稚园因家庭教育之不完而设，重养不重学，保全身体之健旺，体育发达基此；培养天赋之美材，智育发达基此；习惯善良之言行，德育发达基此”（《开办章程》）。幼稚园招收两个班：5—6岁，一年卒业升入小学；4岁左右，两年卒业。男女均招。内设训话室、游戏室、开诱室等11处，保育科目为行仪、训话、唱歌、手技、游嬉等。并附设女子速成保育科，招15—35岁女子，培训为保育员。1904年，湖北幼稚园改名为武昌蒙养院。

贵州省幼儿园也始于同一时期。贵阳一些热心教育的有识之士积极推广新学，开始兴办幼稚教育。光绪三十一年（1905年）私立达德小学堂添设初等预备科（亦称蒙养班），选学生中之幼稚生、未曾入塾者入学，学制为一年，学满者旋即升入小学一年级。随后，贵阳的光懿女校（宣统元年，1909年）、蕴真女子小学（宣统二年，1910年）也相继添办了蒙养班。随着新学开办，小学堂增多，小学附设预备班也得到了发展，凡官立、私立小学堂有条件的便设置预备班（只招收男幼童）。遵义地区仁怀县知县杨睿川据此于光绪三十一年（1905年），在仁怀县城东头兴建及幼堂，收养3—7岁孤贫子弟入堂训读。又据有关史料载：遵义县（今遵义市播州区）属之沙滩黎氏家族，十分注重子弟的学前教育。黔西南地区清末民初，兴义县曾在城内初等小学堂（校）开办过蒙养班，亦称小学预备科，对幼儿进行学前一年教育，于次年升入本校一年级。铜仁地区在光绪三十二年（1906年），松桃县（今松桃苗族自治县）丁同知、陈价委、代人俊等人，就崧满书院办师范讲习所，附设蒙学一所。与此同时，城内私立大同学堂设蒙学二班，一年后随大同学堂停办。贵州省小学堂附设预备班及后来众多公立、私立小学附设的幼稚班，教学计划与课程设置基本照政府规定课程安排，没有统一教材，各科课时没有具体规定，教材内容及教学计划的随意性较大。每周开设手技课2—3节，主要内容为剪纸、贴纸、折纸、图画，乐歌及游戏也列在课时内。受设备限制，游戏内容简单、仅限于捉迷藏、赛跑、跳绳、拍小皮球等，早操的操节动作与上操时间与小学生一致，每天幼儿也有一定的自由活动时间。

清末民初，全省仅有少数官立、私立小学设预备班、幼稚班，由于官府对这些班的设置并无统一要求，其开办撤销均视小学校的条件而定，由小学统一领导和管理，经费、学制、教师任聘基本沿用小学标准，省市县各级教育部门并无专门机构和专人管理。小学附设预备班带有封建性，如对学生处以打手心、罚站、罚跪等处罚。上课时让幼儿很端正地坐着，教师在讲台上讲，幼儿死记硬背。幼儿被要求完全模仿教师，不允许按兴趣活动，教学方法纯系注入式。学期结束教师要对幼儿进行考试，成绩分为上、中、下三等，操行评语也要一起写在成绩单上交给家长。

民国元年（1912年），教育部公布《小学校令》，蒙养院更名为蒙养园，儿童入园年龄改为3—6岁。1912年后，一些官立和私立小学设有预备班，只招收男幼童，称为蒙养园（后改称蒙养院）。1922年又改称幼稚园。贵州省内小学附设的幼稚班、预备班一般设级任教师一人，专任教师则多由小学教师兼任，不设保育人员。随着国外幼稚教育的内容、方法逐渐传入我国，上海、南京、北京等大城市幼稚园的教育有很大改进，贵州省幼稚园的课程设置也改为看图说话、唱歌、舞蹈、手工、图画、游戏等。教师根据《幼稚园课程标准》编写教材，开展教学游戏，教幼儿识字、认识几何形体、比较物体大小，教简单的计算，开展教学游戏。卫生保健方面仅限于安全保护和饮食起居、卫生习惯的培养。地方教育经费仍由各县劝学所管理。各县成立地方经费局后，教育经费遂改由地方经费局管理，但管理制度混乱，教育经费的若干款项被挪作他用。

清末民初，兴义县曾在城内初等小学堂（校）开办过蒙养班，亦称小学预备科，对幼儿进行学前一年教育，于次年升入本校一年级。1916年威宁彝族回族苗族自治县城区两级小学设幼稚班一班。1920年前后，省立贵阳职师范附小就设有预备班，学制为半年。随后，私立复旦、中正、志成、贵阳女子师范附小等也都设有预备班1—2班，预备班的开设多视该校教员、经费状况而定，时办时停。

清末至民国时期，蒙养院、幼稚园（班）沿用小学管理制度。各幼稚园（班）视其办学条件和家长意愿来确定学制和教学时间，随意性很大。中心学校所设幼稚园（班），均为全日制，幼儿上下午到校学习，随小学生上学、放学，学制一年。贵州苦于时局混乱，军阀混战，政局不宁，贵阳小学教师中虽有提倡重视幼稚教育者苦心经营，但幼稚班仍寥若晨星。

目　录

第一章

1921年—1949年贵州学前教育发展状况

第一节 1921 年—1937 年贵州学前教育艰难发展阶段

1922 年，国民政府在全国实施“新学制”，“蒙养院”改称“幼稚园”，招收 6 岁以下幼儿。幼稚园大多附设于国民学校和国民女子学校中，有官立和私立两种。次年，《贵州教育公报》载：“本省因教材缺乏，至今尚未开办幼稚园，计划于 1924 年上半年成立各大县幼稚园，下半年成立各中、小县幼稚园。”政府对学前教育发展的设想，因当时贵州军阀割据、政局混乱、民生凋敝，整个教育事业处境艰难，各县建立幼稚园的计划均未实现，贵州学前教育实际处于自生自灭的状态。1923 年及以后的政府教育报告中，对全省幼儿教育提出了发展要求及情况报告，但其管理仅限于此。

1932 年，国民政府公布了《小学法》，明确规定“小学得附设幼稚园”，贵州省各地区小学纷纷附设幼稚园。按教育部《幼稚园课程标准》的规定，幼儿园课程设置为：工作（这里的“工作”指上课，这种称谓用至 1981 年）、唱歌、常识、故事、说话、游戏，常规活动包括静息、餐点、整洁。此后，省内幼稚园基本按照部颁标准设置课程，但亦从本省、本园情况出发，有所增减。在“儿童中心说”的影响下，提倡尊重儿童自由活动，要求根据幼儿的兴趣、能力和需要设计幼儿教育活动。主张采取“游戏教学法”，以抓住幼儿的学习动机，引导幼儿参与，达到学习知识、掌握技能的目的。贵州省各县的蒙养班、幼稚班，限于办学条件，规定的教育活动得不到全面开展，除按课程表上课外，主要是做一些传统的游戏，活动项目较为单调。由于受我国著名教育家陈鹤琴和张雪门教育思想的影响，幼稚园教师逐渐接受了“凡儿童能够学的东西，而又是应当学的，就应该教给他，就能成为幼稚园可用的教材”的教学观点，摒弃了枯燥无味、脱离儿童实际的教材。

二十世纪二三十年代，著名幼儿教育学家陈鹤琴创立了“整个教学法”（后称为“单元教学”），并在全国得到推广。30年代末，贵州省的幼稚园开始使用这种方法进行教学。抗战时期，大量外省籍教育人士流入贵州，其中不乏专门的幼教人才。1941年—1943年期间，贵阳的公立和私立幼稚园、幼稚班聘任的教师中，几乎有一半为外省籍受过专门培训的教师。他们将当时外地使用的教材、教学管理法、教学方法带到贵州，促进了贵州幼儿教育质量的提高。当时国民政府教育部颁发的《幼稚园课程标准》，将“单元教学”列为教学方法之一。其要旨是“以一星期为一个时间单元，以幼儿能接触到的大自然和社会，选择一个中心课题，使其成为一个系统，并使各科目中间互相连接起来”。如某周以小白兔为中心，一周之内的故事、唱歌、图画、手工、说话、识字、游戏都围绕着这个中心选材和安排课时。每学期的教学重心，从德、智、体各方面的发展考虑内容，在学期开始时列入教学计划，确定下来。

单元教学法在贵州推行后，一些学校还开展了实验研究工作。1942年9月出版的市立实验小学校刊《教学实验》第一卷第一期中即刊有《幼稚园教学实况报告——秋天中心教学的一个实例》一文。1942年，陈鹤琴先生到贵阳，参观了贵阳市立幼稚园，恰遇该幼稚园单元教学设计的中心为“义卖汤圆”。园主任召集幼儿请陈先生讲了“小面团人”的故事。幼儿在同教师、工人一道做汤圆时表现认真，陈先生十分赞赏。为了支援抗战，教师与幼儿一块义卖汤圆3天，把所得款全部用以捐助抗日，这项活动对幼儿教育有很大帮助。

1935年，贵州省制定《贵州省各县教育经费稽核委员会简章》《贵州省各县义务教育经费经管办法》等法规，县教育专款由县政府统收统支。

贵阳小学教师中亦有提倡重视学前教育者，无奈时局不稳，虽备尝辛苦，幼稚班数量仍不多。直到1937年，贵阳也只有乐群、达德、志成、正谊、复旦、女师附小等小学校附设有幼稚班。贵阳私立达德小学校附设幼稚班已开始使用“福禄培尔”“蒙台梭利”的教材教法，校董黄干夫从日本购回“蒙台梭利”教具，玩具已有积木、大洋娃娃、跷跷板、大皮球等，幼稚班还配有适合幼儿的小桌子、小圆凳、长餐桌。这一时期，幼稚班开始注意改变小学的教法，增加幼儿活动、游戏。大部分幼稚班已开设午点，增加了保育成分。铜仁地区的玉屏县（今玉屏侗族自治县）于1932年在两级小学里开办幼稚班。黔南地区幼儿教育的开端为罗甸县边阳中心小学在1932年开设一幼稚班，招收二十余名4—7岁幼儿进行学前教育。随后，都匀、独山、定番、平越、大塘等县亦在县城办了幼稚园，有的还在大型小学附设幼稚班。幼稚园时办时停，多数仅有20—30名幼儿，最多的也不过60—70名幼儿，规模比较小。到解放时，除独山、惠水、平越3县县城各有1所幼稚园仍开办外，其余均已停办。黔西南地区延至1929年，兴义县在县城第一两级小学校仿照办蒙养班的办法，开办了一个幼稚班，将初小一年级中不满6岁的儿童编入幼稚班，进行学前一年教育，为次年升读一年级打好基础。这个班连续办了5年，于1934年停办。1932年黔西南除兴义县已办有一个幼稚班外，其余各县没有兴办幼儿教育的记载。毕节地区黔西县（今黔西市）刘端蓉、刘端肃于1921年创办的女子国民学校（今城关五小）附设1个幼稚班，1924年和1926年，新场镇（今属金沙县）致用小学和城区第一两级女子学校（今城关六小）各附设幼稚班一班，1936年和1946年，岩孔（今属金沙县）小学和城区一小各附设幼稚班一班。

第二节　1937 年—1949 年贵州学前教育缓慢发展阶段

1937 年抗日战争全面爆发后，国民政府组织战区高校向西南大后方迁徙，省外许多高校迁入贵州，使得近代中国为数不多、规模不大的高等教育资源被保护下来，这促进了大后方教育事业的发展，培养了大批抗战和建设需要的各方面人才，贵州学前教育在此期间也有所发展。贵州省政府再次提出在“繁要”县份设立幼稚园，在一般县份于小学内设幼稚班的发展幼稚教育计划。贵州省教育厅始规定：“开办幼稚园（班）之经费列入年度经费支出概算。”

据 1937 年编印的《贵州教育概况》记述：“在今后对于初等教育之改进计划：1. 拟于二十六年度，在省会设立幼稚园四所，以便施行学前教育并为外县设立幼稚园之模范。2. 本年度拟令饬较繁要县份设立幼稚园一所，其余县份则合于设备完善之小学内，开办幼稚班。”

当年 9 月，贵州省教育厅创办贵州省立幼稚园。省立幼稚园是贵州省第一所独立建置的幼稚教育机构，直属省教育厅第二科分管，园主任由厅直接委任，人事编制、教职工待遇均按省立小学标准。10 月，贵州省立幼稚园正式开园。省教育厅委任陆美娅（上海南翔籍）为园主任、王祯（贵阳籍）为教员。初创借用贵阳中山公园（原贵阳市委机关所在地）内房舍开办，有幼儿二十多名，为 1 个班，园长、教师各 1 人。1938 年迁至回香坡新建园址（现科学路省科委），扩大为 4 个班，幼儿 156 人，教师也增至 8 人。教师分为导师（相当于级任教师）、助教，其他人员有庶务、工人。编制标准为每班导师 1 人、助教 1 人，全园庶务 1 人，工人视班级多少而定。教师待遇与省属小学教师一致。1939 年 11 月，日机轰炸贵阳，市内学校疏散，该园迁至花溪镇，贵阳城内仍留一班，搬迁至油榨街。此时维持艰难，几乎濒于停办。1943 年，该园迂回护国路。1944年8月，该园搬迁至龙井路新建园舍内。省立幼稚园直属省教育厅管理，其编制、教师待遇亦均按省立小学的标准。因首任导师王祯从南京女子师范学校毕业归黔，所以该园自开办起，即基本采用当时新的教育方法，使用的教材有张雪门、陈鹤琴主编的幼稚园故事、常识、美工、音乐等，并有《幼稚园教材研究》《新幼稚教育》等参考书作为指导。此后，全省继续兴办了一批幼稚园。

1937年春，贵阳女师招收42名学生读幼师班，这是贵州幼儿教育师资培养的开始。以后，贵阳女师于1945年、1946年、1947年曾招收3个幼师班。

1937年，黔东南地区镇远县在黄泥岗短期小学内设幼稚班，入班幼儿28人；同年，青溪县立城区女子初级小学设幼稚班，有幼儿11人。

1938年秋，毕节县（今毕节市）第一女子小学（今城关二小）附设幼稚班一班，幼儿三十余人，教师洪文荃、洪文芬，洪文荃任班主任。课程有识字、识数、游戏、听音、讲故事。1939年秋，洪文荃调离该校，幼稚班停办。1942年，洪文荃任该县第一女子小学校长后幼稚班恢复，招收幼儿三十余人，添置了教玩具。教师为吴学兴。1946年春，洪文荃调离该校，幼稚班再次停办。1939年，锦屏县在城区、茅坪、卦治、偶里、瑶光、敦寨6所两级小学内附设幼稚班，共有幼儿116人。翌年，炉山县凯里小学附设幼稚班，有幼儿七十余人。

1939年，民国政府制定《幼稚园规程》，并于1943年制定《幼稚园设置办法》，前后两个文件，逐步将幼儿教育纳入由各级教育行政部门统一领导并管理的轨道。幼稚园、班的设置，幼稚园主任（园长）、教员（导师、助教）的任免，视同小学校管理体制，由省、县教育厅、教育科分级管理；幼儿教育经费列入县级教育经费预算，私立小学附设幼稚班、私立幼稚园经政府批准后视办学情况给予一定经费资助。黔西南各县先后开办的小学附设幼稚班，大致上都是在省教育厅的行政命令下，由县教育科直接部署开办起来的。由于不是单设机构，各幼稚班的停办都未经批准。安龙私立群力幼儿园的设立，主任、教员的任用，均经县教育科批准，并报省教育厅立案。群力幼儿园内部设董事会，领导并负责管理有关经费筹措，预、决算审查，保教督导以及提出教职员的选聘人选、辞退意见等重大事项。

据1940年11月“贵州省教育厅经费分配表”记载，“省立幼稚园年经常经费为2656元”。当时幼儿的收费标准按小学生收费标准确定。同年，黔西南地区安龙县热心幼儿教育的王斐渊、王文兰、刘鸾书等集资金创办群力幼稚园（私立）于县城中山公园，王斐渊任董事长，王文兰任主任。这是黔西南第一所幼儿园，也是黔西南在民国时期唯一的一所独立设置的幼儿园。群力幼稚园当年招收幼儿40名，其中女幼儿19名，教职工3人。次年，离园幼儿20名，新招幼儿37名，在园幼儿增至57名，其中女幼儿25名，共设2个班。这一年经费开支850元。这所幼稚园一直办到1949年，共有十年的办学历史。有的年份开设两班，有的年份只开一班，每年在园幼儿约50名。1950年该园未再开学。1941年，晴隆县于民众教育馆开办一个幼稚班，招收幼儿40名，一年后停办。

1941年，国民政府实施“新县制”，颁布《学校系统标准》。《学校系统标准》规定各地兴办幼稚园。贵州省各地幼儿教育发展很不平衡，省会贵阳发展最快。据《贵州省教育统计》记载：贵州省在1941年—1949年有幼稚园8所，11个班，学生281人，教职员14人。幼稚园（班）把“单元教学”作为主要的教学方法。单元教学以一个星期为一个时间单元，从幼儿能接触到的大自然和社会中选择一个中心课题，使其成为一个系统，并使各科目互相连接起来。如在以春天为中心时，一周之内的故事、唱歌、说话、识字、图画、手工，游戏都围绕这个中心组织教学内容和安排课时，有重点地进行联系教学。20世纪40年代，省内一些幼稚园选用了商务版沈白英等编幼稚园常识160课，幼稚园故事160篇及手工、律动等作教材，但由于这类书籍在贵州各地很少见，仅有的几本又是教师教课的“本钱”，互借不易，加上当时采用单元教学法，每个中心的设计都要符合幼儿的知识状况，所以大多数教材仍是自编教材。

1941年春，贵阳中华基督教会的妇孺工作委员会创办“福幼园”，由加拿大传教士宋晋思和中国传教士郑兆华负责并担任教师，只收教徒子女入园。园址设在贵阳市双槐路（今护国路）中华基督教会内，同年11月，福幼园随教会迁至黔灵西路，教会为纪念教会创始人诚敬一，将福幼园改名为“敬一幼稚园”，汤韵文任园长，入园幼儿八十余名，班级增为3个班。幼稚园教室简陋，园内设施简单，只有供孩子们学习和游戏的课桌椅、少许玩具、少量书籍等，户外供孩子们活动的场地上有两台大型玩具，老师们除了照顾孩子学习、游戏和生活外，还要为孩子们动手制作大量简单的玩具和教具。同年，贵州基督教中华圣公会会长黄奎元在贵阳中山西路创办“中华圣公会幼稚园”，陈美香为园主任，先只招收教徒子女，后兼收少数社会上层人士的子女。其后该园改名为“德慧幼稚园”。与此同时，中华基督教女青年会在贵阳郭家湾开办了一所“实验托儿所”，招收1—6岁幼儿入园。这一时期，幼儿园教师极为缺乏。在各幼稚班、幼稚园中，受过幼儿教育专门训练的大都是从内地疏散来贵州的外省籍教师。教会办园的行政、业务、经费等的管理由当地教区负责。如贵阳德慧幼稚园，教职工工资由基督教云贵教区从昆明汇来，不足部分由幼儿缴费补充；入园幼儿每学期缴学费银币2元，后来增加为10元，外加点心费1元；园主任由教区派任；教职工一般都是教徒。

1941年《贵阳市政》中《一年来贵阳市之教育》一文记载：除市政府积极筹设托儿所外，对实验托儿所（指设在六广门外的托儿所）每月补助经费1000元，时时加予指导。1943年，贵阳市立幼稚园正式开学。依照省教育厅“择优良中心学校附设幼稚班”之训令，贵阳市公立、私立小学附设的幼稚班在原有基础上有所增加，规模也有所扩大。

贵州企业公司私立建业小学改为贵阳市立实验中心学校，并附设了幼稚园。花溪幼儿园一学期每个学生收学费 2.5 元（餐点费另计），这笔经费主要用于幼儿手工劳作材料费及卫生费。由于教育经费只限于供给教职工薪金，设备费很少或没有，以至幼稚园的设备十分简陋。一般仅有桌椅和风琴，既无玩具，亦无图书。这种状况一直延续到贵州解放。中华人民共和国成立前，私立幼稚园、教会办幼稚园及私立小学附设幼稚班的举办需报请当地政府教育部门审定，批准的才可以开办。政府视办学状况给予一定经费上的资助。主要经费来源除校董会筹措外，尚需学生交学费补充，因而收费较公立幼稚园高。这类幼稚园均有董事会组织，幼稚园直接受董事会的领导。20 世纪 40 年代，贵阳市幼稚园的课程设置为：故事、计算、谈话、文艺、音乐（唱歌、律动）、工作（沙箱、剪贴、刺工、缝纫、编织、纸工、泥工、木工）、图画（自由画、着色画、涂鸦画、轮廓画、印影画、木印画、变化画以及填图）游戏等。据贵阳市立实验中心学校 1942 年印制的《教学实验》第一卷第一期载：在部分幼稚园课程表里没有读物（即识字）一项，但幼稚园大都有这项课程，因为幼稚生于识字也能产生浓厚兴趣，并且对读书和学习语言有很大关系，所以在大班设读物。读物内容很简单，如“秋天天气好，菊花都开了；秋天天气凉，绿树换衣裳”等。

遵义县妇女会于 1941 年在老城元天宫巷口的关圣殿开办县立幼稚园，取名为“四二托儿所及幼儿园”。入园幼儿 90 人，教职员 9 人。四二托儿所及幼儿园后收归教育科管理，更名“遵义县立幼稚园”。入园幼儿三十多人，教职工 2 人，以后幼儿增多，教职工增至 3 人。1942 年—1943 年，遵照省教育厅的《施政报告》中提“奠定各县幼稚教育之基础，促幼儿教育之推进”的精神，湄潭、凤冈、仁怀三地各开办幼稚园 1 所。其中仁怀县（今仁怀市）幼稚园设县民教馆（原四川会馆），由县妇女会领导，首届入园幼儿 32 人，保育员 1 人。在此期间，遵照省教育厅令，省立遵义师范附属小学也增设幼稚班三个班，“供本校毕业学生之实习和辅导改进本师范区所辖各县幼稚教育之设（实）施”。天柱县在新舟、远口设幼稚班，入学幼儿 48 人。

1942 年省政府发布《关于建立幼稚园的规定》，严令各县限期在本年内设立幼稚园或择优良中心学校附设幼稚班。黔西南各县这才全面开展筹划兴办幼儿教育，但都决定不单独设立幼稚园（已建的私立群力幼稚园例外），而要求城乡中心小学校普遍设立幼稚班，以求幼儿教育的大发展。1942 年—1943 年贵州省政府教育厅的《施政报告》提出：“为奠定本省各县幼稚教育之基础，促幼稚教育之推进，已通知各县（市）政府积极筹设县（市）幼稚园，或就各该县（市）中心学校尽量增设幼稚班级外，并令知省立各师范附属小学，自 1932 年起，一律增设幼稚班各一班，以供各该校毕业学生之实习，并辅导改进该师范区内所辖各县幼稚教育之设施。”全省分为 7 个师范区，即贵阳、镇远、都匀、盘县（今盘州市）、遵义、毕节、铜仁 7 个区。其中省立女子师范学校、贵州省立贵阳师范学校原办有幼稚园，毕节、盘县、遵义等地师范也办起了幼稚园。贵阳市实验小学还于 1942 年秋附设了有 3 个班的幼稚园。此外，盘县、独山、绥阳、黔西、安顺等县有不少国民中心小学设有幼稚班。私立幼稚园也开始兴办，赖永初捐资在贵阳太慈桥创设永初教养院。毕节大定城区女子小学（今城关一小）附设幼稚班一班，幼儿二十多人，都是公教人员和中产以上人家的子女。幼稚班由女小校长曾繁伟领导，徐道任班主任，实行全日制教学，课程有看图识字、识数、卫生常识。经费部分由县教育经费开支，部分由保育费补充。幼稚班仅办 1 年，当年 12 月停办。1948 年，毕节师范学校校长毛训仰在该校附小附设幼儿园 1 所，招收幼儿近百人，分小、中、大三班。小班儿童 3—4 岁，中班儿童 4—5 岁，大班儿童 5 岁以上。地点设在毕师后山（今地区医院），课程同前。教师为洪文荃、丁瑾、秦丽华。该园一直到中华人民共和国成立前夕才停办。以上幼稚园（班）存在时间很短，最长的办了五年，最短的才办半年，到中华人民共和国成立前夕仅存毕节师范附小幼稚园1处。

1943年贵州省政府函复贵州省临时参议会第二届第二次大会决议第二十七号《再请严促各县增设幼稚园，所重幼稚教育一案》称：“各县遵令设立者固少，而办有成效者，更属寥寥，大大影响幼稚教育之进展，兹特重申前令，所有未设立幼稚园之各县，务于各县教育经费内筹拨专款，先于城区设立幼稚园，或择优良中心学校附设幼稚班，限于本年春季，筹组成立。”同年，按照省教育厅“省立各师范附属小学，一律增设幼稚班，以供师范毕业生之实习，并辅导改进本师范区内所辖各县幼稚教育之设施”的要求，各师范学校陆续在附小办起幼稚园。

1942年和1943年两年中，各县城乡都办起了一批幼稚班，这是民国时期幼儿教育发展最快、数量最多的时期。据兴仁县（今兴仁市）的调查统计，该县的14所中心小学校中就有7所办起了幼稚班，入园幼儿约300名。然而好景不长，草率办起的幼稚班很难巩固。几年后，农村学校的幼稚班基本上都已消失，各县一般只在县城保留一所小学附设幼稚班，并且时停时办，时有时无。

1944年，贵州省提出，“所有未设立幼稚园的县务于各县教育经费内拨专款筹办”。由于经费纳入教育预算，幼稚园教职工薪金、房屋修建、教学设备的经费皆由政府教育经费拨款，这促进了一些县开办幼稚园。但因幼教经费仅限于供给教职工薪金，设备费奇缺，以至幼稚园设备简陋，附设在小学内的幼稚班由学校统一安排经费。1944年，贵州省幼稚园有11所，22个班，学生有510人，教职员有30人。这11所幼稚园为：省立幼稚园1所，贵阳市立幼稚园1所，惠水、遵义、清镇、安顺、湄潭、玉屏、凤冈七县设幼稚园7所，独山、安龙私立幼稚园2所。政府为促使各地兴办幼儿教育，曾多次下令，但成效甚微。1945年，天柱县各中心学校均设幼稚园，计19个班，幼儿二百三十余人；同年，锦屏县有11所中心学校设幼稚班，入学幼儿286人。这段时期，省立镇远师范区实习中心学校亦附设幼稚班，镇远城区还自筹经费办幼稚园两所。

抗战胜利后，外省籍教师返回原籍，除原有教师外，省立女子师范幼师班培养的一批学生成为各幼稚园主要教师来源。当时，虽值战乱时期，国民政府教育行政部门对幼稚教育并未设立专门机构和管理人员，但幼稚园仍能维持正常的教学秩序。教师们在经费困难情况下还能利用一些自然材料，如蚕豆、青豆、银杏叶、狗尾草、麦秆等给幼儿制作教具。但由于长期“关门办园”，园与园之间未建立起教学业务联系，更无参观、观摩等活动，所以幼儿教育质量未见明显提高。

铜仁地区的德江县于1945年—1947年，为民众教育馆附设幼稚班，招收幼儿20人，由民教馆长龙耀瑜兼管班务，初协民担任教师。1948年，沿河县城内中正学校（现一小）附设幼稚班1个班，招收幼儿46人，王风娥、吴素英任教养员。次年，沙子场中心因民学校附设幼稚班1个，招收幼儿28人，设教养员1人。同年，城区第二中心国民学校亦附设幼稚班1班，招收幼儿28人，设教养员1人。1942年秋，铜仁县（今铜仁市）以蒋家祠堂（今市教育局处）为址，开办铜仁县济民幼稚园，设2个班，招收幼儿70人，主任为唐寿南，教师为马元刚、周南轩，经费由济民盐店支付，直至1949年止。1943年，沿河县（今沿河土家族自治县）以县城妇女会会址万寿宫（今县人民政府右侧）开办幼稚园1所，招生37人（男26人，女11人），设教养员2人，1947年县城东建起了第二幼稚园。1944年，玉屏县长李世家委派傅若昭（贵阳六年制女子师范毕业生）负责，由县长夫人陈蕴玉协助，筹建县立幼稚园，以民教馆部分房屋为园舍，先设1个班，招收幼儿30余人，以后增为2个班，在园幼儿70人，教职工4人。1946年，江口县由教育科杨团芝创办江口幼稚园，以城内大佛寺皇经楼为园址，入园幼儿90人，分大、中、小班，教职工5人。江口幼稚园后迁豫章小学，至中华人民共和国成立前夕停办。

中华人民共和国成立前，安顺地区的教育事业十分落后。抗日战争时期，由于一些大、中学校内迁，一度促使安顺地区的学校教育有所发展。抗日战争胜利后，一些学校回迁内地，有的教师返回原籍，但国民党政府的腐败统治使通货膨胀，教育经费拮据，教师被迫失业或改行，学校教育又呈萧条景象。中华人民共和国成立前夕，只有幼稚园 1 所，入园幼儿 70 人。教师社会地位低下，薪金微薄，生计艰难。

1946 年，贵阳市各小学校概况报告表记载，私立新生小学、冀鲁豫小学、达德小学、市立市西小学、市北中心国民学校、南明小学、国立师范学院附小、西南运输处员工子弟小学等都增加了幼稚班 1—3 个。富商万静波在贵阳黔灵东路修建的万氏宗祠内创办“静波幼稚园”，招生 120 名。

1947 年，贵州省有幼稚园 22 处（不包括私立、教会办），教职工 56 人。在园幼儿 976 人，其中男 602 人，女 373 人。省立盘县师范在附小办起了幼稚园。该园设有大小班各 1 个，大班为五岁之儿童，小班为三四岁之儿童。每学期招生男女儿童 30 人。设主任 1 人，助教 1 人，另有工友 1 人，负责管理膳食和卫生。设备有教室 1 间，大镜子 1 面，条桌 1 张，竹椅 30 把和少量的玩具。1949 年，炉山县李秀然（女）和亲友自筹资金在炉山城内办幼稚园，在园幼儿 26 人。仁怀县民教馆附设幼儿班一班，有幼儿 27 人，开办一年半即停。同年，赤水县（今赤水市）党、政、社会人士商议，决定创办幼稚园，成立筹备会，具体分工对幼稚园的环境美化、完善设备和教养员的选用以及幼儿的吃、住、娱乐场地设施等，进行详细周密的计划，决定园址设县城南门外中正公园（今县体委宿舍处）。但直到赤水解放，上述计划仍未付诸实施。此外，遵照省教育厅《施政报告》提出的“县（市）中心学校尽量增设幼稚班级”的饬令，少数乡（镇）小学附设有幼稚班。如遵义县的朝阳镇、丁字镇、文化镇等中心学校，均各附设一个幼稚班。教学设备及师资由学校自行解决，县教育科给予经费补助。私立贵阳新生小学附设学制一年的幼稚班（男女兼收），每班名额 25—35 人，幼稚班的课程为静息工作（手工）、唱游、常识、故事、说话、餐点，学费每学期收杂费若干元。

清末的蒙养学堂、蒙养院，民国时期的幼稚园（班），每班设教师 1 人。其办学形式、学制、班级人数、教学时间与小学堂、小学校的低年级基本相同，其内部管理由堂长、校长具体负责。中华人民共和国成立后，为满足幼儿母亲参加工作和生产劳动的需要，幼儿园的学制分为全日制、半日制和季节性等形式。全日制：幼儿园在园寄食，有开三餐一点或二餐一点的，幼儿在园时间为 7：30—17：30；有不开餐的，幼儿在园时间为 7：30—12：00，14：00—17：30。半日制：幼儿在家食宿，在园时间为 7：30—12：00。季节性幼儿园一般在农村开办，农忙时幼儿全天在园，回家食宿，农闲时停办。

民国时期，贵州省教育厅设有督学制度，但没有幼教专职督学，对幼稚园的视导仅局限于督学视察各地教育状况时看一看，并不对其教学、管理工作提出意见，有关幼稚园办学的规章制度亦未见颁发。各幼稚园、幼稚班依照教育部颁发的课程标准进行教学，因教材匮乏，教师多自己编教材。各级教育管理部门并无业务指导人员，故长期听任幼稚园自行其是。到民国末期，物价飞涨，各县教育经费虽连年有增，实则连年减少，入不敷出，各县纷纷停办各种学校。

教育部门开办的幼稚园的人员采用聘任制，由主管行政部门聘任园主任（任期 1 年或半年），同时下达招生和经费计划。园主任根据需要聘任教师和其他人员，但须将全园工作人员名单上报主管部门备案，上级部门可以向园主任建议或推荐人员。被聘教职工的任期也是 1 年或半年。小学附设的幼稚班的教师，由小学校长聘任。私立及教会开办的幼稚园设有董事会，有董事长、理事、监事、常务理事等，一般董事会成员 7—10 人。园主任由董事会选聘或辞退，教职工由园主任聘任。因经费有限，私立幼稚园的教职工编制比公立的少。教职工的薪金视主办单位不同而异，省立比市立高、市立比公立高。园主任薪金一般以其资历而论，但要略低于小学校长的薪金；教职工薪金基本与同类小学教师一致。当时，私立幼稚园教师的薪金比公立的要低很多，有的只及一半。据 1943 年《贵阳市政府施政报告》记载：“市属小学教员最高待遇为 200 元，最低待遇 115 元，另支生活津贴 340 元，食米则以年龄为标准分发，由八斗至一石不等。”

中华人民共和国成立前夕，贵州原来为数不多的幼儿教育机构，有的关闭，有的停办，仅存的有公办省立幼稚园，安顺师范、贵阳师范、盘县师范附属小学幼稚园及几所小学附设幼稚园，还有几所私立或教会办的幼稚园，如贵阳私立静波幼儿园，教会办的德慧、敬一、三育等幼儿园和独山正道小学附设幼稚园。这些幼稚园规模较小，最大的省立幼稚园也只有 3 个班、百余名幼儿。招生的对象，大多是政府机关干部、商人子女，也有教师子女。教会办的幼稚园多半招收教徒子女，且收费贵。如敬一幼稚园 1949 年每学期学杂费高达 10 块银圆，一般市民特别是劳动人民的子女无力缴纳，自然也没有机会接受学前教育。据省教育厅 1950 年统计，全省仅有 7 所幼儿园，在园幼儿 1141 人，教职工 67 人。

第二章

1949 年—1976 年贵州学前教育发展状况

第一节　1949年—1957年贵州学前教育恢复发展阶段

中华人民共和国成立初期，百废待兴，学前教育事业也不例外，经历了一个渐进发展的过程。我国在继承原有发展经验的基础上进一步强化了学前教育事业发展的计划性和目的性，并逐步将学前教育的发展视为国民教育体系和国民经济社会事务的重要组成部分。1949年，第一次全国教育会议确定了“教育必须为国家建设服务，教育必须向工农开放”的基本方针。教育部要求幼儿园向工农子女敞开大门，继承老解放区幼儿教育经验和精神，学习苏联学前教育经验，既要有计划地培养典型、总结经验、打好基础，又要准备迎接经济建设高潮的到来，承担文教建设高潮中发展学前教育事业的新任务。学前教育工作受到各级各部门和社会各界的重视和支持，教育行政部门把幼教纳入教育事业的一个组成部分，开办师范幼教班，为幼教培养专业教师，编写看图识字、劳作教材，为幼儿教育逐步走向正规化、制度化做准备。党和政府十分重视儿童卫生保健工作，20世纪50年代，卫生部门便制定了幼儿园保健卫生、营养伙食、预防接种制度，并承担监督幼儿园执行以上制度的责任。幼儿园以爱祖国、爱人民、爱劳动、爱科学、爱护公共财物的“五爱”教育为幼儿德育的核心内容，通过各科作业、游戏、日常生活活动等途径，塑造、培养幼儿情感品德和行为习惯。

贵州解放后，贵州省的各级教育部门将幼儿教育纳入管理范围。贵阳地区在解放初期，在“暂维现状、逐步改革”方针的指导下，教育部门对各类幼儿园分类逐步接管。1949年底，贵阳市军事管制委员会文教接管部开始接管各类学校及幼儿园，省立幼稚园及其他小学附设幼稚园先后被接管，1950 年省立幼稚园被改名为“贵阳市幼儿园”，1951 年又将其更名为“第一幼儿园”。公立幼稚园、幼稚班的幼儿教师随同中小学教师一道参加了思想改造运动，广大教师了解了中华人民共和国成立后党的教育方针，开始以“五爱”为中心向幼儿进行教育，教会幼儿园也废除了宗教内容。1950 年，全省仍然采用“单元教学”法，但其内容以“五爱”教育设计每学期的单元中心，如设计了认识革命领袖毛主席、朱总司令、列宁、斯大林、马克思、恩格斯；支援抗美援朝，给志愿军叔叔送礼物；与地主斗争等思想性较强的内容，也结合四季变化，设计了一些自然社会常识的单元中心。1950 年，贵阳市幼儿园还组织过幼儿教育研究会，共同研究制定单元教学的中心。

这一时期人民政府特别重视对中华人民共和国成立前流浪儿童的收养和教育。1950 年 1 月 28 日，贵阳市人民政府接管了贵阳育幼所，将其改名为贵阳市儿童教养所。1950 年初，贵州省民政部门接管部接管了贵阳育幼院，将其更名为贵州省育幼院。两院接收流浪儿童（大多为幼儿）按教学大纲进行教养。1950 年 10 月，第二野战军五兵团和省人民政府合办了“贵州省人民政府机关保育院”（地址在贵阳窄口滩力行中学旧址），开园初有教职工 26 名，招收 100 名幼儿，分 3 个班，都是省级机关和部队干部子女，实行供给制。这是全省建立的第一所寄宿制幼儿园。同年，铜仁玉屏县城关一小（现平溪小学）附设幼儿班一班，招收幼儿 30 人，设教养员 1 人；遵义市人民政府在原私立明达小学旧址（今柳街“红军总政治部旧址”处）新办“遵义市明达幼稚园”，由市文教科委派陈园砚任主任，并委派教员 3 人，工人 1 名，共招收幼儿 38 人，半年后即停办，主任、教员分派去小学任教。1951 年，凤冈县龙泉小学附设幼儿园。1950 年的黔西南地区幼稚园班随同小学由人民政府接管，多数没有继续开办，只有兴义、贞丰两县城关小学附设幼稚班开学，共计 2 个班级，在园幼儿 51 名；另外，普安办一私立幼稚班，在园幼儿 46 名。

1951年，中央人民政府政务院发布《关于学制改革的决定》，将实施幼儿教育的组织定名为幼儿园。幼儿园收3足岁至7足岁的幼儿，使他们的身心在入小学前获得健全的发育。由于当时我国经济落后，小学教育尚不发达，国家提出了“幼儿园应在有条件的城市首先建立，然后逐步推广”的办学方针。遵此决定，贵州全省幼稚园在同年底均更名为幼儿园。贵州省学前教育事业的中心任务是恢复、整顿并促进学前教育事业发展。同年，贵州很多地区县公私立幼稚班停办，也未开办新的幼儿园、班。这一时期，政府除接收、整顿了原有的幼儿园外，由全省各级政府、机关企事业单位相继积极创办了一批全日制、寄宿制的机关幼儿园。贵阳市文教局在湘雅村创办“贵阳市第二幼儿园”，这是贵州省第一所工矿区幼儿园，主要招收附近工厂工人的子女。由于党和政府采取了巩固、稳定、积极发展幼儿教育的正确方针，鼓励私人办园，19世纪50年代初期，全省幼儿教育事业得到了发展。省人民政府机关幼儿园举办了两期保教人员培训班，培训了80名保教人员，这批人员在各类机关幼儿园（所）开办时发挥了骨干作用。由于机关幼儿园（所）创办时受到主办单位的重视，园舍地址、房屋、设备师资都较好，规模较大，领导力量较强，故能长期稳定，逐步提高。毕节、遵义、兴义、安顺、镇远、铜仁等地陆续由地委、军分区办起地区机关幼儿园（或托儿所、保育院）。省人民银行、省邮电局、省粮厅贵阳市级机关、市卫生局等单位也办起机关幼儿园（所）。同年，铜仁地直机关创办铜仁地区托儿所，地址在县城内黄家院子，因房屋简陋，活动场地窄，只招一班，入托幼儿36人，有保教人员6人；石阡县城关一小（现汤山镇一小）附设幼儿班一班，招收幼儿42人，设教养员1人；万山汞矿办起了一个托儿所，在托幼儿三十余人，设保育员3人，其后，各坑口“分厂”也陆续办起了托儿所。黔东南炉山县凯里小学、舟溪小学各设幼儿班一班，共收幼儿134人。

1951年9月12日，贵阳市人民政府为了铲除帝国主义通过教会教育机构对我国进行的文化侵略，接管了北天主堂孤儿院，并揭露该院虐待中国儿童的罪行，依法惩处残害儿童的罪犯，把孟义多驱逐出境，维护了国家的主权与尊严，并将剩下的 23 名幼童并入贵州省育幼院。1952 年政府接管了有 11 年外国教会历史的“敬一幼稚园”，并将园址迁到现在的黔灵西路 46 号，将其更名为贵阳市第五幼儿园。该幼儿园在市里和相关部门的要求下，多方筹措资金进行改扩建，修建了三层教学楼、活动大厅等；占地面积 1613 平方米，建筑面积 2557 平方米；设大、中、小 10 个班级；教职工 49 名；班级均有单独的活动室及睡房，还有一间简陋的厨房；并购置了少量适合幼儿游戏的玩具；教师们参照当时幼儿素质教育的教材进行教学。

1951 年，教育部颁发《幼儿园工作人员服务规程》，对幼儿园各类工作人员的任职条件作了规定。贵州省从本省实际出发，参照苏联《教养员工作指南》的要求，制订了各类幼儿园工作人员职责。其主要内容包括：1. 园长职责：① 全面贯彻执行党的教育方针、政策，贯彻上级党委及教育行政部门的指示和决定；② 负责全园全面工作，合理安排人员及工作，提高各类工作人员的工作效率；③ 负责组织领导全园教研、保育工作，不断总结经验，提高保育质量；④ 定期召开园务会议，研究全园的主要工作，制订全园工作计划；⑤ 管理好园舍、设备，严格掌握经费收支；⑥ 安排招生工作及做好家长工作；⑦ 监督全园各种工作制度的执行；⑧ 培养提高教职工的政治思想觉悟及业务水平；⑨ 搞好幼儿园的安全工作。2. 教养员职责：① 全面负责全班幼儿的保教工作。认真执行党的教育方针，按照教育部门制订的纲要和本园工作计划，制订本班的工作计划，月计划、周计划，并做好效果检查及总结；② 合理安排幼儿一日生活，全面关心、热爱、教育每一个幼儿；③ 努力钻研业务，提高本身文化水平和业务水平，积极开展科研；④ 做好本班幼儿家长的工作；⑤ 保管好本班设备，积极为幼儿制作玩教具；⑥ 协助保育员及清洁工人做好卫生保健工作。3. 保育员的职责：除搞好本班清洁卫生，保证幼儿睡眠、就餐外，还须配合教养员共同教育幼儿，完成教育任务。4. 保健人员的职责：除搞好各项卫生工作外，主要做好晨间接待工作，对每个入园幼儿要做到一看、二问、三摸、四查；并做好病儿的服药及护理工作；建立每个幼儿的卫生保健卡和接种卡。定期测量幼儿身高体重，为幼儿伙食做好营养计算工作等。

中华人民共和国成立以后，各级妇联把托幼事业作为一项重要的工作来抓，成为托幼事业的重要领导管理机构。20 世纪 50 年代初期，为了教育和解放妇女，使她们积极投入生产劳动，妇联将托幼事业提上工作日程。1951 年，贵州省妇联提出“保育工作为生产、为劳动妇女及其子女服务”的方针，号召各级妇联干部动员广大群众，各行各业积极兴办托儿所、幼儿园。1952 年贵阳市妇联福利部、贵阳市第四区街道积极分子群策群力，白手起家办起了贵州省第一所民办托儿站——贵阳市石岭街简易托儿站。同年，省妇联在《关于托儿所幼儿园几个问题的联合通知》中明确提出：各专市、县妇联组织应积极配合协助有关部门发动和组织城市机关、团体、企业联合举办托儿所和幼儿园，以及根据需要与可能发动街道居民举办托儿所幼儿园，从而进一步解放妇女的劳动力，使儿童受到必要的学前教育。此后，各级妇联的福利部即分管托幼工作，并都有专人负责，各区、乡妇联干部也把托幼工作列为主要工作内容，形成从上至下比较完整的领导体制。由于机构健全、稳定，妇联的托幼工作较有成效。

1952 年，贵阳市对全市公立、私立、教会等幼稚园进行普查，详细了解各园的教学、管理、经费情况。当年 9 月，按教育厅的通知接管了全省私立幼稚园，以及教会办的小学、幼稚园。共接收外国教会幼儿园共 3 所、12 个班、教职员工 17 人，工人 8 人。至此，中华人民共和国成立前留下的幼稚园（班）全部由各级教育部门接管、整顿，实行统一领导。在正确的方针政策指导下，贵阳市人民政府接办的德慧、敬一、三育 3 所教会幼稚园的教职工，经过整编后都能安心工作，各园教学秩序稳定。1953 年 1 月，贵阳市儿童教养所与贵州省育幼院合并，改名为贵阳市儿童教养院，在贵乌路修建了新房，扩大了幼儿部。1953 年，省军区开办军区保育院。同年，在部分县政府机关也办起了幼儿园。这类园（所）主要是招收机关干部子女入园，实行供给制。当时为适应军政干部工作需要，办园形式多样，有全日制、寄宿制，有婴儿班，有的家长长期在外工作，孩子完全由幼儿园负责照顾，这些园（所）在解放初期为政府和军政人员工作解除了后顾之忧。

1952 年，教育部颁发《幼儿园暂行规程》和《幼儿园暂行教学纲要》两个文件，确定改幼稚园为幼儿园，明确指出根据新民主主义教育方针教养幼儿，使他们的身心在入小学前获得健全发育，减轻母亲的负担，以便妇女参加政治生活、生产劳动、文化教育活动；幼儿园由县人民政府统筹设置，县办幼儿园的设立、变更、停办由县教育行政部门决定，机关、团体、企业所办幼儿园的设立、变更、停办由该设立者报请其上级核准，报县教育行政部门备案；县办园的经费由地方教育事业费内统筹统支，其他公办园的经费由设立者供给；幼儿园的领导体制，实行县教育行政部门统一领导，其他公办园在人事、经费等日常行政上，则由设立者领导。各类幼儿园的编制得以明确，并根据教育部《幼儿园暂行规程》的要求，形成了统一的标准。即幼儿园设园长 1 人，根据需要可设副园长；每班设教养员 2 人（即教师）；幼儿园设保育员、医务人员、事务员、清洁工人、厨师等，其编制视办园规模而定。1963 年后，部分幼儿园设保教主任（相当于小学教导主任）。同时，提出“六科保教”目标和要求以及教学大纲、教学要点、设备要求。明确市、县政府，机关、团体、学校、合营企业，城、乡群众及私人都可以开办幼儿园。规定要突出以游戏为主的活动，并注意开展创造性游戏，增加户外游戏时间，强调教学内容的全面性，加强卫生保健工作。教育部虽颁发了课程设置标准，但没有编教材，幼儿园使用的教材是苏联的各种教材。如由全国妇联汇编、人民教育出版社出版的苏联儿童教育丛书中的幼儿园的语言、认识环境、音乐、游戏等。20世纪50年代，贵州全省幼儿园教学出现了“全盘苏化”的倾向。

中央的文件还规定了学前教育的基本性质和发展方向，即学前教育是国家教育事业的一部分，其目的是解放妇女和减轻母亲的家庭负担，并要求学前教育事业随着国家社会事业的发展而逐步推广。幼儿园教育事业纳入小学教育发展计划。小学办幼儿班较之单独设立幼儿园投入少，见效快，不需花多大力气，但不易巩固，难以稳定，此后的数年中，贵州各地区各县的幼儿班此起彼落，你办我停，每年都有几个县办几个幼儿班，而没有一个县能坚持几年、一办到底的，贵州学前教育处在徘徊、停滞状态中。

20世纪50年代，在“以俄为师”“一边倒”的号召下，贵州幼儿园在执行《幼儿园暂行规程》的同时，结合苏联《幼儿园教养员工作指南》的要求，按照苏联经验（模式）进行了全面的改造，贵州省开始掀起学习苏联教育先进经验、批判旧的教育方法的热潮，“单元教学”内容被认为是生硬的、无系统的、阻碍了儿童身心发展的教育方法，是以儿童为本位的自由主义教学，是资产阶级的教育方法，应全面予以废弃。之后，全省幼儿园中止了沿用多年的“单元教学”，改为“全面教学”。根据苏联“全面教育”的思想，幼儿教师学习对儿童全面负责。教学的基本方法为“计划教学”：园长写学期园务计划、月计划；教师写学期班主任工作计划，教学工作计划、月计划、周计划乃至日计划，每天填写工作记录和课时检查；学期结束时须写出园、班教育工作总结，班主任须根据每个幼儿本学期各方面的发展状况填写“儿童在园生活报告表”，对儿童发展作出较全面的总结评价。采用这种方法，幼儿园教学做到了有目的，有计划，有系统，注重了效果的检查和总结，提高了保教质量。幼儿园课程设置也因苏联教育的影响而进行了更改。1952年教育部规定，幼儿园的教养活动项目包括：1. 体育，包括日常生活、卫生习惯、体操、游戏、舞蹈和律动等；2. 语言，包括谈话、讲述、故事、歌谣、谜语；3. 认识环境，包括日常生活环境、社会环境、自然环境；4. 图画、手工，包括图画、纸工、泥工、其他材料作业；5. 音乐，包括唱歌、表情唱歌、听音乐、乐器表演；6. 计算，包括认识数目、心算、度量。幼儿园重视认识祖国，认识领袖，讲述当代英雄模范人物及抗美援朝战争的故事，并且组织一些向人民志愿军送礼物、“斗争”地主等游戏活动，培养幼儿热爱领袖、热爱解放军，尊敬工人和农民，仇恨资本家和地主的思想感情。当时，幼儿园不进行识字教育，不举行测验。贵州省幼儿园由于师资不配套，有的未开设图画、音乐课，有的在图画、手工课中删去“材料作业”，音乐课中停开“表情唱歌”“乐器表演”等内容。

20 世纪 50 年代，幼儿园学习苏联幼儿教育经验，以游戏为主要活动，突出了游戏作业的内容和作业时间。当时，幼儿园、班以开展角色游戏、结构（建筑）游戏、表演游戏等创造性游戏为主，游戏的内容由幼儿自己构思，运用力所能及的方式，主动地、创造性地反映周围现实生活。这时开展得较为普遍的有“办娃娃家”“开医院”“办商店”等游戏。各幼儿园、班在活动室设立了“娃娃角”，备有布娃娃、小桌、小床、厨具、餐具等玩具，供幼儿做这些项目的游戏。体育游戏、智力游戏、音乐游戏等规则活动，则根据师资、设施、设备情况有选择地开展活动。这些游戏是教师为实现教育教学目的而创造的有规划的游戏，其中，智力游戏对设施、设备要求不高，因而图片游戏、计算游戏开展得较为普遍；体育游戏须根据各园、班器械设备情况而定；音乐游戏则因缺乏乐器和师资，较少开展。教养员执行“保教合一”的办园方针，对本班保教工作的各个环节负有全面责任；教学中强调直观教学，要求多运用直观教具，生动形象地向幼儿传授知识；要求教学方法多样性，运用故事化、游戏化、歌曲化等形式，活跃课堂气氛。为了贯彻和推广这些经验，幼儿园组织了示范教学、观摩教学，并且发动教养员制作教具、玩具，以提高自身素质，改进教学工作。

原遵义专区妇联托儿所与遵义军分区托儿所合并，改名遵义专员公署机关托儿所（现遵义行署机关幼儿园）。同年，遵师附小招幼儿班，在荷花池后修建砖木结构平房1幢，作为幼儿班的教室和活动室。次年秋，幼儿园发展到三个班，在园幼儿118人（其中女幼儿48人），教职工13人（其中教师6人，职员4人，工人3人）。1952年3月，印江县在城关一小（今印江镇一小）附设幼儿班一个班，招收幼儿49人，设教养员1人。同年，德江县城关一小（今玉溪小学）附设幼儿班三个班（大、中、小班），招收4—6岁幼儿98人，设教养员3人。石阡县城关镇公所动员部分幼儿家长及社会人士集资筹办了城关镇新民街幼儿园（后改为朝阳街幼儿园），招收一个班，入园幼儿40人，设教养员1人。中华人民共和国成立初期（1949年—1952年），铜仁全地区共办起幼儿园3所、幼儿班11个，入园（所、班）幼儿374人。中共镇远地委机关创办保育院，入园儿童58人，保育员1人。同年，三穗县亦创办机关幼儿园，设中、小班各1个，收幼儿50人；岑巩县思旸完小附设幼儿班，在班幼儿39人；天柱县在城关小学附设幼儿班，在园幼儿50人。1952年，兴义地区专员公署、兴义军分区决定合办全区第一所托儿所（兼办幼儿园业务），这也是当时黔西南唯一的一所独立设置的幼儿园，接收党、政、军各界供给制干部子女入园，招收地专机关县以上、军分区营以上干部子女二十余人，实行寄宿制，幼儿享受供给制待遇，编为大、小两个班，教职工和入园幼儿均享受供给制待遇。幼儿园建筑面积860多平方米，玩具只有几个布娃娃和几只小木鸭。这个托儿所在1955年取消幼儿供给制后，改称为兴义地区专员公署机关幼儿园，收地专机关干部子女，之后屡次更改的名称有：兴义县机关幼儿园、兴义专员公署机关幼儿园、兴义地区行政公署机关幼儿园、黔西南布依族苗族自治州州直机关幼儿园，这个幼儿园坚持办到现在。同年，教育部门则积极恢复各县城小学附设幼儿班，兴义、晴隆、贞丰、安龙四县的县城一小开办了6个幼儿班（贞丰三个班、其余3县各一个班），入园幼儿 215 名。1952 年，毕节军分区和毕节专署地点在毕节城关古道路，所长李本仙，教职工 14 人，其中教师 8 人；教职工的文化业务素质较差，保教工作没有明确分工，工作以保育为主，仅对大班幼儿进行一些简单的口语训练。

1953 年，国家进入第一个五年计划建设时期，为适应生产建设的发展，满足广大劳动妇女要求送子女入托的需要，第二次全国教育工作会议指出，幼儿园“也要从实际出发，在整顿巩固的基础上有计划、有重点地发展”。为贯彻落实中央“整顿巩固，重点发展，提高质量，稳步前进”的方针，贵州学前教育事业开始有所发展。《贵州省教育工作计划》提出：贵州的幼儿教育基础差，发展不平衡，大部分幼儿园和幼儿班在贵阳市，工厂企事业部门办的少，为了使广大幼儿能受到教育，并为今后的小学教育奠定一定基础，除大力提倡在厂矿企业部门自办幼儿园（班）外，也需要在城市地区作重点的发展。《贵州省教育工作计划》提出当年增设公办幼儿园 1 所，幼儿班 63 个。教育部门还根据 1952 年教育部颁发的《幼儿园暂行规程（草案）》的要求，采取措施，加强了全省幼儿教育的领导与管理。广大幼儿园教师认真按照《幼儿园暂行规程（草案）》中关于幼儿园的任务、教育的主要目标、教学内容等规定执行，教育教学质量得到提高。贵阳市一些街道白手起家，艰苦创业，首先办起了一批民办性质的街道托儿所。建园较早的是石岭街托儿所，坚持得较好的有文化路、护国路、环城东路、合群路、市府路、醒狮路等街道托儿所、幼儿园。这类园（所）提出“保育工作为生产、为劳动妇女及其子女服务”的办园方针，主要招收劳动市民的子女。由于经费完全由托儿费中解决，保教人员的工资水平很低，每月仅 10—15 元；办园初期有的还是义务服务。这些园（所）受到当地政府、妇联的关心、扶持，教育部门也给予一定指导。1953 年，松桃县城关一小附设幼儿班 1 个，招收幼儿 43 人，设教养员 2 人。沿河县城关一小附设幼儿班 1 个，招收幼儿 36 人，设教养员 2 人。据省教育厅统计，全省有幼儿园77所，在园幼儿7515人，教职工266人，幼儿园数比1950年增加了近7倍。

从1953年起，贵州一些街道居民委员会组织了托幼站。1953年8月，石岭街开办了贵阳市第一个街道托幼站。到1956年底，贵阳市有石岭街、护国路、文化路、环城东路、合群路、市府路、醒狮路、中华南路、黔灵东路、富水南路、中华北路、中山东路12个街道办有婴幼儿兼收的托儿站。托儿站根据家长的上班时间和经济情况变动，收托孩子的时间和收费比较灵活，除了部分职工孩子经常固定半托外，大多数家长无定时接送孩子的时间。托儿站星期日仍然收托。大部分孩子在托儿站就餐。托儿站的保教人员均是家庭妇女，缺乏保育教养知识，为了改变这种状况，市妇联组织了街道托儿站人员培训，各办事处成立了街道托儿站管理委员会负责入园管理工作。1949年，贵阳市仅有2所私立幼稚园，8个班，入园幼儿250人；1952年发展为6所幼儿园，26个班，入园幼儿为1027人；1953年，全市有各类幼儿园30个、105个班、幼儿3943人。遵义地区有幼儿园10所，在园幼儿997人，教职工97人。毕节县教师联合会（教育工会前身）在今城关四小内创办1所幼儿园，有保育员3人，工人1人，在园幼儿45人，这一幼儿园于1957年停办。

随着1953年农业合作化的发展，全省农村出现了农民自发组织起来的“带娃娃组”。办得较早的是花溪区把火乡王尚贤和王少久互助组的带娃娃组，成立时省、市妇联曾将两组事迹向农村广泛宣传。这类季节性托儿班，教育条件方式都较差，尽管也组织了一些唱歌、游戏活动，但主要是起到解放农村妇女劳动生产力的作用。1954年，盘县按照教育部颁发的《幼儿园暂行规程（草案）》和《幼儿暂行教育纲要》的要求，在双凤二小附设了2个幼儿班，有幼儿60人，教师2人。

1954年，贵阳市教育局组织了园长集体审批教师教学工作计划的试点，先在五幼、市西小学幼儿园进行，然后推广到全市。这一时期，各幼儿园普遍开展创造性游戏，如办娃娃家，开医院、商店等；并增加了户外活动时间，注意各科教学内容的全面性和教学方法的多样性、直观性。

1955年后，机关办园得到了巩固和发展。如贵阳市原私人集资兴办的育群、新民等幼儿园，被政府接收改办为市文化局、省商业厅、省交通厅幼儿园。毕节、遵义、安顺、黔南、兴义等地、州政府对原有的军政或机关办托儿所进行了调整，在加强保教人员队伍的建设，新建园舍、扩充班级的基础上，改办为地专机关幼儿园（保育院）。另外，1955年5月，省政府人事局召开了“省第一次机关保育工作会议”，有省属各机关、地专机关的负责人56人到会，会议肯定了中华人民共和国成立以来机关幼儿园发展及工作的成绩，并提出了工作计划。到会者进一步认识了保育工作与社会主义建设事业的关系，增强了责任感、事业心。这次会议对全省机关办园的巩固、发展和提高有重要意义。1955年，黔东南有幼儿园8所，在园儿童275人，其中少数民族儿童135人，教职工共8人。

1956年内务部（现已撤销）、教育部、卫生部（今国家卫生健康委员会）颁发《关于托儿所、幼儿园几个问题的联合通知》，要求教育行政部门有计划地办一些幼儿园，并应办好几个幼儿园起示范作用。凡入托幼儿年龄在3周岁以上占多数的托儿所应改名为幼儿园或附设托儿班。贵州省教育厅、民政厅、卫生厅、省妇联在联合转发的通知中提出了贯彻意见：1. 明确规定在园儿童年龄在3周岁以下占多数的幼儿园改名为托儿所，有关托儿所业务问题属卫生行政部门领导；凡在园儿童年龄在3周岁至6周岁的托儿所应改名为幼儿园，有关幼儿园业务问题属教育行政部门领导。2. 幼儿园、托儿所必须注意培养儿童全面发展，力求正规，以办整日制为努力方向，积累经验起到示范作用。有关部门要加强检查、督促工作。3. 各省市县的妇联应积极配合协助有关部门发动和组织城市机关团体、企业联合开办托、幼园所，以及根据需要与可能发动街道居民开办托儿所幼儿园，从而进一步解放妇女劳动生产力，并使儿童受到学前教育。1956 年，贵阳市托幼机构发展到 56 个，妇联组织兴办的民办园（所）就有 29 个。4. 随着农业合作化高潮的到来，对于农村 6 岁以下幼儿，有组织季节性托儿所、站、幼儿园、班的必要，以利生产和保证儿童安全。区、乡的妇联、卫生所、农村小学应负责业务上的指导。1956 年底，贵阳乡镇幼儿园设有两所：花溪镇和青岩镇幼儿园，两园均由镇上小学附属幼儿班增加师资，扩大为大、中、小班的幼儿园。5. 对于农村托儿所幼儿园的规划问题，各县可以区、乡农业社为单位，制定幼儿园、托儿所 12 年规划。此外，省教育厅、民政厅、卫生厅、省妇联联合转发的通知还对无人抚养的孤儿、弃婴的教养提出了安排意见。该通知对教育行政部门“统一领导”的内容做了明确规定，即有关幼儿教育的方针、政策、规章制度、法令、教育计划、教育内容、教育方法、儿童保健等业务，统一由教育行政部门领导，并要求办园单位定期向当地教育行政部门报告工作。由于明确了教育部门领导幼教工作的具体职责，各级教育部门加强了对幼教工作的领导，省教育厅、贵阳市教育局在普教处（科）内配备了幼教专职干部。各地区教育局也将幼教工作明确由教育科分管。各级机关开办的幼儿园开始被纳入地方教育计划，归政府人事局或机关行政部门领导管理，经费列入政府事业费，但教育行政部门在保教业务上的领导、管理仍多流于形式，不过问具体工作。

同年，教育部颁发的《关于幼儿的作息制度和各项活动规程》提出：“卫生、教育行政部门、机关、厂矿、团体等所办的幼儿园、托儿所，因条件较好，有专门的组织、人员和设备，必须注意培养儿童全面发展，力求正规，以办整日制为努力方向，起到示范作用，有关部门、有关业务单位应加强检查督促工作。”根据这一要求，贵州省各地区机关、企事业单位办的幼儿园由部门给予补贴，为幼儿开早餐和中餐，并注意饮食的营养和卫生。除专署幼儿园等少数园有脚踏风琴、跷跷板、滑梯玩具外，多数幼儿园只有小木床和几件简单的炊具，玩具和图书较少。各地区也印发了《幼儿园工作指南》，明确了儿童进食量、营养素供给量标准，因而幼儿园把制订食谱当作一项重要制度来执行，按照儿童营养需要量、饮食习惯以及市场供应情况，合理调配主、副食；按照各餐热能分配比例适当分配食品数量。由于政府的重视，幼儿食品的供应量虽小，但纳入了国家供应计划，切实保证供应。

关于师资培养训练问题，通知规定：凡属常年性幼儿园教养员，由省开办幼儿师范逐步解决。贵州省从 1956 年起，重点在师范学校举办幼师班，并计划在 7 年和 12 年内开办幼儿师范学校 9—12 所，并提出幼儿教育必须实行“两条腿走路”的方针，提高各级政府对这项事业重要性的认识，促使这项事业得到进一步发展。

这一时期教育部门积极发展了一批小学附设幼儿园（班），仅贵阳市 1956 年就有 19 个。随着贵阳市小学的调整和增加，其附设的幼儿园（班）陆续增添，到 1956 年底，贵阳市有实验、富水、贵乌、毓秀、忠烈街、城南、市南、南明、水口寺南郊、市西、头桥、市北、贵师附小、汽修厂、运输局子校等小学附设幼儿园（班）。毕节地区 1955 年前仅有一所幼儿园，1956 年—1957 年就建成了 8 所，填补了地区教育部门幼儿教育事业的空白。遵义地区 1954 年—1957 年新建了 21 所幼儿园。1956 年，江口县城关一小附设幼儿班 1 个，招收幼儿 52 人，设教养员 2 人。1957 年，思南县教育局在城关三小重点试办幼儿班 1 个，招收幼儿 30 人，设教养员 2 人。同年，铜仁县级机关在政府办公大楼右侧（现铜仁县人民武装部宿舍），兴办幼儿园 1 所，经费来源由机关干部福利费支出，初办时招 3 个班（大、中、小班），入园干部子弟 86 人，设保教人员 4 人。1956 年，盘县解散了双凤二小附设幼儿班，在人民中路北门楼前（今盘县特区总工会）开办了盘县幼儿园，设小、中班各 1 个，有幼儿 40 人，教师 2 人，工人 1 人。同年，水城县在城关三小附设幼儿班 2 个，有幼儿 60 人，教师 4 人。1956 年，毕节、大方、黔西 3 县，各新办 1 所幼儿园。毕节县幼儿园有教职工 7 人，幼儿 145 人，分大、中、小班，主要收县直机关干部子女。大方县幼儿园设在城关小学内，有教职工4人，郑世琼任主任，幼儿八十余人，均编入小班。黔西县教育科在城关一小附设一所幼儿园，由一小领导和管理。幼儿园有教职工5人，在园幼儿九十余人，分大、中2个班。是年，原地专机关幼儿园规模扩大，在园幼儿增至五十多人，教职工增至16人。至此，全区幼儿园发展到8所，入园幼儿536人。

1957年在“反右”斗争中，有的幼儿园教师因提出“学习苏联经验，要结合我们自己实际，不应全盘照搬”而被批判斗争。在极“左”思想的影响下，全省幼儿教育的教材内容偏重政治思想教育，知识性、生活情趣方面的内容匮乏。贵阳市教育部门所属幼儿园（班）数量没有增加，仅有街道、农村、工厂、机关幼儿园合计增加15所。贵阳市教育局和妇联都把幼教工作的重点放在提高保教工作质量上，并提出要改变托幼园所婴幼儿混杂活动的状况。贵阳市各类托幼园所的保教水平得到一定程度提高，厂矿、机关、街道幼儿园与附近的教育部门办幼儿园进行挂钩，得到教学业务的指导，有些园所还按教学大纲进行教学。延中、醒狮、文化路、护国路等托幼园所发展为全日制幼儿园。遵义全区幼儿园增至31所，入园幼儿达3177人。从1950年12月独山军分区保育院成立到1957年底，黔南幼儿园已发展到14所，在园幼儿共874人，教职工共33人。这段时间，幼儿园招收的对象主要是部队首长和机关干部的子女。这些幼儿园在1955年以前生活上实行供给制，保育工作实行“以保为主，以教为辅”的全托制。1957年，黔西南幼儿教育重新启动并有所发展。当年开学的除兴义县机关幼儿园（原专署幼儿园）外，兴义县有3所小学附设幼儿园、班，晴隆、贞丰、望谟、安龙4县各有1所小学附设幼儿班，在园幼儿发展到500名左右。1957年，威宁县教育系统在城关一小创办幼儿园1所，2个班，中班32人，大班37人，教养员2人，均为中师文化。次年增至3个班，在园幼儿105人。截至1957年底，全区有幼儿园9所，在园幼儿601人。解放初期，安顺专区仅有安师附小幼稚园1所，1950年改为幼儿园，入园幼儿仅32人。由于党和政府的重视，到1952年全区幼儿园已发展到3所，11个班，入园幼儿为365人。1957年幼儿园增加到23所，入园幼儿2449人，教养员工达102人。

这一时期，在妇联、街道办事处的努力下，部分民办托儿所、幼儿班发展成为设备较齐全的全日制幼儿园，农村托幼事业也相应有了一定发展。贵州省幼教事业在1952—1955年四年中保持稳定状态，1956—1957年有了明显的发展。1957年，全省共有111所幼儿园，在园幼儿11427人，教职工488人，比1955年增长了45%。

第二节　1958年—1976年贵州学前教育调整发展阶段

1957年后，学前教育的管理制度受到严重冲击，教育部门对"大跃进"中大量兴办的各类幼儿园（班）没有能力进行指导，幼儿园（所）的开办、撤销已不受规章制度约束，大起大落的局面无法控制。在"大跃进"的形势下，为满足大批妇女参加社会劳动的需要，妇联号召各县农村大力兴办幼儿园、托儿所，形成很大的声势。各类幼儿园、托儿所急剧增加，贵州出现机关、厂矿、街道居民组、农村人民公社、大队、小队都办幼儿教育的局面。据《贵州日报》1960年6月报道："全省农村入托儿童已占应入托儿童的81%，城市入托儿童已占应入托儿童的50%左右，广大父母们将教养儿童的责任交给了社会，儿童工作正在由过去以家庭教养为主转变到以社会教养为主的新阶段。"由于不顾条件盲目发展，全省托幼机构从1957年的111所猛增到1958年的8627所，一年中增长77.7倍，其中95%的幼儿园都是妇联发动力量兴办的。以遵义地区为例，1957年仅有托幼机构31所，入园幼儿3177人，1958年增加到2361所，入园幼儿74494人。许多托幼机构是在当时号召厂矿企业、机关、街道、公社、生产大队、生产小队各行各业一起办托幼事业的形势下，在一周之内甚至一夜之间按上级下达指标建起来的，没有园舍设备、没有专业人员，组织混乱、机构松散，保教质量很差，出现“说办就办，说垮就垮”、大起大落的现象。这段时期，街道每个居民段（包括工矿区宿舍）都设立托幼园（所），农村各生产大队都办起托幼园所。

1958年9月19日，中共中央、国务院下发的《关于教育工作的指示》明确指出，教育是为无产阶级政治服务的，教育要与生产劳动相结合。教育的目的是培养有社会主义觉悟、有文化的劳动者。为了实现这个目的，教育工作必须由党来领导。该文件同时提出“两条腿走路”的办学方针，要求采取多样性的办学形式，强调公办教育与民办教育共同发展。在“大跃进”中迅速兴办的各类幼儿园（班），分别隶属教育局、公社和厂矿多渠道管理，公社、厂矿、政府各部门办园多数从福利经费列支。

贵阳市农村各大队也办起寄宿制混合班，集中婴幼儿混合吃、住。这段时期，教育部门、机关幼儿园为满足家长夜以继日参加“大跃进”“大炼钢铁”等的需要，在住宿设备、人员缺少的情况下，一面扩大招生，一面大量增设寄宿班，有的幼儿园还实行了“随到随收保证家长满意”的入托制度，致使这些幼儿园的保育质量大大降低。这种不顾客观条件、违反教育发展规律的做法，持续了3年。1958年，遵义市市区有15所小学，全都附设有幼儿班或学前班。此外，各地人民公社、机关、厂矿、企业、街道等，也纷纷大办幼儿园（所）。目的是使广大群众更好地参加“大兵团作战”“大炼钢铁”和“大战深耕”等运动。不少“园”“所”是在几天之内，甚至是一夜之间办起来的。在农村，没有园舍，便利用公共食堂的空房或者借用民房，集数十幼儿于一屋，用晒席或簸箕垫地，安排年老体弱的妇女看管孩子。这些儿童从一二岁到五六岁不等，幼儿园无教学条件，也没有玩具，无法进行保教。看管人员最多起到看住孩子、不让其爬出门槛的作用。据当年统计，全区包括上述形式的幼儿园达2361所，在园幼儿74494人，教职工4547人。黔东南全州幼儿园发展到382所，在园儿童17095人，其中少数民族儿童820人；教职工共1275人。至1959年，铜仁全区有托幼园（班）816个，在园（班）幼儿达24372人。1960年，园（班）增至1794个，入园（班）幼儿36391人。1958年“大跃进”时期，黔东南全州幼儿园发展到382所，在园儿童17095人，其中少数民族儿童820人；教职工共1275人。

1958年，黔西南地区农村人民公社伴随着食堂化办起了大量的托儿所、幼儿园，仅兴义县农村即办有310所，入园所儿童达10671名。这类园所都属托儿性质，俗称“看娃娃组”，基本上都没有幼儿园教师（当时称教养员），而且很快就消失了。“大跃进”中幼儿教育的发展主要体现在县城幼儿园（班）的增加和完善上。1958年，各县县城都新办或恢复了幼儿班，并经过几年的努力，先后将附设在小学的幼儿班扩充建设为单独设置的幼儿园。据1958年底统计，黔南州全州已有幼儿园（托儿所）280所，在园（所）幼儿8983人，分别是1957年的20倍和10倍；1959年，全州幼儿园、托儿所已达918所，在园（所）幼儿17321人，教职工1210人，创历史最高纪录。但是，这些幼儿园、托儿所多数是在不具备基本办园（所）条件下一哄而起办起来的，保教质量很差，多数仅能起到看管孩子的作用，不多久，除少数条件较好的得以巩固外，其余都先后垮掉了。

1958年至1959年上半年，由于不顾条件地发展幼儿园，师资数量、师资水平跟不上发展的需要，幼儿教育教学的盲目性、随意性大，幼儿园成为只照管孩子的地方。1959年下半年起，在“大跃进”中迅速发展起来的幼儿园大部分都解散了，保留下来的一部分幼儿园为减轻国家和家长的经济负担，开展勤工俭学活动。教职工开荒种菜，喂鸡养猪，试验做“营养代用品”，有的幼儿园带幼儿到野外搞“小秋收”，打乱了教学秩序，幼儿园仅重视“保”，不重视“教”。

1960年国民经济困难时期，幼儿园成为保护幼儿健康的主阵地，办好幼儿膳食成为幼儿园头等重要的任务。幼儿园食品供应被列入“特需供应”范畴，对糖、油、肉等营养食品享有绝对优先权，保证了幼儿膳食的质量。但因物资极度短缺，供应标准较低，一些园也曾出现过餐点不够吃、孩子带干粮入园的现象。1963年，经济形势好转，幼儿园膳食在质量上逐步提高，在数量上亦有保证，幼儿园得以巩固。

在左的路线影响下，贵州省托幼机构仍有增无减，比1959年增长了34%。至1960年，贵阳市公办幼儿园猛增到389所，比1957年仅有的26所增加14.9倍。据《贵州日报》1960年6月1日报道，全省农村有幼儿园、托儿所20.2万余个。1960年以后，国家停止使用苏联幼儿教育的参考书，教材由教师自己编写。贵阳市教育局结合全市幼儿园的实际需要，组织编写了一套幼儿园教育大纲和各科教材，供全市使用。1960年六一前夕，省妇联、省工会、团省委联名表彰优秀儿童工作者和集体1000个，其中有保育员，教养员、托幼机构的行政管理人员，这些人均被授予“儿童工作红旗手”称号。

据安顺专区、黔南州、黔东南州统计，3地（州）已有13500多个托儿组织发展成托儿所、幼儿园。六盘水地区郎岱县于1958年秋在城内城隍庙开办了郎岱县机关幼儿园，水城县撤销了三小幼儿班，在龙洞街开办了水城县机关幼儿园，三县的许多农村人民公社、生产大队和生产小队也办起了幼儿园。到1959年春，三县的幼儿园发展到405所，在园幼儿达到17480人，教职工达到了940人，此期的幼儿教育，从数量上看，幼儿园的发展幅度大大提高了，但幼儿教育的质量却十分低劣，缺园舍设备，缺专业人员，组织混乱、机构松散是此期幼儿教育的显著特征，大多数幼儿上的是为了照顾家长夜以继日地参加“大跃进”“大炼钢铁”而开办的托儿班，所受教育极不正规。毕节地区据1959年底统计，全地区共办幼儿园6684所，在园儿童约10万人。此外，全区学前班也发展较快，公社以上小学几乎都办有学前班。

党和国家领导人对贵州省学前教育事业十分关心。1960年2月，时任全国妇联副主席的康克清同志到贵阳市文化路托儿所省政府机关幼儿园视察工作。1960年，时任全国妇联副主席的邓颖超同志视察了花溪区大寨生产队托儿所、贵阳市河滨、延中街道托儿所。1960年11月，陈毅副总理视察了贵阳花溪大寨托儿所。

1961年，中国共产党第八届中央委员会第九次全体会议提出“调整、巩固、充实、提高”八字方针。1961年开始，不具备条件的农村、街道托幼园所陆续自行解散，工厂、机关幼儿园也根据不同情况停办或合并。贵州省幼儿教育机构大幅度减少，农村幼儿园几乎全部解散，只有少数城镇办园条件较好的机关、厂矿企事业单位的幼儿园得以巩固下来。

20世纪60年代贵州新开办的幼儿园多数实行“两餐一点”制，即：幼儿园不提供晚餐，幼儿提前在5点钟离园，回家吃饭。也有只办一次早点的幼儿园，上午11点30分离园后，幼儿在家午餐并午睡，下午2点钟再次入园，至5点再离园。各园开餐或不开餐以及开餐次数经常有调整，但县城幼儿园多数是执行“两餐一点制”的。

1962年，妇联的托幼管理工作从单纯组织发动，转变为逐步提高办园水平。“大跃进”后被保留下来的民办幼儿园受到各级妇联的重点扶持，妇联积极为这些园（所）申请经费，培养保教人员，修缮房屋、添置教学设备。这批妇联直接领导和管理的幼儿园，在“文革”期间大多被保留下来，而教育部门及机关领导的幼儿园多数反而遭到破坏或被关闭。全省教育部门办幼儿园从1961年的380所，减为1962年的165所，各地、州、市中等师范学校在“大跃进”中增设的幼师班也相继被撤销。兴义师范3个幼师班的140名学生被下放回农村。1960年刚建起的贵阳幼儿师范学校也在1961年撤销，恢复为贵阳师范幼师班。经过调整，各类幼儿园总结经验教训，逐步恢复了正常的教学秩序。六盘水三县对幼儿教育进行调整，“大跃进”期间由农村人民公社和生产大队、生产小队办的幼儿园相继解散，到1961年底，三县仅剩下教育部门办的3所幼儿园，在园幼儿207人，教养员12人。遵义全区对幼儿教育事业进行大幅度调整，农村幼儿园几至全部解散。到1962年，全区幼儿园（班）减至40所，在园幼儿仅有3215人，教职工降到253人。黔西南经过数度调整和整顿，到1962年8县共办幼儿园13所，其中每县有1所实验幼儿园或机关幼儿园，在园幼儿发展到1083名，“文革”初期，各幼儿园闭园停课。黔南州到1961年底，全州仅剩幼儿园33所，在园幼儿1412人。

1962年后，巩固下来的几所幼儿园停止了“勤工俭学”活动，但出现了两种倾向：在以文化水平较低的中老年妇女为主要教师的幼儿园中，以照料儿童的饮食起居为任务，上课无计划，内容简单，不讲究方法；或不考虑幼儿的承受能力，在大班和中班教学汉语拼音，认识汉字，教100以内的加减法，增加课时，让儿童多读、多写、多算，教学的游戏性、趣味性相应减少。20世纪60年代，幼儿园结合“学雷锋”运动，组织幼儿开展团结友爱、做好事的活动，教育幼儿养成助人为乐、爱集体的优良品德。

1963年，贵州省中小学幼儿园执行中共中央颁布的《全日制中、小学暂行工作条例》，恢复和整顿各类幼儿园的正常秩序，各地教育行政部门协同有关单位对幼儿园组织进行调整，并开展对各类幼儿园业务工作检查，着力整顿和恢复幼儿园正常秩序，提高办园质量。1963年—1966年，全省幼教事业稳定发展，逐步提高。

贵阳市教育局将几所小学幼儿班充实扩大办成示范性幼儿园。直到20世纪60年代中期，全省学前教育事业在恢复整顿、冒进普及、巩固提高的曲折历程中得到恢复性发展。到了1965年，全省有幼儿园186所，在园幼儿19902人、教职工1468人。贵阳市教育局将几所小学幼儿班充实扩大，办成示范性幼儿园：第十幼儿园由南明小学幼儿班扩建，地址在广顺路；第十一幼儿园由箭道小学幼儿班扩建，地址在箭道街；第十二幼儿园由富水路小学幼儿班扩建，地址在黄家巷。经过几年的调整，到 1965 年底，全市幼儿园为 49 所，入园幼儿 5305 人，幼儿园的数量减少了，但教学质量有了稳步提高，数量和布局亦较符合当时的教育发展条件。这些保留下来的幼儿园，大多系机关、厂矿、企事业单位所办。黔东南 1961 年有些幼儿园陆续停办，全州仅余幼儿园 32 所，在园幼儿 2137 人，教职工 166 人。至 1963 年，铜仁全区幼儿园（班）调整为 12 所，在园幼儿 1349 人（公办 10 所，在园幼儿 1214 人，部门办 2 所，在园幼儿 135 人）。至 1965 年，铜仁区仍保持幼儿园 12 所，入园幼儿略有增加，为 1511 人，与 1957 年基本持平。

“文化大革命”期间，贵州省学前教育事业受到极大冲击和严重摧残，幼儿园体制被打乱，幼教管理机构几乎全被撤销，教育行政部门没有专职幼教干部，领导管理混乱，教育行政部门无力过问学前教育。幼儿园不能维持正常工作。学前教育被诬蔑为“培养修正主义苗子的温床”，大批幼儿园园舍被侵占，不少幼儿园停办，或改办成小学。各幼儿园长期处于无计划、无大纲、无制度的混乱状态。很多幼儿园的教具、玩具、设备、图书、档案和资料被视为“修正主义黑货”而被砸烂或烧毁，破坏殆尽；因把办好幼儿园膳食当作“培养修正主义苗子”，幼儿园一般不再提供膳食，即使某些园在某个时期提供膳食，也不再讲究营养、质量；幼儿园教师被视为“资产阶级、修正主义的代理人”，大量幼儿园教师改行，幼儿园专业教师严重缺乏。1966 年—1967 年，全省各幼儿园的园长、保教主任和有经验的教师普遍受到不同程度的揪斗和批判，大多数被迫改行。幸存下来的幼儿园在“工农兵领导一切”的口号下，教育、保育工作极为混乱，由一些不识字的工人担任“革委会主任”，虽然有的幼儿园仍按课程教学，但教学内容充满了政治口号，以《毛主席语录》“老三篇”为主，以及教幼儿唱“样板戏”，跳“忠字舞”，活动相应减少，背离了幼儿教育的办学规律，幼儿园的教师除参加“文化大革命”的政治活动外，只处于“带娃娃”的状况。农村学前教育面临更大困难，学前教育基础非常薄弱，很多农村出生的儿童没有在教育机构接受过学前教育。

在这一时期，贵阳市小学除实验小学外，均将附属幼儿园撤销。幼儿入园率下降，到1976年初，全市仅存16所幼儿园，入园幼儿只有2328人。毕节县机关幼儿园，1967年后园址被改为县革委会招待所，教职工被全部调离。保留下的地专机关幼儿园，教育教学状态并不正常。有时年入园幼儿仅有七八人。遵义地区至1975年，全区仅剩下幼儿园10所，在园幼儿772名，教职员工45人。1966年“文化大革命”开始，铜仁地区幼儿教育事业受到极为严重的摧残，仅有玉屏县城关幼儿园幸得保留下来。到1971年地直机关幼儿园才开始恢复。1973年以后，铜仁县、万山特区（今万山区）、松桃县城关幼儿园陆续恢复。到1976年底，全区仅有幼儿园5所，在园幼儿216人，教职工19人。到1965年，黔东南全州幼儿园减为9所，在园儿童784人，教职工36人，到1976年，全州仅有幼儿园4所，其中公办1所，民办3所，在园幼儿250人，保教人员14人。

十年动乱给幼儿教育造成严重的损失。1976年，贵州幼儿园数又退回1957年的状况，全省仅有111所。幼儿教育基础最好的贵阳市，1975年仅剩幼儿园16所，入园幼儿只有2459人。1976年粉碎“四人帮”后，遵义全区幼儿教育事业开始回升发展，至1977年，已增至45所，在园幼儿增至5271人，教职工增至816人。黔西南到1979年，兴义地区共有9所幼儿园（8县8所及行署机关幼儿园），在园幼儿27个班，1090名；教职工43名，其中幼儿园教师（教养员）40名，仍然是20世纪60年代的规模。到1971年，六盘水地区仅剩幼儿园1所，在园幼儿68人，教养员4人。1973年—1978年，六盘水地区开始恢复幼儿教育，但情况波动起伏，摇摆不定。1975年，全地区的幼儿园恢复到16所，在园幼儿752人，有教职工100人。到1978年，全地区的幼儿园减少到2所，在园幼儿减少到226人，教职工减少到14人。

第三章

1977 年—2000 年贵州学前教育发展状况

第一节 1977 年—1986 年贵州学前教育恢复发展阶段

1976 年粉碎“四人帮”后，停办的幼儿园逐渐得到恢复。教育部门所办幼儿园按学额扩大了招生数。街道幼儿园解决了部分房租偏高、保教人员缺乏培训等问题，在巩固的基础上有了发展。1978 年，党的十一届三中全会确立“解放思想，实事求是”的思想路线，作出将党的工作重心转移到社会主义现代化建设上来的重大决策，进入以经济建设为中心的改革开放新时期。邓小平同志先后在全国科学、教育大会上指出：“教育事业绝不是教育部门的事，各级党委要认真地作为大事来抓；教育事业必须同国民经济发展的要求相适应，国家计委、教育部和各部门，要共同努力，使教育事业的计划成为国民经济计划的一个重要组成部分。”改革开放的时代号角响彻神州大地，以经济建设为中心的任务确立，大量的国营企事业单位将原本包办的学前教育推向社会，学前教育发展逐渐社会化、市场化。这一时期，党和政府确立了“一个中心、两个基本点”的基本路线，明确了在社会主义现代化建设全局中优先发展教育、科教兴国的战略。教育行政机构得到恢复、发展和改革，对幼儿教育的领导力量加强，实现了对全国幼教事业发展的计划、组织和集中领导。1978 年，教育部在其下属的普通教育司内重新设立了幼教特教处，失去国家机关专职领导的学前教育事业又有了行政领导机构，幼教事业发展走上了快车道。

1976 年—1978 年，幼儿园的课程设置和教学内容仍处于无章可循的境地，20 世纪 50 年代的幼儿教材、课本仍不敢使用，靠教养员自编教材来维持教学。1979 年公布的《城市幼儿园工作条例（试行草案）》，决定恢复50年代实行的6个作业项目，严格规定了每周作业次数和每次作业时间。该条例强调指出：作业是向幼儿有计划地传授粗浅的知识、技能和发展智力等的主要教学形式，也是向幼儿进行全面发展教育的重要手段，作业的项目和时间不准任意改变。教养员要认真备课，充分运用直观教具，运用游戏、体育活动、上课、观察、劳动、娱乐、日常生活等教育手段，进行启发式教学。《城市幼儿园工作条例（试行草案）》重申，“必须对幼儿进行初步的五爱教育”。20世纪80年代，结合开展文明礼貌活动，将“五讲”（讲文明、讲礼貌、讲卫生、讲秩序、讲道德）、“四美”（心灵美、语言美、行为美、环境美）融于“五爱”教育之中，丰富了幼儿德育活动的内容；向幼儿进行革命传统教育，运用讲述、表演、参观等形式，向幼儿介绍、讲解革命前辈、英雄模范人物的事迹，引导幼儿敬爱他们，向他们学习；突出以爱国主义为核心的教育，开展以赞美家乡、赞美祖国山河为主题的表演游戏，教幼儿认识国旗、国徽，爱护国旗、国徽，养成爱家乡、爱祖国的深厚感情。《城市幼儿园工作条例（试行草案）》附发了幼儿园作息时间表，整日制（实行三餐一点制）幼儿园作息时间调整为：幼儿入园时间提前到7点钟，离园推迟到下午6点30分，在园时间增加了1小时30分钟（共11小时30分钟）。

改革开放初期，贵州学前教育基础非常薄弱，尤其农村地区的学前教育几乎处于空白状态，人们对学前教育重要性的认识严重不足，急需提高广大基层干部和群众对学前教育重要性和必要性的认识，加大投入充实完善学前教育资源，尤其是农村学前教育资源，同时建立一支稳定的专业的幼儿教师队伍。因此，中共贵州省委、省政府要求各级党委和政府要把托幼工作列入议事日程，全省确立了教育部门主管，有关部门分工负责的管理体制，在1976年的基础上恢复了幼儿园49所，贵州省的学前教育事业逐步恢复发展。1979年，铜仁全区幼儿园恢复到9所，入园幼儿1094人，教职工35人，其中教养员30人。

1979 年 7 月至 8 月，教育部、卫生部、劳动总局、全国总工会和全国妇联联合召开了“全国托幼工作会议”，参加会议的还有各省、自治区和直辖市五个部门的有关负责人。会议建议国务院设立托幼工作领导小组，由教育部、卫生部、计委、建委、农委、财政部、商业部、民政部、劳动总局、城建总局、全国总工会、全国妇联和中国人民保卫儿童全国委员会等单位的负责人组成。会议同时要求各省、自治区、直辖市设立与全国托幼工作领导小组相应的省级托幼工作领导小组，由省级相关部门组成，以保证全国托幼工作领导小组的有关批示精神在基层能得到贯彻落实。中共中央和国务院高度认可这一会议，并于 1979 年 10 月 11 日转发了《全国托幼工作会议纪要》，全国托幼工作领导小组由时任国务院副总理陈慕华任组长，办事机构设在全国妇联，以加强对托幼工作的领导力度，统筹政府有关部门共同协商托幼事业的发展问题，使学前教育事业发展的很多关键问题基本得到解决。大会还分析了学前教育存在的问题及其根源，提出了解决当前学前教育问题的政策建议。大会首次明确提出了托幼事业的社会化方向，对改革开放初期我国学前教育的发展和稳定起到了重要的作用，尤其是对我国学前教育体制机制的建立以及明确各级政府和政府各职能部门对发展和管理学前教育的责任起到了极其重要的作用。全国托幼工作会议批评了“儿童所需副食品的供应缺乏保证，部分儿童营养不良”的现象，责成商业部门负责搞好儿童食品（还有服装、用具、玩具、教具等）的供应。

同年 10 月，贵州省教育局、省卫生局、省劳动局、省妇联、省总工会联合召开了“全省托幼工作会议”。中共贵州省委、省革委在转发《关于贯彻执行全国托幼工作会议的请示报告》的通知中强调：要提高认识、统一思想，广泛宣传办好托幼事业的重要意义。要想尽办法，积极创造条件，把全省托幼事业办好。各级党委和政府要把托幼工作列入议事日程，切实解决托幼工作中的经费和保教人员工资、劳动保险、福利待遇等问题，坚持“两条腿走路”的发展方针，恢复、整顿提高各类型的托儿所、幼儿园。各地、州、市所在地要争取在 1980 年内办起一个实验性幼儿园；城建和房管部门应根据群众需要，新建、扩建或腾出一部分房屋开办幼儿园；农村要因地制宜地从实际出发，开办各种类型的农村托幼组织，有条件的社队要办常年托儿所、幼儿园（班）。全省托幼工作会议后，在省委和省人民政府的统一领导下，“贵州省托幼工作领导小组”得以建立，省教育局、省卫生局、省劳动局、省计委、省建委、省农办、省财政局、省商业局、省人事局、省民政局、省妇联、省工会 12 个单位为成员单位。领导小组由时任省革委副主任的张玉芹同志担任组长，主持日常工作；省教育局省财政局、省卫生局的负责人任副组长；其他成员单位的负责人为成员，常设机构“省托幼领导小组办公室”设在省妇联，领导小组成员单位按照《关于贯彻执行全国托幼工作会议的请示报告》的精神，在党和政府的统一领导下，密切配合，按自己业务范围积极发挥部门的职能作用。教育部门的主要职责是：1. 负责幼儿教育的业务领导；2. 培训幼儿园园长和保教人员；3. 办好示范性幼儿园；4. 加强幼教科研工作的领导。

贵州省各级政府认真履行领导和统筹学前教育发展的职能，学前教育得到党和政府的高度重视，各地、州、市都先后召开了托幼工作会议。1980 年初，全省各地、州、市及县分别成立了托幼工作领导小组，分别由地委、州委副书记、副专员或州长担任领导小组组长，省、地、县教育行政部门配备专职或兼职干部；并配合有关部门着手解决幼儿园、托儿所一些亟待解决的问题。1981 年底，全省 86 个县（区）先后建立了托幼工作领导小组，县级共配专职干部 96 人，形成贵州省有史以来省、地、县各级政府对托幼事业最为完善的领导管理体制，妇联成为托幼管理工作的主要负责部门。妇联充分发挥其群众团体的职能，配合有关部门利用三八妇女节、六一儿童节，组织各种宣传和庆祝活动，如座谈会、文艺演出、体操比赛、绘画展览、教具玩具展览、木偶比赛等，让社会各界了解幼儿教育的重要性，为幼儿教育做实事。每年六一儿童节，贵州省各市、县妇联都要动员各单位拿出钱、物赠送给幼儿园、托儿所。省托幼办成立后，省妇联每年组织省级机关及各厅、局，向边远县儿童赠送儿童玩具或教具。

中共贵阳市委根据全国托幼工作会议精神建立了贵阳市托幼工作领导小组。由市委一名副书记任组长，教育、卫生、妇联分管托幼工作的负责同志任副组长，其他部门负责同志一人也参加了领导小组。在贵阳市托幼工作领导小组安排下，教育部门主管公办幼儿园和各类幼儿园的教学，提供教材，培训师资。卫生部门负责各类园所的卫生保健工作，工会主要负责厂矿、企事业单位的托幼工作：妇联负责街道民办、农村社队办的托幼工作。全市性托幼工作由上述各部门共同研究组织发展。同时，贵阳市各区建立架域协作网，将不同类型的园（所）按街道办事处划片组织起来，开展协作活动，有效地加强了园（所）之间公办带民办、大带小、老带新的互教互学活动，使它们在管理和保教工作上普遍得到提高。随着经济体制改革及对人口素质问题的日益重视，贵阳市除了发展教育部门所办幼儿园外，还采取厂矿自办、扶植民办的措施，使贵阳市幼儿园有大幅度增加。市教育局还组织有经验的幼儿教师，以《城市幼儿园工作条例（试行草案）》的要求为指导原则，编写了一套“贵阳市幼儿园教材”，包括语言、计算、音乐、体育、美工、常识6本，解决了全市幼儿园长期无教材可用的困难。

遵义地区根据全国托幼工作会议精神，并遵照中央关于托幼工作的方针、政策，地委和行署曾三次召开各县（市）政府领导和地直机关的部、委、办、局负责人会议，专门讨论研究全区托幼工作，决定坚持“两条腿走路”的方针，发展幼教事业，从实际出发，采取公办、民办、个体办等多途径、多形式办园。地委于1979年12月建立全区托幼工作领导小组并设办事机构，调配专业干部，各县（市）也相继建立托幼工作办公室，加强对幼儿教育的领导，使幼教事业得以进一步发展。

黔南州成立托幼工作领导小组，下设托幼办公室，具体负责日常工作，同年10月召开全州第一次托幼工作会议，研究、部署幼儿教育工作。这次会议以后，各县、市遵照州的指示，先后设立托幼工作领导小组和托幼办公室，加强对托幼工作的领导。都匀市还成立了儿童少年工作协调委员会、儿童少年基金会和关心下一代协会，筹集幼教资金，指导幼教工作。1986年，该市儿童少年工作荣获全省一等奖，1988年被全国儿童少年协调委员会和全国儿童少年基金会评为儿童少年工作先进市。

六盘水市认真贯彻会议精神，增加对幼儿教育的投入，加强对幼儿教育的领导和管理，落实幼儿教育工作者的待遇，恢复、发展、整顿各类幼儿教育组织，加强保教队伍建设，努力提高幼儿教育的质量。六盘水市坚持“两条腿走路”的方针，采取国家、集体、个人一起上的办法，鼓励和支持企业事业单位和部门及其他社会力量开办幼儿园，并在城镇和厂矿企业推行《城市幼儿园工作条例（试行草案）》，全市幼儿教育园所的数量和质量得到了大幅度的提高。到1980年，全市的幼儿园发展到74所，在园幼儿4497人，教职工705人。其中教育部门办7所，在园幼儿441人，教职工44人；厂矿企业和其他部门办62所，在园幼儿3439人，教职工640人；集体办5所，在园幼儿617人，教职工21人。是年，六盘水市教育局筹建了市实验幼儿园。

1980年5月，兴义地区托幼工作领导小组成立。领导小组由兴义地区行政公署10局、委、办及妇联、总工会、两群众组织组成。领导小组下设办公室（简称“托幼办”）。办公室设在地区妇女联合会，为政府的常设机构。各县也先后成立托幼工作领导小组及其办公室。从此幼教工作由各级妇联牵头并组织实施，教育部门负责幼儿教育的业务领导，培训幼儿园教师和办好示范性幼儿园。同年，教育部发布《城市幼儿园工作条例（试行草案）》，要求各级教育行政部门设置幼儿教育领导机构或指派幼儿教育专职干部，以领导本地各种类型的幼儿园的保教业务，加强幼教师资培训和幼教科研工作。地区和县教育局先后配备或指派了幼儿教育专职或兼职干部，在托幼工作领导小组的领导下，协同地、县妇联，共同发展幼儿教育事业。

这个时期，幼儿园以集体办学为主，政府与幼儿园是上下级关系，允许办园单位税前预留文化教育经费，同时工矿、企业、机关、学校等以免费或低费的托儿所、幼儿园作为一种社会福利提供给其成员，受益对象主要是单位的职工。此外，政府重视通过制定政策性文件，规范幼儿园的工作秩序和教育教学质量。教育部于1979年下发的《城市幼儿园工作条例（试行草案）》和1981年下发的《幼儿园教育纲要（试行草案）》，强调和突出了幼儿园是对幼儿进行全面发展教育的机构，并对幼儿教育的方针、目标、内容和制度做出了详尽的规定，较为迅速地恢复了幼儿园的正常教育教学秩序。

由于管理机构的建立和有关单位的分工合作，贵州省托幼工作中一些亟待解决的问题逐步得到处理。为了充分发挥教育部门办幼儿园的骨干和示范作用，省教育厅1980年发出通知，要求每个县、特区（区）所在地都应有一所设有大、中、小班的实验幼儿园。同时也要求条件较好的农村小学，尽快附设学前一年的幼儿班，一般农村小学也要努力创造条件，根据需要和可能的原则，分期分批附设幼儿班。

1980年，李先念副总理的夫人林佳楣同志视察了贵州省农机工具厂、贵阳钢铁厂托儿所、贵阳医学院儿保教研室和儿科病房，对贵州省幼儿园卫生保健工作做出的成绩予以肯定，并提出改变医学院儿科设备、建立卫生保健机构的建议。贵州省各级党和政府的主要领导人历年来在六一儿童节、春节、教师节都到幼儿园参加活动、慰问教师，听取教师的意见，为幼儿园教师解决一些实际困难和问题。

1980—1981年，遵义地区教育局委托遵义市师范学校先后代办两期中幼师2个班，各招生40名，加上该校幼师毕业生36人，充实了幼师队伍。据统计，从1980年—1982年的三年中，全区就有凤冈、绥阳、赤水等11个县（市）为新建、扩建、维修和搬迁幼儿园拨款四十多万元，从而使其中 9 县（市）机关幼儿园得到恢复，3 所幼儿园改善了办园条件。但从总的情况看，全区幼儿教育事业发展比较缓慢，在全省仍居于后进地位。针对上述情况，地区教育局于 1982 年 11 月 10 日发出《关于加强幼儿教育的几点意见》，对进一步发展全区幼儿教育事业采取了如下措施：1. 切实加强对幼儿教育工作的领导；2. 迅速筹建和办好幼儿园；3. 认真贯彻教育部的《幼儿园教育纲要（试行草案）》；4. 抓好幼儿师资队伍的建设。随着农村经济体制改革的推进，家庭联产承包责任制解放了农村劳动力。农村经济好转，农民生活水平提高，个体幼儿园也应运而生。如桐梓县城关镇青年农民梁隆庆于 1981 年办起个体幼儿园——育新幼儿园。各地也先后办了一些类似的幼儿园。这期间，各县（市）幼儿教育有了长足的发展，逐步形成了国家、集体、个人办幼儿教育的格局。

1980 年 1 月，黔南州人民政府在都匀召开全州第一次妇幼卫生工作会议。会议要求各县、市认真贯彻《全国托幼工作会议纪要》，加强对幼儿园、托儿所的领导，培训托幼干部和教师，提高其业务水平。会议还要求各级保健站协助幼儿园、托儿所建立必要的卫生制度。同年 3 月，黔南州人民政府发出《关于印发全州妇幼卫生工作会议纪要的通知》。要求各级地方财政拨款新建、扩建、维修幼儿园、托儿所，添置教学设备、教具、玩具，培训保教人员。1980 年 4 月，铜仁地区召开了全区幼儿教育工作经验交流会，6 月召开了托幼工作会议，12 月又召开了托幼工作座谈会。为解决幼儿师资问题，地区教育局在思南师范增设幼儿师资班，招生 50 人。选派幼儿园教师 34 人到省参观学习，又选派 27 人到省学习幼儿教育专业知识。同时地区开办幼儿师资培训班培训 110 人。又分别在玉屏、石阡、江口等县开办培训班，先后培训二百余人。铜仁城区建立了“保教协作网”，年底全区幼儿园发展到 39 所，在园幼儿 4293 人，教职工 160 人，其中保教人员 128 人。1980 年之后，黔东南各县利用小学的办学条件，陆续兴办学前班。发展较快的有剑河、凯里、黎平、镇远等县市。剑河县的369所小学有128所开办学前班，该县的柳富、小广、久仰、久吉等民族聚居的小学兴办民族女幼儿班。由于各地的重视和努力，学前班迅速发展。1981年，黔东南全州有学前班140个，在班幼儿4390人，到1990年，学前班增至611个，在班幼儿达21232人。

1980年，黔西南州在幼儿园来不及大量发展的情况下，城、乡小学纷纷办起学前班，对学龄前幼儿进行学前一年教育。这一年共办有学前班三十多个，在班幼儿约1500名。1981年，城、乡学前班突破100个，在班幼儿上升到四千多名。1983年教育部发布的《关于发展农村幼儿教育的几点意见》，提出了“在现阶段，一般应首先发展学前一年教育”的办学方针，促进了学前班的进一步发展。1985年贵州全省学前班发展为206个，在班幼儿7145名，占当年幼儿教育在园幼儿总数的73%，其中35个班在城镇，171个班在农村。1986年，根据国家教委《关于进一步办好幼儿学前班的意见》，各县对学前班进行整顿，停办了一批不具备办班条件的学前班。当年，学前班压缩为152个，在班幼儿下降为5210名。

1980年拟就的《托儿所、幼儿园卫生保健制度（草案）》，要求幼儿园的保健员、医务人员学会计算进食量和营养量的方法，并定期计算和分析研究，按照季节更换食谱，努力增加幼儿的进食量和营养素摄取量。20世纪80年代以来，贵州省幼儿膳食管理制度逐步完善，订立了保教人员岗位责任制，炊事人员工作制度、厨房卫生制度等，加强幼儿膳食的计划管理，准确掌握人数，按人按量供膳，做到不吃剩饭、剩菜。

1981年，教育部拟就的《幼儿园教育纲要（试行草案）》，将“教养员”改成“教师”，尤其强调了幼儿园教师作为专门化职业的特殊性，幼儿园教师逐渐摆脱单纯的对儿童进行身体养护与照料发展的“养护者”和“保姆”形象，成为促进儿童身体、智力、情感、社会性等多方面和谐发展、“保教并重”的学前教育专业从业者。《幼儿园教育纲要（试行草案）》规定幼儿园的教育内容为：生活卫生习惯、体育活动（基本动作、基本体操）、思想品德、语言、常识、计算、音乐（唱歌、舞蹈、音乐游戏）、美术（绘画、泥工、纸工、欣赏、自制玩具）。其中，思想品德、生活卫生习惯不列为课程，其教育内容贯穿在各科作业及日常生活中。贵州省各地幼儿园按要求列课程安排如下：大班每周12节，中班每周11节，小班第一学期每周6节，第二学期每周8节。城镇小学附设的学前班，开设语言和计算，课程设置及课时安排比较混乱，过分重视语言、计算甚至增加计算习题练习、识字、拼音，有的课时安排高达每周30节。这一规定不够重视体育、音乐、美术，小学化、成人化的倾向严重。为此，贵州省教育厅1982年和1987年在有关文件中强调各学前班一定要严格按照部颁标准进行教学，并有计划地培训师资，组织编写了一套供全省各县级实验幼儿园临时使用的教材，对一学期各科教学课时内容作了具体规定。城镇，厂矿幼儿园开始利用电教设备，播放乐曲配合幼儿开展丢手帕、捉迷藏、玩皮球、赛跑等游戏，让幼儿在音乐声中坐滑梯、荡秋千、摆浪船。幼儿体育在各地幼儿园中形成日常规律：每天清晨，教师带领幼儿在乐曲声中做广播操、韵律操。中午午睡两个半小时。各幼儿园根据本园实际情况，举行幼儿园运动会和体育比赛，项目有体操、三轮车、跳绳、传球、滚球、“钓鱼”等。乡村幼儿园只开设语言、计算、常识、唱歌等课程，并因地制宜，克服经费缺、玩具少、场地窄等不利条件，自制跷跷板、滑梯让幼儿游戏，带领幼儿攀登小山，在宽阔的草坪上翻筋斗、做游戏、练赛跑，通过多种方式锻炼幼儿的肢体。各地幼儿园使用省教育厅编写的幼儿园临时用教材。20世纪80年代，各幼儿园、班恢复了游戏在教育活动中的主导地位，积极为开展各种游戏创设条件，在一日活动中给游戏安排了足够的活动时间，增加设置必要的运动器械（滑梯、压板、荡船、运动架等），大力提倡利用自然物资及无毒无害的废旧物资，鼓励保教人员自制简易设施和玩具，游戏活动的方式逐渐增多。20 世纪 80 年代，贵州城镇幼儿园仍然是以实行“两餐一点制”为主，农村新开办的幼儿园多数只开一次早餐（早点），因而在园时间受到制约，达不到规定要求。

1981 年 4 月，贵州省第二次托幼工作会议在贵阳召开。会议传达了中共中央书记处关于加强儿童少年工作的指示，讨论并明确了在进一步调整国民经济的形势下如何发展贵州托幼事业以及当前托幼工作中亟待解决的问题。各地认真贯彻了会议的精神，贵阳市由地方财政拨款解决了师资培训经费；民办幼儿园的大型设备由街道办事处自筹经费中得到了解决；房建部门对各类托幼园所危房进行了改建改修；民办园所房屋租金低于民用房屋标准；由区一级财政解决所需退休、退养的 44 个长期从事幼教工作保教人员的退休金；商业部门改善了幼儿园食品的供应，从而保证了幼儿的合理营养需要。

1981 年 10 月，贵州省教育厅在《关于贵州省试行〈幼儿园教育纲要〉的意见》中指出：《幼儿园教育纲要（试行草案）》是幼儿园进行教育工作的依据，各地应首先组织幼教干部和各部门办的幼儿园教师认真学习、领会精神，弄清《幼儿园教育纲要（试行草案）》的指导思想以及各年龄班的内容和要求。文件还根据贵州实际情况，分别对城市、县镇、农村、机关、厂矿企事业等不同类型的幼儿园提出试行《幼儿园教育纲要（试行草案）》的具体要求。

为使各类园所的房舍设备得到改善，1981 年，国家用于扶持全省民办园所的经费达 1379 万元。为解决城市幼儿“入园难”的问题，各地创造了一些好经验。机关、厂矿、企事业单位的园所，积极向社会开放，提高了入托率。城镇和厂矿企事业单位采取了联办或单位和街道挂钩办等形式，开办了一批幼儿园。如贵阳市护国路幼儿园与附近工厂挂钩，本着互助互利的原则，园所为工厂服务，而工厂在房屋、设备、财力上给予必要的扶持，园所实行自负盈亏。这种挂钩办园形式，使厂方在不增加人员、节约经费的情况下解决职工子女入托问题，民办园所的经费来源也有了保障。这一时期，还出现了待业青年、退休教师自筹资金集体或个人办园。这类园所主要在县镇、区或农村。某些专业户、重点户全家办园或母女办园；有的几户集资办园。这类幼儿园的共同特点是收费低、服务周到，教师大多是初中文化程度的回乡知青。如桐梓城关蔬菜大队高中毕业的一位回乡男青年，1981 年自筹资金开办了“育新幼儿园”，他注意提高保教质量，改善办园条件，幼儿园越办越好。1983 年，这位回乡青年被评为全国先进少年儿童工作者。在他的带动下，桐梓县个体办园发展很快，1985 年办起 48 所，入园幼儿 2000 多人。

1981 年省财政专项补助民办园所 15.8 万元（这项补助以后逐年增加，1986 年为 80 万）用于六一儿童节，仅遵义、贵阳、铜仁、黔南、黔东南 5 个地区，为幼儿买教具、玩具及增添设备就用去 68.7 万元。为提高保教质量，改变托幼队伍“三多一少”（文盲多、老弱病残多、临时工多，受过专业训练的人员少）的状况，1981 年，贵阳、安顺市、都匀县（今都匀市）、思南县、兴义县、遵义市、六盘水市等地的师范学校附设了幼师班，贵阳市云岩区教师进修学校受省里委托，举办了幼儿师范，从 1979 年起开始招收幼师学生。全省 8 个中等学校开设了妇幼医生专业。各地教育部门和妇联采取多种形式，各种渠道，加紧了在职教师的培训，其形式有脱产培训半年至 1 年，短训半月至 1 月，有业余进修。有的县还利用假期请外地有经验的教师为本地教师进行短期培训。南明区、云岩区教师进修学校自 1980 年起坚持幼师培训，每年培训幼儿园教师 300—400 人；中国民主同盟贵阳市委和市教师退休协会还积极组织退休教师举办各种培训班。

省妇联每年都在托幼工作者中开展“三八红旗手”评选活动。1981 年 11 月，省托幼办召开全省托幼工作先进集体、先进个人表彰大会，表彰了 83 个先进集体、217 名先进个人，并在表彰先进的基础上，密切结合争当三八红旗手（集体）争做五好家庭的竞赛活动，在全省托幼系统开展“改善服务态度，提高保教质量为中心”的五好（思想政治工作好、保教工作质量好、行政管理工作好、坚持勤俭办园好、服务态度好）活动。

贵州省各地幼儿园制定了《岗位责任制度》《职工聘任制暂行规定》《职工精神文明公约》《班级工作考核评比办法及实施细则》《幼儿园安全制度》和《卫生保健制度》等管理制度。各地幼儿园每个学期都拟订了园务工作计划、教师教育保育计划、卫生保健计划、后勤工作计划。各地幼儿园经常进行不同形式的教案检查、教案展览、教师自制教玩具展览；园领导经常下班听课，指导教师提高保教业务水平。园长、保教主任根据工作计划、岗位职责、职业道德规范等，按园内工作类别的不同，进行定期检查、分散检查或小组检查。通过检查，园领导做到胸中有数，及时协调和指导工作，及时解决问题，促使每位教职工忠于职守，尽心尽力做好本职工作。

同时，随着贵州省城镇、农村小学附设学前班日益增多，收生数量大大超过独立建制的幼儿园。但这些学前班绝大多数使用小学一年级第一册课本，教学小学化、成人化现象严重。为改变这种状况，省教育厅组织编写了一套《贵州省学前班教材》(教师用书)，由贵州人民出版社1985年出版发行。全套教材包括语言、常识、计算、体育、美术、音乐6册，思想品德及游戏部分则贯穿在各册教材之中。内容既照顾到学前班幼儿的年龄特点和知识程度，又考虑到与小学教育的衔接。各册教材均有教学法参政（或教学建议）、教学进度安排表、教案范例等。这套教材很受教师欢迎，并被云南省部分地区采用。

1981年以来，随着幼教经费的增加，各类幼儿园的园舍教学设备和生活设施均大有改善。中心幼儿园和三个班以上的大型幼儿园大都新建园舍。教学用房和生活用房都较宽敞，采光好，空气流通。寄宿制和全日制幼儿园，除备有两套被褥外，还根据不同季节备有毛毯、凉席。生活用具除一般炊具外，还购置烤箱、冰柜、绞肉机、磨浆机、蒸汽消毒柜、生活锅炉、汽车。教学设备除图书、挂图、积木、幻灯机、手风琴、脚踏风琴、电子琴、收录机、照相机、彩色电视机、摇车、摇椅、滑梯、秋千、跷跷板和其他小型教玩具之外，有些幼儿园还购置了打击乐器、管弦乐器和钢琴。各类幼儿园都使用全国统编的幼儿园教材，学前班则使用省编学前班课本。幼儿园结合幼儿身心发展的特点，安排各项活动，在各项教育、教学活动中，都能注意到知识性、趣味性、科学性和安全性。活动以唱歌、跳舞、讲故事、做游戏为主，寓教育于活动之中。大型幼儿园还配备卫生保健人员，定期为幼儿检查身体和打防疫针，并注意幼儿的营养，提升幼儿的身心健康水平，使他们在德、智、体、美方面能得到全面发展，克服过去幼儿教育中存在的看管式和成人式的教学通病。

各地幼儿园根据教育部《幼儿园教育纲要（试行草案）》制定规章制度，建立正常的教学秩序，强调按计划教学。教师根据幼儿的生理、心理发展特点和年龄特征装饰教室，剪贴幼儿喜爱的小动物和花草树木图案，让幼儿在充满童话色彩的环境中学习、活动。各地幼儿园重视幼儿的饮食起居，培养幼儿独立生活的能力，并开发幼儿的智力。城镇、厂矿幼儿园成立年级教研组或学科教研组，定期举行公开课教学，组织专题研讨，进行教学实验。教师利用边角废料，根据教学内容设计制作图案、模型和教具，在课堂上运用它们进行直观教学。乡村幼儿园教师因地制宜，有目的、有计划地带领幼儿到山坡上和田野里，对眼前的植物进行一定时间的比较观察，了解其生长状况，使幼儿正确、完整地认识一种植物；还组织幼儿参加一些力所能及的种植和饲养活动，培养幼儿对生物的兴趣，教师从中传授一些相关的知识和技能。少数民族聚居的乡村幼儿园还采用“双语”教学。三穗县巴冶、寨头两所幼儿园的教师使用苗语辅助教学。每逢上课，教师先用慢速度的汉语讲几遍，再用苗语翻译，并用手势配合。上动物名词课前，教师使用直观教具和教学挂图教读动物名词，讲解动物的特征和生活习性。在教瓜果蔬菜类的汉语词汇时，教师用实物进行教学，以加深印象。在激发起幼儿的兴趣后，教师因势利导，提出问题，启发幼儿用汉语回答。为增强幼儿的汉语会话能力，教师利用各种机会与幼儿个别交谈，加强汉语练习。教师因材施教，提高了苗族儿童学用汉语的能力。

1981 年 5 月，铜仁行署召开了全区第二次托幼工作会议，会后并以（1981）31 号文件批转了《孙振华同志在第二次托幼工作会议上的讲话》。文件中强调“要建立健全地县（特区）托幼领导小组和办公室；要继续贯彻（79）73 号文件，坚持‘两条腿走路’的方针，本着分类指导的原则，从实际出发，恢复、发展、整顿、提高各类园所；经费要列入财政预算给以适当解决；要认真总结经验，加强保教队伍建设”。同年，在全区开展评选幼教先进集体与优秀保教人员活动，铜仁地直机关幼儿园、石阡县丝织厂幼儿园、沿河城关一小幼儿园、玉屏城关幼儿园、铜仁城关七完小 5 个单位被评为先进集体，15 名幼儿园教师被评为优秀保教员。这些先进单位代表和先进个人出席了全省表彰会。年底，地区教育局组织的“三教”检查中，对 20 个公社的 46 个幼儿园（班）进行了重点抽查，结果表明，全区幼儿教育试点工作已初见成效。

1981 年 7 月，兴义地区儿童少年工作领导小组（后改称儿童少年工作委员会）成立，取代托幼工作领导小组领导幼教工作。此后，各县也先后成立儿童少年工作领导小组，地、县领导小组办公室仍设在妇联。1981 年，黔西南地区和县都成立了儿童少年工作领导小组及其办公室，重点抓在部分区和人民公社建立中心幼儿园的工作，共新建幼儿园 16 所，其中农村集体办园 11 个。

1982 年，国务院在《关于第六个五年计划的报告》中明确提出“要注意发展学龄前教育”，确定了“六五”期间我国学前教育事业的发展指标，将学前教育事业发展明确列入国家经济社会发展计划中。政府对学前教育继续予以高度重视，领导、管理、政策保障有力，学前教育事业获得了稳步的发展。

1982 年机构改革中，贵州省地县各级托幼工作领导小组及办事机构撤销，成立了省地县各级“儿童少年工作协调委员会”，各级托幼办工作由妇联儿童工作部承担。省协调委员会与省妇联儿童工作部合署办公，省协调委员会下设家庭教育研究会、省青少年科技委员会、省少年儿童艺术委员会、省儿童少年生活用品委员会。这些委员会做了大量有益的工作，如研制婴幼儿代乳食品和儿童营养食品、举办幼儿木偶录像比赛、为建立省妇女儿童中心组织义演筹集资金、组织家庭教育广播讲座和培训班等。

1982 年 1 月，铜仁地区托幼工作领导小组召开了第一次托幼办公室专职干部会议，会后下发了会议纪要。同年 5 月，铜仁地区又召开了托幼工作会议，会上通报了检查石阡、玉屏两县城镇 9 个幼儿园（所、班）和农村 6 个区（乡）、大队办幼儿园（所、班）的情况，参观了地直机关幼儿园。会议决定在发展园（班）方面向石阡县学习，在提高保教质量方面向玉屏县学习，会上还表彰了玉屏县、石阡县等 23 个先进集体、65 名先进工作者。会后，德江县群策群力，因陋就简发展托幼事业，使城镇幼儿入园（托）率达 56.6%。印江城关镇待业青年李万仙自费参加培训，回印江后自筹资金，自找房舍，自置设备及教具玩具，在全家人的支持下，经过一个多月筹备，办起了“新芽幼儿园”。退休教师王寺昌、严仔房将政府赔偿给他们在“文化大革命”中被抄家的财产损失费 430 元全部捐给新芽幼儿园。铜仁、印江、石阡、玉屏、德江相继办起了示范性幼儿园，思南、松桃、沿河、万山、江口亦积极筹备兴建。农村民办中心幼儿园开始兴起。

同年 4 月，省教育厅召开了“省幼儿教育工作会议”，参加会议的有各地、州、市教育局的有关领导、幼教干部及县级实验性幼儿园园长、骨干教师等 200 余人。会议总结了全省教育部门办园的教学工作情况，进一步学习领会了《幼儿园教育纲要（试行草案）》的指导思想。与此同时，省地、县托幼领导小组办公室也抓紧对各类幼儿园，特别是民办、农村园（所）贯彻《幼儿园教育纲要（试行草案）》的领导工作，组织了各种培训班，有脱产、半脱产、业余、单科培训等形式。黔西南州劳动局和妇联于1983年联合举办了“保教人员培训班”，吸收热爱托幼工作、身体健康、具有高中文化程度、年龄在25岁左右的城镇待业女青年参加，培训结业后，推荐到街道民办园（所）工作或自己办幼儿园，这种职前培训的方法既解决了园（所）师资的困难，又为待业青年谋了出路，得到省妇联的表扬。这一时期，部分县镇开始出现的个体办园，也从提高保教质量中得到发展、巩固。

10月，省教育厅召开了全省幼教干部工作会议。会议传达了国家教委召开的《全国部分地区学前班研讨会》精神，交流了幼儿园、学前班的领导管理经验，并要求各地在做好学前班状况调查的基础上，从实际出发加快发展农村学前一年教育。1982年，贵州省有幼儿园595所，是1976年的5.2倍；入园幼儿84020人，是1976年的4.9倍。学前教育的领导及管理机构已基本建立，经费来源及师资培养、培训都有明确政策及措施。

1982年1983年，中共中央发出“全党、全社会都要关心儿童工作”的重要指示，同年教育部下发了《关于发展农村幼儿教育的几点意见》的通知，提出积极创造条件，有计划地发展农村幼儿教育的要求和措施。1983年，全国统编教材《游戏》出版发行，使游戏的内容更加科学合理，更加充实多样。

中共贵州省委在批转省妇联工作意见中还提出：“五年内（即到1987年）要求城镇入托率达60%以上，农村要实现区区、社社和30%的大队办起幼儿园、所（班）。”在这以后，幼儿教育发展较快。全省已有52个县教育部门办起了县级实验性幼儿园，六十多个县有了机关幼儿园（所），工矿企事业单位已办的幼儿园得到较大的提高。民办园所发展较快、民办幼儿园占全省幼儿园总数的46%。办园条件也有了一定改善，成为全省幼儿教育事业的一支主要力量。这一时期幼儿教育发展的一大特点是，随着农村实行生产责任制和独生子女不断增多，农村幼儿园（学前班）大量增加，社会支持办园蔚然成风。1982年贵阳市白云区都拉民族乡的3名中学毕业回乡知青办起幼儿园，村委会投资四万多元，为幼儿园建造了三百多平方米的园舍，修建了花圃、鱼池、游戏草坪，购置了大型教玩具，并实行了免费入园、免费医疗等制度，使该村3—6岁幼儿入园率达100%。美国、日本、丹麦等国外宾参观后十分赞赏。1983年，贵阳市幼儿园为461所，为1976年的29倍；入园幼儿数为1.8万人，为1976年的7.7倍。印江县地处梵净山区，经济条件差，交通不便，但县委县政府认识到"要改变印江的面貌，必须从培养人才抓起，从早期教育抓起"，县长、书记带头动员社会力量兴办幼教事业，并作出规划，建立分级管理体系，明确有关单位的岗位责任制和落实管理人员。该县退休教师王峙苍、严仔房将政府赔偿给他们在"文革"中被抄家的财产损失费430元，全部赠送给幼儿园。1980年印江县仅有幼儿园1所，学前班3个班，1985年全县已有幼儿园11所，学前班81个班，基本实现区区、乡乡有幼儿园（班），入学前班学习的6岁幼儿占全省6岁幼儿的20%，城镇3—6岁幼儿入园率达57%。到1984年，遵义全区有幼儿园316所，782班，在园幼儿36424人，教职工1666人。

1983年六一儿童节期间，铜仁地委、行署领导深入幼儿园慰问，地、县分别表彰了优秀保教人员119人，"乖娃娃"865人。1981年—1983年，全国妇联拨款1.8万元，省拨款5.6万元，地、县拨款与社会捐资64万元，重点支持了地、县实验（示范）性幼儿园建设，扶持了8个民办幼儿园（德江城关、铜仁城关、西门居委会、石阡城关、朝阳街、沿河城关三街、江口双江公社、松桃长兴8个幼儿园）。1983年，思南师范幼师班停办，由铜仁师范接办，每年招生40—50人（1988年后隔年招生）培养幼教师资。至1993年止，学校共毕业410人，绝大部分被分配到幼儿教育战线工作。黔东南州委、州政府多次召开会议，讨论发展全州幼儿教育事业，要求各县、各单位要"为少年儿童做好事，做实事"。此后，各地对幼儿教育工作有所加强。1983年，黔南州人民政府组织有关单位和人员对都匀、三都、荔波等县市的1054名幼儿进行智力、体格测查，为黔南州幼儿教育科学化提供依据。上述措施促进了全州幼儿教育事业的发展。

安顺地区1983年全区幼儿园为128所,410个班，教养员工998人，入园幼儿14709人，为1950年的460倍。农村许多区和公社也都办起了幼儿园。全区幼教工作在稳步发展的基础上认真加强了管理，努力提高教学质量。全区各地注意加强幼儿园所管理，通过组织保教协作网、观摩教学等方法提高保教质量。有关部门还办了专门培训班，截至1984年底，共培训了教师3809人。培训班开设了幼儿心理学、美术、音乐、贴绒教学、自制玩具、舞蹈、游戏、幼儿体操等课程，并进行示范观摩。培训班对树立教师信心、改进教学方法、提高基础理论和实际教学水平起到了良好的作用。与此同时，为了引起社会对幼教工作的普遍关注，推动幼教工作的开展，有关部门还展开了多种形式的活动。1983年安顺县（今安顺市）召开了“做称职的父母”广播大会，安顺市组织了两次讲演（主题内容分别为幼儿心理学、幼儿教育）；安顺地区还召开了幼教工作表彰大会，评选出“好家长”81人，“乖娃娃”151人，“优秀保健员”116人。

这一时期农村民办中心园开始起步，并得到迅速发展。从1981年起，省妇联着重抓了这项工作。各级妇联带头，在县、区、乡政府的领导下，动员社会力量，因地制宜，因陋就简地办园，有的地县教育部门、卫生部门承担园所的业务指导。从1981年起，省财政厅每年拨专款扶持一批办得好的民办中心园，使这些园得到巩固并逐步成为农村幼儿教育的示范园。都匀市迎恩区委在迎恩大队开办了一所农村中心幼儿园，大队和区属各单位为幼儿园献地捐钱，入园幼儿达146名。这所幼儿园有计划地送教师到州、省培训，教学工作按部颁要求进行，1984年得到全国妇联的表彰。迎恩大队幼儿园在全区起了示范作用，带动了全区幼儿教育事业的发展。1984年，全区6个乡镇和14%的大队办起中心幼儿园或幼儿班，30% 的 3—6 岁幼儿接受了学前教育。1983 年，省妇联在都匀县迎恩乡召开了“首次全省农村托幼工作座谈会”，总结近几年农村托幼工作的成绩，对当前农村托幼事业的组织、领导、发展等进行了经验交流，明确了进一步积极发展农村学前教育的目标，进一步明确要把托幼工作的重点放到农村去，落实了民办园（所）的补助经费（由国家每年专项补助）。这使各地建成的民办中心园、幼儿班等从组织上得到保证。

毕节地区农村实行生产承包责任制后，解决温饱问题的农民要求送子女接受学前教育的积极性得到了提高。1979 年农村入园幼儿 3670 人，1984 年增至 15212 人，增长 4.1 倍。农村中心幼儿园也开始兴办。1982 年至 1988 年，全区兴办中心幼儿园 25 所，其中农村中心幼儿园 20 所。中心幼儿园在各级政府的扶持下，逐步成为农村示范性幼儿园。同时少数民族地区幼儿教育也得到发展。金沙、黔西、威宁、赫章、织金县办起民族幼儿园（班）11 个，入园幼儿 330 人。许多地方还出现了家庭幼儿园，这些家庭幼儿园收费低，方便群众。

1983 年由贵州省教育厅制定了《贵州省幼儿园教职工编制标准（征求意见稿）》下发各地试行。这一标准对全省城市农村的幼儿园（班）以及各类学制的幼儿园编制进行了明确规定，如：城市全日制（开餐）幼儿园每班配教职工 5 人，寄宿制 6.5 人；县级实验性幼儿园（开餐）每班配 4.5 人，全日制不开餐幼儿园每班配 3 人，农村小学附设学前班每班配教师 2 人。这一标准下达后，各县级实验性幼儿园长期缺编的状况有所改善。

1984 年，铜仁地委、行署在《关于 1984 年教育工作的决定》中提出：“各县（特区）要积极发展幼儿教育，今年每县、特区必须有 1 所（含已办）实验（示范）性幼儿园”。1986 年 9 月，铜仁地区教委召开了贯彻《幼儿园教育纲要（试行草案）》经验交流会，会上交流了地直机关、铜仁师专、铜仁市、玉屏县、铜仁运输公司、德江县等单位和地区贯彻《幼儿园教育纲要（试行草案）》的经验。年底，除各县（特区）外，万山汞矿、103地质队亦办起幼儿园。在农村以民办中心幼儿园为主体，推动了幼儿园的发展。年底全区155所幼儿园中，民办占109所，入园幼儿15182人中，民办占9315人。其中发展较快的有印江、玉屏、万山、松桃、铜仁等县。

同年，六盘水市贯彻教育部《关于发展农村幼儿教育的几点意见》，发动群众捐资改善幼儿园的办学条件，全市的幼儿教育又取得了新的进展。全市的幼儿园发展到119所、157个班，小学附设学前班发展到67个班，在园（班）幼儿达到6430人，教职工达到598人。其中教育部门办的幼儿园4所，12个班，学前班35个班，在园（班）幼儿1983人，教职工94人；其他部门办幼儿园87所，102个班，学前班7个，在园（班）幼儿2055人，教职工439人；集体办的幼儿园28所，43个班，学前班25个班，在园（班）幼儿2392人，教职工65人。

1985年，第六届全国人大常务委员会第九次会议通过了国务院关于建立教师节的议案，将每年9月10日定为教师节。《中共中央关于教育体制改革的决定》明确指出，“把发展基础教育的责任交给地方”“加强领导，调动各方面积极因素，保证教育体制改革的顺利进行”，改革管理体制，在加强宏观管理的同时，坚决实行简政放权，扩大了学校包括幼儿园的办学自主权。至此，我国“地方负责，分级管理，各有关部门分工协作”的学前教育管理体制基本建立，且从中央层面明确并践行了通过督导促进学前教育事业发展的基本原则和思路。为与幼儿园课程中的分科教学模式相匹配，教育部制定了《幼儿师范学校教学计划》，以幼儿卫生学、幼儿心理学、幼儿教育学、常识教学法、语言教学法、体育教学法、音乐教学法、绘画手工教学法、计算教学法等为代表的“三学六法”一度成为幼儿园教师培养的重要内容。此后很长一段时间里，幼儿园教师专业发展的关注点多聚焦于教师的专业知识和教育技能上。这些政策与决定促使这一时期我国学前教育事业产生了明显变化，幼教机构获得了稳步的发展。

贵州省要求各县（市）进一步贯彻执行部颁《幼儿园教育纲要（试行草案）》，强调提高幼儿园保教质量。对幼儿园的师资，也在原有基础上采取多渠道、多形式的培训提高。省财政扶持的农村中心园共63个。小学附设幼儿班（学前班）在这阶段发展较快，全省已有1890个班，入班幼儿67100人，占全省入园幼儿的56%（其中农村学前班占全省学前班的70%）。学前班的发展说明少数民族地区、边远落后地区办班积极性的高涨，发展较快的有黎平、赫章、印江、紫云、三都、剑河、松桃、息烽、荔波、贵定、镇远、仁怀等县。其中，以剑河县的成绩最为显著。全县369所小学，有128所学校办起了学前班。1985年，入学前班学习的6岁幼儿占全县6岁幼儿的20%；城镇3—6岁幼儿入园率达57%。这个县的主要做法一是做好组织发动工作。针对苗乡侗寨地区儿童不懂汉语、学习困难的情况，各级教育部门和各级妇联配合，采取社会、学校、家庭三结合的办法，动员5—6岁的幼儿入学前班。二是办好少数民族女童学前班。学习内容为：学习本民族语言，学汉话，学唱歌，学舞蹈、刺绣、画画等。这样女孩子们都愿入学，家长也愿送。1984年，柳付、小广、久仰、久吉等乡中心小学都办起了这样的“女子班”，大大提高了当地女童的入学率和入学巩固率。三是重视师资队伍的建设和提高教育质量。一般要求由师范毕业生（具有中师或初师学历）或具有多年低年级教学经验的教师来担任幼儿园教师，民族地区的学前班教师还要懂苗语、侗语和民族文字，以便对儿童进行双语教学。1982年以来，县教育局和县妇联组织培训了学前班教师130人次，省教育厅为这个县培训幼儿园教师15名。四是加强领导管理。全县的学前班都附设在小学内，领导和管理由学校负责。县教育局将学前班列为学校的正规教学班（不计入小学教学班），经费由学校统一安排。民办幼儿园教师与小学民办教师享受同等待遇，民办补助部分的经费，主要靠学生学费解决。经过几年的努力，全省幼教师资队伍结构发生了较大变化。1985年全省共有幼儿园教师5226名，其中，高中幼师、中师毕业以上的有2130人，占教师总数的41%，初中毕业以下的为761人，占14.5%。中师、幼师毕业生为1043人，经过专业培训的教师占教师总数的35%，40岁以下的中青年教师占65%。到1985年，黔西南全州城乡幼儿园发展为62所，其中分布在县镇的有11所，在农村的有51所。

1985年12月，贵州省教育厅召开“全省贯彻《幼儿园教育纲要（试行草案）》经验交流会”和省幼儿教育研究会第二届年会。参加会议的有来自各类幼儿园的教师、教育行政部门的幼教干部、妇联儿童工作部干部省幼教研究会理事，共一百三十多人。大会交流了77份经验材料及幼教科研报告。这次会议是贵州解放以来讨论交流幼儿教育教学工作规模最大的一次盛会。会议总结了全省幼教事业发展和提高的成绩，交流了经验。会议交流的科研成果及经验总结不仅数量多，质量也好，较全面地反映了全省幼儿教师教学业务和科研水平的提高。同年6—7月，省协调委员会、省妇联对全省儿童工作（托幼工作、家庭教育、儿童协调工作）进行了评比。这次检查历时24天，共检查了33个县、152所幼儿园（所），评出一、二、三等奖共23个县（区）。评比活动交流了经验，树立了典型，同时也发现了贵州省幼教工作存在的问题。这些问题是：全省托幼工作发展不平衡；城镇入园难的矛盾尚未解决，农村幼儿教育在不少地方尚未受到应有的重视；1986年还有23个县未建起示范性的幼儿园，部分区、乡，大部分村连一个学前班也没有；农村入园率很低，所办园（班）普遍存在经费缺乏，房屋设备条件差，幼儿园教师待遇低，报酬不落实，教师队伍大多没受过系统的专业训练；相当一部分园没有健全的管理制度，工作混乱、教育质量低，等等。1985年，贵阳市幼儿园又增加到633所，比1983年增长43.8%，贵阳市城镇幼儿总数5.2万人，入园2.9万人，入园率达55%，农村幼儿总数4.4万人，入园7千人不到，入园率仅达15.3%，城镇和农村幼儿园所发展呈不平衡状态，贵阳市幼儿入园率为34.9%，仍有相当一部分幼儿难进幼儿园。

贵州各地幼儿园都把提高教职工的政治思想素质和业务素质作为办园重点。城镇、厂矿幼儿园坚持间周半天政治学习，间周半天业务学习的制度。各园领导组织教职工学习政治时事、法律常识，学习幼儿教育的有关文件，研究保育、教育的措施。规模在三个班以上的幼儿园还组织教师进行班与班之间的交流学习和教学观摩，城镇、厂矿幼儿园园与园之间的相互学习形成风气。

随着教育事业费的逐年增加，贵州省教育厅在 1980 年—1985 年用于幼儿教育的经费也逐年增长，1985 年教育事业费为 1980 年的 6.9 倍。但由于全省幼教基础薄弱，经费基数小，全省幼儿教育事业费支出仍只占全省教育经费的 0.6% 左右，其中 78% 用于支付教师工资（1985 年、1986 年）。由于经费困难，1986 年尚有 30 个县教育部门没有开办县级实验性幼儿园，已办起实验性幼儿园的县，有相当一部分园所设备差，教玩具缺乏，房屋破烂而长期无钱修建。绝大多数农村学前班没有适合幼儿的桌、凳，没有教玩具，没有图书及体育活动器材。相当一部分学前班利用区、乡政府和村民委员会的公房，如仓库、废弃的机器房等作教室，光线差、空气不流通，严重影响幼儿身体健康，且各级教育行政部门幼教干部缺乏。为改善幼儿园设备简陋的状况，1986 年、1987 年省财政厅、省教委拨专款 6 万元为 36 个县级实验性幼儿园购置收录机、大型积木、风琴、手风琴、幻灯机等大型教具、玩具和教学设备，得到配备的县大部分为边远地区，如：罗甸、赫章、威宁、松桃、锦屏、天柱、晴隆、赤水、纳雍、榕江等县。

1980 年—1985 年，幼儿园之间、县与县之间、地区之间、本省和外省之间的教育交流很活跃，改变了贵州幼儿教育的“封闭”状况。各县级实验性幼儿园向示范园方向发展。如贵定县第一幼儿园除接待各园参观、学习外，还采取“师父带徒弟”的方式，对区、乡一级的幼儿园（班）教师进行培训，收到较好效果。

从1981年开始，小学附设学前班使用小学一年级第一册课本。1985年后，改为使用《贵州省学前班教材（教师用书）》。这套教材分为语言、计算、常识、体育、美术、音乐6册。1987年，省教育委员会又组织编写了与《学前班教材（教师用书）》相配套的《学前班课本（幼儿用书）》一套，包括语言、常识、计算、美工四类，每类分为上下册。这套课本1987年春季开始使用后，大大提高了城乡学前班的教学质量。20世纪80年代以来，在幼儿学前班（含幼儿园大班）的教育活动中产生了以课堂教学为主的倾向。这种倾向虽屡经纠正，但边纠边犯，幼儿园既要求幼儿学习拼音，书写汉字，学做算术题，又给幼儿留家庭作业，并随时进行测验，几乎完全照搬小学那一套。有的园、班甚至“郑重”地办起了寒暑假期补习班，给孩子们“补习”拼、写、算等功课，认为只有这样，升读小学才有保证。这一切都是适应家长强烈的“望子成龙”的心理而采取的办学举措，得到了社会舆论的赞许和支持，虽然有助于幼儿教育的长足发展，但也使幼儿教育小学化的倾向更为严重。

各幼儿园加强了与家庭的联系。剑河县示范幼儿园和凯里城内的儿所幼儿园印制了《幼儿在园情况报告册》，把幼儿在园的各种表现写进册子里，及时向家长汇报。锦屏县机关幼儿园和麻江县机关幼儿园还开设了家长学校。至1990年，麻江县机关幼儿园家长学校参加学习的家长达3325人次。该园教师以幼儿的各种表现为线索，挨家挨户走访家长，了解孩子各种表现的形成原因及家庭教育方法，把正反两方面的真实事例概括起来，编写成教材，然后从儿童心理、生理、思维、个性品德的形成和发展等角度对家长进行“对孩子要爱一辈子，不要爱一阵子”的教育。经过学习，家长们初步具备了爱孩子的正确观点，改进了教育方法，亦密切了幼儿园和家长的联系。麻江县机关幼儿园常组织家长到森林中去观看孩子爬山比赛，与孩子在森林中共进野餐，照相留念，让家长学会用不同的方式鼓励孩子积极锻炼，培养孩子热爱集体、热爱大自然的思想感情。该园每年7月召开一次欢送会，请小学校长来迎接大班幼儿。欢送会上，幼儿园的老师和小朋友载歌载舞，祝愿哥哥姐姐到小学努力学习，争取上进，通过欢送迎接，培养儿童从小热爱老师、关心母校的思想感情。

1985 年，贵州省各地区妇联根据省妇联《关于开展全省儿童工作检查评比活动的意见》，对本地区儿童工作进行一次检查评比。1985 年 8 月至 1986 年 8 月，黔南州人民医院沙战荣、王少石、谢孝榕等医师用《50 项智能筛查量表》对都匀、荔波、罗甸等 9 个县市城镇的 1332 名 4 至 7 岁儿童进行智能筛查得出结论：这些城镇儿童智能发育与全国 9 大城市（上海、广州、北京、天津、武汉、西安、重庆、沈阳、哈尔滨）儿童相仿，但记忆、观察、思维三项能力偏低，主要原因是早期教育，特别是早期家庭教育不足。因此，应加强和完善幼儿教育工作，有针对性地对幼儿加强记忆、观察、思维和语言能力的训练。做父母的应加强学习，掌握早期家庭教育的内容和方法，防止和克服幼儿教育“小学化”“成人化”倾向。

同时，根据我国农村人口占 80% 以上的国情和不少农村地区幼儿教育发展缓慢的状况，1983 年和 1986 年教育部分别颁发了《教育部关于发展农村幼儿教育的几点意见》和《关于进一步办好幼儿学前班的意见》，要求各地教育行政部门要充分认识幼儿教育在农村社会主义现代化建设中的作用，认真抓好农村幼儿教育的发展工作；提出坚持“两条腿走路”的方针，创造条件、有计划地发展农村幼儿教育；并指出要注重提高学前班教育的质量，全面贯彻教育方针，努力提高保教质量，防止小学化和成人化，有力地推动了农村幼儿教育事业的发展。

1986 年，国家教委下发了《关于幼儿园教师考核的补充意见》，决定对不具备国家规定合格学历的幼儿园教师参加“教材教法考试合格证书”和“专业合格证书”的考试。幼儿教师的考核与 1987 年小学教师的考核同步进行，考核命题和考务工作由省教委领导和组织。贵州省各地区按照国家教委《关于幼儿园教师考核的补充意见》，决定让不具备国家规定学历的幼儿园教师参加“教材教法考试合格证书”和“专业合格证书”的考试。各级教育行政部门根据考核的有关要求，组织幼儿教师进行培训，参加考核。为帮助有文凭的中年教师过好教材关，剑河县教育局利用假期对应考核的幼儿教师进行培训，有的县采取业余培训方式进行考核，从而促进了幼儿教师业务水平的提高。

1986 年 3 月，国家教委发出关于印发《幼儿园教玩具配备目录》的通知，推动了各园、班游戏设施的改善。贵州省设在城市、县镇的幼儿园及重点（省级）农村中心幼儿园都有了比较完备的体育器械、游戏玩具、游戏材料，开辟了比较合理的游戏场地。但农村的一些幼儿园，游戏设施都还比较简陋，游戏活动也比较单调，特别是附设在小学的学前班，一般没有自己的游戏设施，只能使用小学原有设施，游戏活动受到限制。各地幼儿园把群众捐款集中起来，购买大型的教玩具，改变了园内设备落后的状况。施秉县示范幼儿园自初创之日起，便提倡勤俭办园。该园将每月收到的管理费积攒起来，有计划地制作办公用具、幼儿桌凳、教学用具和玩具。园领导发动教师自制玩具，利用星期天和节假日油漆办公用具、大型玩具，粉刷墙壁，翻检屋面；遇到大型维修，女教职工确实难以胜任时，她们便动员自己的丈夫、亲属来协助。幼儿园建设初具规模后，她们又自己动手，美化园内环境和教室环境，自己设计制作大型油画，剪贴动植物图案，让幼儿一进幼儿园就感到赏心悦目。

对于幼儿园办园条件差、经费困难的具体情况，贵州省仍然提倡各幼儿园自制教玩具。为促进全省幼儿园教玩具制作，1986 年 4 月，省儿童少年工作协调委员会、省妇联、省教委、省文化厅（今省文化和旅游厅）和省工会共同举办了《全省首届幼儿教玩具暨少年儿童美术作品展览》。展览在省博物馆举行，共展出了一千一百多件幼儿教玩具、六百多件少年儿童书法、绘画、摄影、劳作作品。这批展出的教玩具大多是教师们用废旧材料精心制作的，具有一定的科学性、兴趣性、教育性、地方性。来自全省各地的幼儿教师、少年儿童和家长约 2 万人参观了展览。展览共评选出优秀教玩具和少儿美术作品 200 件，并从中选出 16 件参加了在北京举办的“全国教玩具展览”，其中花溪幼儿园制作的“娃娃城”获二等奖，贵阳市第三幼儿园的“少数民族小朋友”和安顺市机关幼儿园的“木偶”获三等奖；其余 13 件作品获鼓励奖。

从 1985 年开始，全省各县级实验性幼儿园和机关幼儿园，广泛开展幼儿兴趣小组活动。这种活动是从幼儿爱好出发，培养他们对某些活动产生兴趣，并加强训练，以达到发展智力、培养能力的教育目的。开展的活动有：绘画、编织、小提琴、舞蹈、建筑性玩具塑造、讲故事等。这些活动不仅受到小朋友的喜爱，而且取得了成绩。1986 年，贵阳市第四幼儿园小朋友的绘画作品荣获国际儿童年大马士革国际儿童画展金奖和鼓励奖。贵阳市第一幼儿园、市级机关幼儿园、实验小学幼儿园的儿童绘画作品曾分别参加在日本、苏联、巴基斯坦等国举办的展览。

贵州省妇联组织了全省儿童工作检查评比，托幼工作方面主要评比城乡入托率、市县建立示范幼儿园、区乡办中心园（班），培训师资，在保教人员中开展职业道德教育的情况。评比采取自上而下与自下而上结合的方法，以县为单位评选出一等奖 7 个，二等奖 8 个，三等奖 8 个，共 23 个县获奖。

1986 年后，城镇、厂矿幼儿园始按照《城市幼儿园工作条例》和《贵州省幼儿园教职工编制标准》配备园长和教职工，健全园内机构。州政府机关幼儿园的机构设置已成体系。城镇和厂矿幼儿园还建立了教师业务档案，把教职工的工作计划、工作总结、工作成绩及获奖受表彰等情况装入档案，作为教职工晋升和职务评聘的依据。为使有限的经费用在刀刃上，各地幼儿园加强了财务管理，州政府机关幼儿园坚持执行财务检查与审计制度，园内公物实行造册登记，借领公物逐项登记，学期结束时进行清点查对。镇远县示范幼儿园在财务工作上坚持一月一小结，一学期一总结，专项收费用于专项开支。该园设立了园长基金，主要用于奖励先进和职工福利。

经过调整，1986 年贵州省幼儿园为 1154 所，在园幼儿数为 139949 人，专职教师为 5675 人，为 1976 年以来贵州学前教育恢复发展的最高水平。

第二节　1987 年—1992 年贵州学前教育稳定发展阶段

1986 年后，根据幼儿教育应把重点放在城市及经济发展快、教育基础比较好的农村地区的战略思想，贵州调整了幼儿教育的办学方向，加快了城市、县镇幼儿园的发展速度，努力争取满足群众送子女入园（班）的需要，解决好“入园难”的问题；在农村，首先是发展学前班、办好重点乡、镇的中心幼儿园，对于办学条件很差的幼儿园，适当压缩、裁并。1987 年 4 月，省教委发出“关于认真贯彻落实国家教委《关于进一步办好幼儿学前班的意见》的通知”。通知要求：应把幼儿教育事业（农村主要是学前一年教育）的发展纳入教育总体发展规划中统一部署，分步落实。要首先办好县级实验性幼儿园；在初等教育基本普及的地方，幼儿学前班的发展可适当加速，但必须具备基本条件，不要不顾条件地盲目发展，造成大起大落的被动局面；应进一步明确办班指导思想，从教育内容、教育形式和教育方法等方面将小学和学前班区别开来。

1987 年 10 月 15 日，国务院办公厅转发国家教委等九部门《关于明确幼儿教育事业领导管理职责分工的请示》，明确幼儿教育既是教育事业的一个重要组成部分，又具有福利事业性质，必须在地方政府统一领导下，实行地方负责，分级管理和有关部门分工负责的原则。这一请示指出，“幼儿教育是社会主义教育事业的重要组成部分”，幼儿教育事业“必须在政府统一领导下”，同时明确规定了教育、卫生、计划、财政、劳动人事等部门对幼儿教育发展的职责。教育部门的职责是：贯彻方针、政策，拟订法规、制度；编制发展规划；建立视导、评估制度，加强业务领导；办好示范性幼儿园；指导幼教科研工作。卫生、计划、财政、劳动、人事、建设、轻工、纺织、商业等部门都要把幼教事业纳入自身业务范围进行管理、支持、指导。幼儿园的行政领导仍由办园单位负责。该文件强调各级地方人民政府应制定规划，并认真组织实施，切实加强对幼儿教育工作的领导，积极推进幼儿教育事业的发展。“依靠部门、单位和集体、个人等方面力量发展幼儿教育事业”“坚持‘两条腿走路’”等发展和管理方针的出台，更加广泛地调动了地方各级政府和社会各方面力量办园的积极性，形成了国家、单位、集体和个人办园的新格局。

随着幼儿教育事业的发展，教育行政部门对幼儿教育的领导管理任务越来越重，但仍缺少管理干部。1987 年，省、地、县三级教育行政部门仅有专职幼教干部 10 人，不能满足工作需要。1987 年，国家教委召开了全国幼儿教育工作会议，讨论了我国幼儿教育事业管理体制的改革问题。会议期间，参会人员学习了《国务院办公厅转发国家教委等部门关于明确幼儿教育事业领导管理职责分工请示的通知》，通知明确了幼儿教育实行“地方负责、分级管理”和有关部门分工负责的原则。贵州省人民政府办公厅及时向各级政府印发了文件，并于 1988 年 1 月发出贯彻国务院文件的通知。通知主要内容为：1. 各地各有关部门要加强对幼儿教育工作的领导与管理，明确领导同志分管，指定专人具体抓，把幼教工作提到议事日程，把工作落到实处。2. 教育行政部门要设立幼儿教育机构，省地两级教育行政部门要设立专管机构，县教育局要配备专人。3. 各有关部门要明确职责分工，积极主动做好工作，并积极争取妇联、工会等有关方面的配合。各地要按现行财政体制，根据财力情况，积极扶持幼儿教育事业。省教委在贯彻国务院文件和省政府通知的过程中，组织力量对各类幼儿园的收费标准、教职工编制、教学工作、各县园所设置等情况做了调查，为制定有关标准、理顺幼儿教育的领导管理体制做好准备。

个体办园是在随生产发展，其他各类幼儿园已不能满足社会要求的情况下出现的。这类幼儿园虽同私立幼儿园同一性质，但办园方法不一样，随意性比较大，由个人投资购置设备、教玩具等，开办园（所）时一般只向当地居委会、办事处报备，教育部门既不审查是否达到起码的办园标准，也不对其进行业务指导。个体办园的经费来源是收保育费，政府不予补助。所以在中华人民共和国成立初期，个体办园规模小，一般只有一个班，教育成分少，主要是保育，办园的目的主要是解决待业人员的工作问题。随着幼儿教育事业的发展，私人办园逐渐增多，各级妇联重视它的发展，并对其进行管理、指导，在国家经济困难、没有大量资金兴办公办幼儿园的情况下，这类园所的发展对解决城市“入园难”问题起到了积极作用。

1987 年，贵州省财政拨专款 50 万元，扶持了 45 所农村民办中心园。据省妇联统计，1987 年，贵州省全省已办起 400 多所农村中心园，城镇个体办园也得到发展。全省有个体园（所）260 个，部分城镇幼儿入托难的问题得到了缓解。1987 年全省幼儿园 1104 所，4122 个班，在园幼儿为 142703 人。

1987 年，贵州省教委下发布《关于贵州省幼儿园教师教学能力考核的意见》，并对参加考核的教师进行教学能力考核，考查教师独立备课、编写计划、教案、总结、组织幼儿一日生活的能力和效果。具体考核方式为：查阅教学计划（学期计划、周计划各 1 份），教案（所教学科每科不少于 1 份），教学总结（不少于 2 份），临堂听课（所教学科不少于 1 节）；考察幼儿一日生活的组织（其中包括两种以上的游戏活动），征求家长及教师对教育教学效果的反映等。各地根据考核的有关要求积极组织考核培训，为帮助中年教师过好教材关，采取了脱产、半脱产学习的形式。贵阳市两城区教育局，组织各科教学法的业余培训，各类幼儿园都有教师参加。1987 年，贵州在全省范围内进行考试，参加考试的有一万多人次，合格率达到 60%。通过考核，较大地调动了教师钻研业务的积极性，促进了幼儿教师业务水平的提高。

1987 年，根据国家教委和省教委的部署，省职称改革工作领导小组在《关于转发贵州省贯彻执行〈小学教师职务试行条例〉的实施细则（试行）》的通知中明确幼儿园教师的专业技术职务设高级教师、一级教师、二级教师、三级教师。幼儿园高级教师为高级职称，一级教师为中级职称，二、三级教师为初级职称。后来又增设幼儿园中学高级教师（即幼中高），相当于中学高级职务。文件就幼儿园各级教师的任职条件、职责进行了明确规定。这是贵州省有史以来最为完善、系统的幼儿教师职责标准。从此全省在幼儿教师（除民办外）中开展了专业技术职务评聘工作。通过对幼儿教师的考核和职务评聘，促进了幼儿园管理体制的改革，许多工矿、企事业单位改变了过去长期不把幼儿园列入教育事业范围、不重视教育工作和教师水平提高的做法。

1988 年，国务院办公厅转发国家教委等八部、委、局《关于加强幼儿教育工作的意见》，指出幼儿教育“有利于促进幼儿身心健康发展，对提高民族素质具有深远意义”。与此同时，政府在重视学前教育福利性的同时，开始更加关注教育性，明确指出学前教育是社会主义教育事业的组成部分。国务院办公厅 1987 年转发的《关于明确幼儿教育事业领导管理职责分工的请示的通知》以及 1988 年转发的《关于加强幼儿教育工作的意见》均有相关表述，指出幼儿教育是学校教育的预备阶段，“从小对儿童有目的地施加教育影响，有利于促进幼儿身心健康发展，对提高民族素质具有深远意义”。要求在农村继续执行先发展学前一年教育的方针（有条件的地方要发展幼儿园），并明确农村的幼儿园、学前班可适当向家长收费，从而调动了学校的办班积极性，学前班在班幼儿数量迅速地恢复。

1988 年，贵州省编制委员会和省教委下达《贵州省幼儿园编制标准》，该标准是贵州省第一次下发的有关幼儿园编制的正式文件。文件规定，班级规模：小班（3—4岁），25—30人；中班（4—5岁），30—35人；大班（5—6岁），35—40人；小学附设学前班（5—6岁），35—40人。教职工的比例：全日制幼儿园1∶6—1∶7（系指开三餐一点或二餐一点的幼儿园，幼儿在园时间为10小时左右）；全日制不开餐幼儿园1∶10—1∶11（幼儿在园时间7—8小时）；寄宿制幼儿园1∶4—1∶5；小学附设学前班1∶16—1∶18（在园时间与小学相同）。主要教职工的配备比例：园长，3个班以下的幼儿园设1人，4个班以上的幼儿园设2人，10个班以上的寄宿制幼儿园可设3人；专职教师，全日制、寄宿制幼儿园一律平均每班配专职教师2—2.5人，全日制不开餐幼儿园、学前班配专职教师2人；其他如保育员、炊事员、医务人员、财会人员也明确了配备标准。

贵州省部分城、乡学前班已逐步改进教法。学前班教师自制教具、卡片，开始讲求教学的直观性、游戏性，常用引人入胜的寓言、童话、故事和朗朗上口的诗歌、儿歌及趣味计算游戏来组织教学，在传授知识的过程中培养兴趣、开发智力。但由于班上人数常为50—60人，难以因材施教。一部分学前班依然是教师一手持粉笔，一手拿书本，采用“注入式”教学；教学的计划性亦不强，教师任意增删课时，增大语言、计算课的学习量，给儿童布置超量的习题。有的学前班没有课本，就用小学一年级课本代替，这违背了幼儿教育规律。

1988年3月，黔西南州委召开儿童少年工作协调会议，确定幼儿教育工作由州、县妇联移交给教育部门主管。5月，州教育局发出通知，要求县、区教育部门办理接管手续，正式取代妇联，担负起主管幼教工作的任务。至1989年2月，州教育局才从州劳动人事局手中接管了州直机关幼儿园。5月，州教育局聘请州、县幼儿教育视导员（兼职）9名，协助幼教专（兼）职干部开展工作。

1988年8月，贵州省教委和省城乡环境保护厅对幼儿园的园舍建筑面积和用地面积定额等做出详细说明。是年，全省幼儿园 1092 所，在园幼儿十五万五千余人，教职工 9516 人。1988 年，省财政厅、省教委拨专项补助经费 50 万元，扶持鼓励全省 46 个县的边远地区和少数民族地区的区、乡、镇中的 56 个民办幼儿园。其中，松桃县石良乡、威宁县黑泥乡、荔波县瑶麓乡、望谟县桑朗区、黔西县林泉镇、剑河县南加区等民办幼儿园将补助经费用于添置教具和玩具，维修课桌凳和园舍。各市、（州、地）县也集资共五十多万元，扶持本地区、本县民办幼儿园。贵阳市政府还为文化路幼儿园修建新园舍。1988 年，铜仁地区教育委员会根据国务院办公厅批转国家教委等部门《关于加强幼儿教育工作的意见》的通知精神，要求各县：1. 端正办园指导思想，深化教育教学改革，全面提高保教质量；2. 明确幼儿园要贯彻保教结合的原则，对幼儿进行德智体全面发展的原则，使其身心和谐发展；3. 幼儿教育事业具有地方性和群众性，要切实贯彻“两条腿走路”的方针，国家、集体、个人一起上，发展幼儿教育。

1989 年，国务院批准了新中国第一个幼儿教育行政法规《幼儿园管理条例》，要求地方各级人民政府“根据本地区社会经济发展状况，制订幼儿园的发展规划”“地方各级人民政府可以依据本条例举办幼儿园，并鼓励和支持企事业单位、社会团体、居民委员会、村民委员会和公民举办幼儿园或捐资助园”。这不仅明确了地方各级政府发展和管理幼儿教育的职责，还对幼儿园的举办条件、审批程序、保教工作和行政管理等做出了明确规定，特别是明确提出各级教育行政部门应当负责监督、评估和指导幼儿园的保育教育工作，有力地促进了幼儿园办园条件的改善和教育质量的提高，形成了全社会对幼儿教育事业齐抓共管的新局面。同年，国家教委发布了《幼儿园工作规程（试行）》，在重申 1981 年《幼儿园教育纲要（试行草案）》基本精神的基础上，突出了促使幼儿教育进一步科学化的教育原则。

1989 年 6 月和 9 月，国家教委发布《幼儿园工作规程（试行）》《幼儿园管理条例》两个幼教法规，进一步确立“地方负责，分级管理”和各有关部门分工负责的管理体制，地方各级人民政府的教育行政部门主管本行政辖区内的幼儿园管理工作。地方教育行政部门具体的任务是：监督、评估和指导幼儿园的保育、教育工作；组织培训幼儿园的师资、审定考核幼儿园教师的资格；协助卫生行政部门检查和指导幼儿园的卫生保健工作；会同建设行政部门制定幼儿园园舍、设施的标准。

六盘水市为加强对各类幼儿园、学前班的业务指导和管理，市人民政府批准市教委建立幼教科，并将学前教育统筹管理职责由市妇联移交给市教委。是年，市教委对全市的幼儿教育情况进行摸底调查，有针对性地对各类幼儿教育工作进行改进，引导幼儿教育朝着健康有序的方向发展。

1990年，贵州省制定印发了《贵州省幼儿园登记注册规定（试行）》和《贵州省幼儿园办园基本条件（试行）》。1991年，全省9个市（州、地）、25个县（市、区）的115所幼儿园（班）开展登记注册工作。是年，全省幼儿园1286所，学前班3790个，登记园（班）的占95%。其中，已注册的幼儿园为80%，责令停办的幼儿园为2%。全省90%的县办了示范性幼儿园，每县都办了乡中心园。在园幼儿227629人，与1985年相比，在园幼儿增长了87. 5%，每年增长速度平均为29. 8%；幼儿入园率从1980年的2.2%上升到1989年的10. 8%，1991年又达到15%。教师队伍成倍增长，质量提高，年龄结构学历情况有显著变化。全省幼儿园有教职工11844人，20—30岁的占60%，高中毕业幼师毕业以上文化程度的占57. 5%，受过专业培训的占35%。幼儿师范教育得到发展，全省中等师范学校幼师班和贵阳幼儿师范共有幼师班32个，在校幼师生1750人，职业高中幼师班有20个，在校生1000人。1990、1991年两年，全省用于改善办园条件、新建和改造危房的经费达1200万。1987年以来，全省部分县实验幼儿园的危房得到改造，一些条件较差的幼儿园也得到改善。政府还拨款新修了一些幼儿园，如：贵阳市教委改造和维修了教育部门办的大部分幼儿园，其中 5 所幼儿园是重新修建的；凯里市教委 1988 年拨款四十多万元重新修建凯里市实验幼儿园；正安县新舟区集资 30 万元新建了一所区机关幼儿园；安顺市林谷镇，大方、贞丰、三穗、罗甸、乌当等县（区）的中心幼儿园也焕然一新。1990 年，全省已有五万多名幼儿搬进了新园。1992 年，省教委印发了《贵州省县级示范性幼儿园、农村中心幼儿园评定标准》《贵州省幼儿园（班）分类评定标准》两个文件，要求评定幼儿园的类别、等级，根据优质优价的原则，按照评定的类别、等级，实行挂牌收费。

1990 年，黔南全州幼儿园已达 102 所，小学附设学前班 160 个，在园幼儿 19023 人，其中小学附设学前班幼儿 7483 人，分别是 1950 年的 34 倍和 164 倍。黔南的幼儿教育事业虽有较大的发展，但由于基础薄弱，托幼设施不足，幼儿入园率还很低。1990 年，全州幼儿入园率仅为 8%，均未达到全国（28%）和全省（10%）的平均水平。黔东南州采取公办、民办、个体办等多种办园方式，幼儿教育的落后状况开始改变。到 1990 年，黔东南全州共有农村、厂矿、机关幼儿园 99 所，在园幼儿 9645 人，教职工共 1080 人，其中农村办幼儿园 39 所，入园儿童 2690 人。

黔西南全州在 1990 年幼儿园总数减为 43 所，其中设在城市、县镇的有 23 所，较 1985 年增加 12 所，设在农村的只剩下 20 所，较 1985 年减少 31 所。黔西南州教委会同州物价、财政、卫生三局发出《黔西南州关于贯彻实施〈贵州省幼儿园登记注册规定（试行）〉有关问题的通知》，决定以兴义市、贞丰县为试点单位，开展幼儿园、学前班的登记注册工作。当年，两县（市）82 所幼儿园、学前班全部进行了登记。其中基本达到《贵州省幼儿园（班）办园条件（试行）》的园、班有 50 所，符合注册条件，经县（市）教育行政部门审定、批准，予以注册，发给办园许可证。

遵义地区 1990 年幼儿园数比上年减少 11 所，但在园幼儿却增加

4707 人，教职工增加 260 人。幼儿数与教职工数比 1989 年分别增长 15.1% 和 15.4%。另外，在全区幼儿教育事业发展中，中央、省驻遵的和地区所属厂矿、企事业单位，也举办各种类型的幼儿园（班）。这些幼儿园（班）主要分布在遵义市和遵义、绥阳、赤水、仁怀、务川等县（市）。有的是将原福利部门、行政部门和工会管理的托儿所改办成幼儿园。如遵义磷肥厂于 1987 年将该厂托儿所改办为幼儿园，抽调年轻、热爱幼教事业的女职工任教。遵义磷肥厂添置设备，修缮房屋，美化环境，开办中、小班各一班，收幼儿六十多人，按《幼儿园教育纲要（试行草案）》开设语言、常识、音乐、美术等课程。到 1990 年，遵义磷肥厂幼儿园的保教人员中已有 10 人先后接受专业培训，其中 3 人取得教材教法和专业合格证；另有 3 人教材教法考试合格。这所幼儿园三年间已送一百六十多名儿童离园上小学。

1990 年 2 月，国家教委发布的《幼儿园工作规程（试行）》和国务院批准国家教委发布的《幼儿园管理条例》正式施行后，六盘水市结合贯彻实施《贵州省幼儿园登记注册规定（试行）》，对这两个法规进行了认真的学习、宣传和贯彻。是月，副市长兼教委主任娄可平主持召开了由各特区、县、区和驻市的省部属企业分管教育工作的领导及教育行政卫生、财政、物价等部门负责人参加的座谈会。参会人员认真地学习了国家教委的《幼儿园工作规程（试行）》《幼儿园管理条例》和《贵州省幼儿园登记注册规定（试行）》，要求各地、各单位认真履行自己的职责，抓好幼儿教育工作和幼儿园（班）的登记注册工作。之后，市教委分别在当年的 4 月、7 月、8 月、12 月召开培训会，组织各特区、县、区和企业的幼教干部、视导员、幼儿园园长、幼儿园和学前班的骨干教师学习贯彻这三个法规性文件。下半年，各特区、区和企业的教育行政部门按照市教委制发的《关于贯彻（贵州省幼儿园登记注册规定（试行））的实施意见》的要求积极开展幼儿园（班）的登记注册工作。登记注册工作于 1991 年 3 月结束，市和各特区、县、区人民政府组织有关部门和人员对其进行检查验收。经登记注册，全市共有幼儿园和开办学前班的学校 211 所，386 个班，其中教育部门办 51 所，民办 50 所，企业办 68 所，集体办 23 所，私立 19 所，在园幼儿 13520 人。入园（班）率为 6.08%，有幼儿教育教职工 847 人。

1990 年 4 月，铜仁地区教委召开全区幼教工作会议，贯彻国家教委颁发的《幼儿园工作规程（试行）》和《幼儿园管理条例》，并要求各县（市、特区）培训幼教干部和保教员。1991 年，地区教委按照省教委要求，对全区幼儿园（班）进行登记注册。同年铜仁市印江县被评为全省幼教先进单位。1992 年，地区组成 5 个督导评估小组，对各县（市、特区）实验（示范）性幼儿园和乡村中心幼儿园进行一次交叉督导评估验收。通过评估验收，玉屏、万山、松桃、德江、石阡、思南、印江 7 县幼儿园被评为县级示范性幼儿园，铜仁市川硐乡、玉屏县大龙镇、松桃县孟溪镇、德江县文新乡、思南县许家坝镇等幼儿园被评为农村中心幼儿园。据这次验收统计，全区幼儿平均入园率为 17. 6%，高于全省入园率 10% 的水平，但大大低于全国入园率 28% 的水平。

1991 年，国家教委发出《关于改进和加强学前班管理的意见》，指出在农村，现阶段的学前班是发展学前教育的一种重要形式，在城市则是在幼儿园数量不足的情况下的一种辅助形式。国家教委要求以灵活多样的形式办学前班，一年制、半年制、全日制、半日制、隔日制等都可以。为防止学前班小学化，不允许和小学生合班进行复式教学。当年，学前班教育再上新台阶。1991 年 5 月，省教委、省卫生厅、省物价局等部门联合组织对全省的幼儿园（班）登记注册工作进行交叉检查，六盘水市的登记注册工作得到了省政府的好评。

遵义地区各县（市）教育行政部门的幼教干部都先后接受省、地、县（市）的层层培训，业务能力都有不同程度的提高。随即幼教干部投入幼儿园（班）的登记注册工作，经审查后，当年共核发 520 个园（班）的许可证。1992 年，在各县（市）自查自评的基础上，地区教育局组织

26 个幼教专职干部对申报评估的幼儿园进行检查评估，经量化计分，有 24 所幼儿园达到《贵州省县级实验幼儿园、农村中心幼儿园评估标准》，并取得合格证和挂牌资格。

1992 年，随着计划经济向社会主义市场经济转型，经济体制改革不断深入，一方面，政府的经济职能与政治职能分离，社会公共管理职责和方式发生了转变。1993 年发布的《中国教育改革和发展纲要》提出：“政府要转变职能，由对学校的直接行政管理，转变为运用立法、拨款、规划、信息服务、政策指导和必要的行政手段，进行宏观管理。”另一方面，在学前教育领域，企业开始逐步剥离社会职能，鼓励多渠道、多形式社会集体办学和民间办学。在国家加大改革力度、由计划经济向社会主义市场经济体制转型的历史过程中，学前教育在改革和探索中经历了曲折发展。国家教委要求幼儿园贯彻落实江泽民关于“要对小学（甚至幼儿园的孩子）、中学生，一直到大学生，由浅入深、坚持不懈地进行中国近代史、现代史及国情教育”（简称“两史一情”教育）的指示，各幼儿园爱家乡、爱祖国教育进一步加强。

为响应 1990 年召开的世界儿童问题首脑会议通过的《儿童生存、保护和发展世界宣言》和《行动计划》，国务院 1992 年 2 月下发由妇女儿童工作协调委员会编制的《九十年代中国儿童发展规划纲要》，明确提出“提高全民族素质，从儿童抓起”，而“儿童的健康成长关系到祖国的前途命运”，是党和政府进行社会主义现代化建设的根本大计，指出“要全面贯彻‘教育必须为社会主义现代化建设服务，必须同生产劳动相结合，培养德、智、体全面发展的建设者和接班人’的方针”，体现了该阶段我国发展教育事业的宗旨和指导思想。在学前教育领域，一系列教育规划和策略与相关举措提出了学前教育发展的具体对策和措施，为学前教育事业的迅速、健康发展提供了保障，同时提出了发展学前教育的目标和要求：“城市入园（班）率达 70%；农村学前一年幼儿入园（班）率达 60%；在经济不发达的农村和人口居住分散、交通不便的山区、牧区要利用多种形式进行学前教育。”随后，1993年《中国教育改革和发展纲要》再次提出：“大中城市基本满足幼儿接受教育的要求，广大农村积极发展学前一年教育。”

贵州为保证国家相关政策法规落到实处，各级政府和教育部门从本地实际出发，制定了地方性行政法规和实施细则。1992年，省教委、省编委、省卫生厅、省物价局、省财政厅、省建设环保厅联合发布《贵州省幼儿园（班）分类评定标准（试行）》；省教委发布《贵州省幼儿园收费参照标准》，全省建立起各类幼儿园（班）的评估制度。通过对幼儿园（班）的园舍设备、管理工作、卫生保健、教育工作、家长工作、教育成效6个部分的检查，将全省城、乡各类幼儿园（班）按办园质量分为省示范、一类、二类、三类和达基本办园条件5种类型幼儿园（班），并实行按类收费，以体现优质优价。全省幼儿园（班）为申报省示范和各类幼儿园积极建设环境，改善办园条件和提高保教质量，据年底统计，全省各类幼儿园（班）用于改善办园条件的经费达1000万元。根据省政府所提出的各县教育部门在1992年前办好一所实验性示范性幼儿园和一所农村中心幼儿园的精神，1992年，省教委发出《贵州省县级示范性幼儿园，农村中心幼儿园评定标准（试行）》的通知，要求县级示范性幼儿园和农村中心幼儿园应起到本县、本乡幼儿园的保教示范中心、教师培训中心、教研科研中心、信息资料中心的作用，指导本地区各类幼儿园办园质量的提高。1992年10月，经验收，全省80%的县已建立县示范性幼儿园和农村中心幼儿园，60%已达验收合格标准。

自1992年起，六盘水市开始建立各类幼儿园、学前班的评估制度。评估组织由市教委、市编委、市财政局、市卫生局、市物价局、市环保局的人员组成。各特区县、区也成立了相应的评估机构。按照《幼儿园管理条例》《幼儿园工作规程（试行）》《贵州省幼儿园（班）分类评定标准》《贵州省幼儿园办园基本条件（试行）》《贵州省县级示范性幼儿园、农村中心幼儿园评定标准》等文件精神开展对各类幼儿园（班）的评定工作。是年12月，市评估组对各特区、县、区和企业申报的幼儿园进行检查评估，然后将评定结果上报省教委。1993年5月15日，省教委通报《贵州省各类幼儿园评定结果》，六盘水市被评定为贵州省县级示范性幼儿园的有六枝特区实验幼儿园、盘县特区实验幼儿园、六盘水市实验幼儿园、水城县实验幼儿园；被评定为贵州省农村中心幼儿园的为盘县特区乐民镇幼儿园、六枝特区郎岱镇幼儿园；被评定为贵州省一类幼儿园的为六盘水铁路幼儿园、六盘水市机关幼儿园；被评定为贵州省二类幼儿园的为六枝特区实验幼儿园、盘县特区实验幼儿园、六盘水市实验幼儿园、六枝特区郎岱镇幼儿园；被评为贵州省三类幼儿园的为六枝矿务局机关幼儿园、水城钢铁公司第二幼儿园、水城县实验幼儿园、水城矿务局机关幼儿园。评定为县级示范性幼儿园、农村中心幼儿园和一二三类幼儿园的，实行挂牌收费，做到优质优价。收费标准按照市物价局的规定执行。

第三节　1993年—2000年贵州学前教育曲折发展阶段

这一阶段，伴随社会主义市场经济体制改革的逐步推进，国有企事业单位开始逐渐转换经营机制，原有的依靠单位福利供给的学前教育办园模式受到冲击，加上整个社会对学前教育的需求逐步多样化，这一时期的办园体制改革总体呈现出社会化、市场化方向，一系列政策文件都明确了这一方向。这一时期我国学前教育事业的发展逐步向社会化和市场化推进，学前教育事业发展缺乏足够的政府财政支持，因此，政府对学前教育发展的目标仅定位为到2000年3—6岁幼儿入园（班）率达到35%—45%。1993年，为了指导20世纪90年代至21世纪初中国教育的改革和发展，中共中央、国务院印发了《中国教育改革和发展纲要》（简称《纲要》），《纲要》指出在办学体制上要改变政府包揽办学的格局，逐步建立以政府办学为主体、社会各界共同办学的体制。在此背景下，学前教育领域也通过一系列的政策制度逐步确立了动员和依靠社会各方面力量，多渠道、多形式发展学前教育的办园体制改革思路。

1993 年 1 月，贵州省教委发出《关于组织发行贵州省学前班、幼儿园（班）教育辅导读物的通知》，指出本省使用省外编的学前班教材或小学教材及使用多种读、写、算练习册的状况十分严重，影响教育质量的提高，因此决定从本年秋季起，全省统一使用由省教委组织编写并发行的学前班教育辅导读物和幼儿园品德教育辅导读物，要求组织好订购工作。这套辅导读物包括以下几类图书。学前班幼儿用书：《语言》《常识》《计算》《美工》《好行为、好习惯》5 本；学前班教师用书：《语言》《常识》《计算》《音乐、美术、体育》4 本；幼儿园幼儿用书：大班、中班、小班《好行为、好习惯》各 1 本。幼儿园、学前班的课程、教材进一步统一了，但在执行上并不理想，特别是在学前班仍然是以课堂教学为主，偏重于“读书”。同年，贵州省教委出版发行了幼儿园各班及幼儿学前班德育辅导读物——《好行为、好习惯》，幼儿德育逐步进入规范化。

1993 年，根据《贵州省幼儿园（班）分类评定标准（试行）》，省教育厅和各市（州、地）、县政府有关部门对幼儿园进行分类评估，共评定出县示范性幼儿园 64 所、农村中心幼儿园 54 所、省级一类幼儿园 47 所、省级二类幼儿园 70 所，省级三类幼儿园 59 所。达到级别的幼儿园由省教育厅统一挂牌，实行挂牌收费、优质优价。1993 年，遵义地区由教育行政部门牵头，协同卫生、物价、财政、城建等单位联合成立县（市）幼儿园（班）分类评定领导小组，对县级示范幼儿园、农村中心幼儿园进一步进行评估验收。结果，有省级示范幼儿园 11 所，省级一类幼儿园 6 所，二类幼儿园 10 所，三类幼儿园 6 所。当年又有一批新登记注册的学前班，增加入班幼儿两千余人。1993 年，省教委统一组织编写、发行学前班教育辅导读物（即原学前班课本）和幼儿园品德教育辅导读物。同年，省财政厅安排幼儿教育补助专款 40 万元，对各地幼儿教育事业进行补助。其中补助民办幼儿园 18 万元，幼儿园教师培训 14 万元，农村幼儿教育项目 6 万元，设备 6 万元。1993 年，铜仁地区教育局下发了对全区幼儿园进行分类评估的通知，明确规定：基本达到省级二类、三类的幼儿园由县教育局审批，报地区教育局备案；基本达到省级一类的幼儿园由地区教育局审批；凡达到一二三类的幼儿园均由省教委统一挂牌，全区幼儿园达 54 所,685 班，在园幼儿 29431 人，教职工 934 人（其中保教人员 876 人）。与 1979 年比，园数、幼儿入园数、教职工数分别增长 6 倍、28 倍、23 倍。年底，铜仁市实验幼儿园获省幼儿教育工作先进单位称号，获奖金 4000 元。

1993 年，黔西南全州学前班 303 个，在班幼儿 14527 名，为幼儿教育在园幼儿总数的三分之二。其中县城在班幼儿 3770 名，农村在班幼儿 10757 名。在班幼儿中，女幼儿 5524 名。学前班教职工 365 人（均为教师）。1995 年，学前班发展为 480 个班，在班幼儿 21966 人，占幼儿教育在园（班）幼儿总数的 75.90%；其中城市、县镇在班幼儿 5863 人，农村在班幼儿 16103 人，城乡比重为 26.96：73.31。在班幼儿中，女性幼儿 10263 人，占 46.72%。幼儿教育发展速度优于其他各类教育，但发展极不平衡，兴义市在班幼儿多达 9085 人，占全州在班幼儿总数的 41.36%，而普安、晴隆尚不足 4 千人，只占总数的 3.06% 和 3.87%。1993 年初，州教委、编委、卫生、物价、财政、建设六委、局组成黔西南州幼儿园（班）分类评估领导小组，进行评估工作。5 月，省教委公布了全省评定结果。黔西南州达到各类标准的幼儿园如下：达到一、二、三类标准的幼儿园共 38 所，其中兴义市（包括州直幼儿园）15 所（内有小学附属幼儿园 10 所），兴仁、普安、贞丰 3 县各 5 所，安龙县 4 所，册亨县 2 所，晴隆、望谟县各 1 所。1993 年幼儿园建设再上新台阶。全州拥有独立建制的幼儿园 60 所，分布在 36 个城市的 17 所，县镇的 13 所，农村的 30 所，城、乡各占一半。在园幼儿 7289

名，到 1995 年再发展为 70 所，其中城市、县镇 36 所，农村 34 所；在园幼儿 6973 名，其中城市、县镇 3898 名，占 55.90%，农村 3075 名，占 44.10%。1995 年幼儿园、学前班在园（班）幼儿总数 28939 名，为 1952 年的 134 倍，1979 年的 26 倍，但距中央要求还有很大差距。国务院制定的《90 年代中国儿童发展规划纲要》要求：到 20 世纪末，3—6 岁儿童入园率达 35%，其中城市儿童入园率为 70%，农村幼儿学前一年教育的入学率为 60%，“九五”中，黔西南州幼儿教育任务仍十分艰巨。

1994 年，主要开展的是进一步完善幼儿园、班的分类评估制度和加强登记注册工作。在“广泛发动全社会办园”原则指导下，全省幼儿园由 1993 年的 985 所增加到 1415 所，学前班由 1993 年的 5126 个增到 6374 个，在园（班）幼儿达到 356681 人，比 1993 年增加 42886 人，增长 13.7%。3—6 岁幼儿入园（班）率上升到 20%。建立了对幼儿园的分类评估和复查制度。由省教委、省妇联、省总工会等单位组成 3 个组对 6 个地、州、市的幼儿园进行了分类评估和复查，对促进各地幼儿园上等级起了很好的作用。全省各地有省级一类园 17 所，二类园 42 所，三类园 26 所；县级示范园 21 所，农村中心园 14 所。当年遵义地区共新增幼儿园（班）四十余所（个）。铜仁地区为了加强对托幼机构保健工作的管理与监督，确保儿童的身心健康，地区教育局会同地区卫生局联合下发了《关于颁发托幼园所卫生保健管理办法》的文件。

1995 年 9 月，我国下发了《国家教委、计委、民政部、建设部、经贸委、全国总工会、妇联关于企业办幼儿园的若干意见》，继续强调坚持依靠社会力量发展幼儿教育，有条件的企业继续办好幼儿园，也提出了要积极稳妥地推进幼儿教育逐步走向社会化。对部分的确不具备独立办园条件和具备了分离幼儿园条件的企业，在政府统筹下继续落实通过多种形式办园。但总体上看，政府的统筹作用没有充分发挥，多种形式办园实现得不充分，大部分变成了个人办园。贵州省印发《关于进一步改进和加强贵州省学前班管理的意见》和《关于贵州省学前班实行登记注册管理的通知》明确了学前班的性质属幼儿教育范畴，建立起各类学前班评估制度，并要求各地有计划、有步骤地开展对各类学前班实行登记注册工作，学前班登记程序和登记办法参照《贵州省幼儿园登记注册规定（试行）》文件精神执行。1995 年，贵州全省有幼儿园 1368 所，比上年减少 47 所，学前班 7828 个，比上年增加 1444 个。全省在园（班）幼儿达 40.85 万人，比 1994 年增加 5.18 万人，增长 14.52%。为了加强对学前班的管理，扭转学前班教育小学化的倾向，贵州省印发了《关于进一步改进和加强贵州省学前班管理的意见》和《关于贵州省学前班实行登记注册管理的通知》两个文件，组织编写学前班教师用书和学生读物供全省学前班教学使用。同时，省、地、县逐级培训学前班教师，使其能正确掌握和使用新编读物。遵义地区全区入园（班）幼儿达到 32.17%，超过行署向省政府签订的“教育目标责任书”（25%）7.17 个百分点。1995 年，铜仁全区幼儿园 143 所，在园幼儿 6866 人，教职工 772 人，入园率达 23.5%。上级下拨幼儿园民办补助费 3 万元，购置 40 台脚踏风琴，下发各县市（特区）有关学校。

1995 年 2 月 25 日，六盘水市委、市人民政府印发《中共六盘水市委六盘水市人民政府关于贯彻〈中国教育改革和发展纲要〉的实施意见》，提出加快办学体制改革，形成以政府为主社会各界参与办学相结合的新体制；新建综合开发区、居民住宅小区和城市改造，必须按照人口比例把兴建幼儿园纳入城市规划，同步建设；到 2000 年，全市 3—6 岁的幼儿在园（班）和接受学前一年教育的比例达到 22% 以上。是年起，全市开始实行政府之间、教育行政部门之间签订教育目标管理责任书制度，幼儿教育被列为双线教育目标管理责任书的内容之一。是年 3 月，选点在花鱼洞住宅小区，占地 8 亩，投资 459 万元，总建筑面积 6280 平方来的六盘水市第二实验幼儿园建成开学。同年 9 月，六盘水市教委印发了《六盘水实施贵州省教委〈关于进一步改进和加强贵州省学前班管理的意见〉的意见》，对全市学前班的保育与教育、领导及管理、办班条件、教师资格、经费及管理、评估及奖励等方面做出了具体规定。六盘水市的各级政府认真贯彻国家关于发展幼儿教育的法律法规，坚持依法兴园、依法治园，积极鼓励和支持社会力量开办幼儿教育，各幼儿园（班）不断扩大办园规模，不断改善办园条件，努力向正规化、科学化方向发展，幼儿教育的数量和质量不断得到提高。到 1995 年，全市有幼儿园 84 所，147 个班，小学附设学前班 346 个班；在园（班）幼儿达到了 21917 人，幼儿入园（班）率达到了 15.78%；教职工达到了 1017 人。其中教育部门办幼儿园 23 所，46 个班，学前班 185 个班，在园（班）幼儿 11462 人，教职工 363 人；厂矿企业和其他部门幼儿园 48 所，84 个班，学前班 64 个班，在园（班）幼儿 4578 人，教职工 396 人：集体办幼儿园 1 所，1 个班，学前班 58 个，在园（班）幼儿 4754 人，教职工 125 人；民办幼儿园 12 所,16 个班，学前班 39 个班，在园（班）幼儿 1123 人，教职工 133 人。

1995 年，黔西南州幼儿园、学前班教职工总数 831 人，与在园（班）幼儿的比例达到 1∶34.82，幼儿教师 752 人，平均每班 1.19 人，严重缺编，农村尤为严重。教工总数中，农村仅 391 人，与在园幼儿的比例为 1∶45.68，农村幼儿教师 365 人，平均每班只有 1.01 人。教师缺编，必然影响教育质量，这是幼教迅猛发展进程中亟须解决的问题。53 名幼儿园园长中，师范院校专科毕业的 3 人，中等师范学校毕业的 40 人，高中毕业及以上的 5 人，初中毕业及以下的 5 人，取得专业合格证书的 6 人；在 752 名教师中，师范院校本专科毕业的 12 人，中等师范学校毕业的 457 人，职业高中幼教专业毕业的 20 人，高中毕业及以上的 92 人，初中毕业及以下的 169 人，取得专业合格证书的 71 人。从以上学历情况看，与《幼儿园工作规程（试行）》关于园长、教师必须具有幼儿师范学校（包括职业学校幼儿教育专业）毕业程度，或取得幼儿园教师专业合格证书者方可任职的规定还有一定的距离，幼儿师资队伍的素质亟待提高。

1996 年 3 月，李鹏总理在第八届全国人民代表大会第四次会议中做了《关于国民经济和社会发展“九五”计划和 2010 年远景目标纲要》的报告，确立了实施科教兴国的发展战略，并特别提出要“重视发展少数民族教育、特殊教育及幼儿教育”。“重视发展学前教育”成为当前我国经济社会发展的重要问题，将学前教育事业发展置放于经济社会发展与科教兴国战略重要组成部分的战略地位，学前教育事业发展亦成为我国学前教育事业发展的总要求，并对整个学前教育事业发展起着重要的引领与指导作用。

1996 年 4 月，为了更好地落实科教兴国的发展战略，切实落实“重视发展学前教育”的发展要求，国家教育委员会印发了《全国教育事业“九五”计划和 2010 年发展规划》。1997 年 7 月，国家教育委员会印发了《全国幼儿教育事业“九五”发展目标实施意见》，提出此时期我国学前教育事业的发展目标为：为形成具有中国特色的、面向 21 世纪的社会主义教育体系的框架奠定坚实的基础；2000 年，全国学前三年幼儿毛入园（含学前班）率达到 45% 以上，大中城市基本解决适龄幼儿入园问题，农村学前一年幼儿入园（班）率达到 60% 以上，并按“普及九年义务教育”情况和经济发展水平提出分区实施要求，对各省、自治区、直辖市学前教育事业“九五”发展提出了明确的指标。该文件提出，到 2000 年，农村绝大多数乡（镇）应建立一所中心幼儿园，“所有幼儿园（班）都要达到县以上教育行政部门规定的办园基本标准”，要求各地“逐步建立和健全幼儿园（学前班）评估体系”。该文件体现了国家在新的时期对学前教育的发展提出了“数量与质量并重”的具体、明确要求，再次重申幼儿园办园体制改革的方向是社会化。该意见指出：“幼儿教育既是教育事业，又具有福利性和公益性的特点。随着经济体制改革的深化，应积极稳妥地进行幼儿园办园体制改革，进一步明确各级政府的责任，探索适应社会主义市场经济的办园模式和内部管理机制，逐步推进幼儿教育社会化。”在明确学前教育事业发展目标的前提下，文件还针对“九五”期间经济体制和教育体制改革的背景提出，包括切实加强学前教育的领导和管理、深化幼儿园办园体制改革、深化教育教学改革、加强师资队伍建设、拓宽学前教育经费渠道并加大投入力度等问题的具体实施措施。其中，在加强学前教育领导和管理方面，文件要求各级政府要把学前教育事业发展纳入地方经济、社会发展的总体规划中，使其与当地经济、社会发展和“普九”工作相适应；强调学前教育的法规建设，要求各级政府和教育行政部门建立和健全地方性学前教育规章，坚持依法治教，并要求全国绝大多数省自治区、直辖市到20世纪末都有与《幼儿园管理条例》《幼儿园工作规程》相匹配的实施办法或规章。该文件首次提出“幼儿教育发展方向应该是建立以社区为依托的、适应当地经济和社会发展的、正规与非正规相结合的组织形式”，提出应积极稳妥地进行幼儿园办园体制改革，进一步明确各级政府的责任。有条件的企、事业单位还应继续办好所属幼儿园，不得随意关、停、并、转。《全国幼儿教育事业“九五”发展目标实施意见》勾画了“九五”期间学前教育事业发展的蓝图，指明了这一时期学前教育的多元化、社会化发展前景。但此时恰逢我国加大经济体制、政治体制改革力度，特别是国有企、事业单位的教育职能被剥离，城市和农村学前教育在发展过程中遇到一些新困难和新问题，导致“九五”期间我国学前教育事业的发展受到一定的冲击，未能完成规划目标。这一时期，在国家分离企业办社会职能的改革背景下，单位开办的幼儿园数量明显减少。

同月，国家教育委员会印发的《全国幼儿教育事业“九五”发展目标实施意见》再次重申“在社会保障制度尚未健全，社区服务体系尚不配套的地区，主办单位不能将幼儿园一步推向社会”，尤其是“有条件的企、事业单位还应继续办好所属幼儿园，不得随意关、停、并、转。对于部分不具备独立办园条件和具备了分离幼儿园条件的企事业单位可本着平稳过渡原则，在政府统筹下，将所办的幼儿园交给当地教育行政部门规划，或由社区办或由具备条件的团体、个人承办，多形式地继续办好”。虽然一系列教育政策都强调企事业单位不可随意关、停、并、转所属幼儿园，但由于对幼儿园在企事业单位内部的定位不清，没有获得明确的教育属性确认，不同单位采取的改革措施不一，有相当一部分幼儿园仍然被推向社会或者遭遇停办。加上单位办园一直以来缺乏顺畅的投入体制，国有企业在改制过程中，对幼儿园的投入也明显减少，很多幼儿园办园经费则难以为继。1995年5月2日出台的《关于若干城市分离企业办社会职能分流富余人员的意见》是最早明确分离企业办社会职能的文件。这一文件没有明确企业办幼儿园属于公益型社会职能还是福利型社会职能，因此在企业办中小学普遍移交地方的同时，企业办幼儿园却纷纷走上了关、停、并、转之路。单位办园在整个办园格局中占有较大比例，加上依托社区兴办园所并未跟上，因此这一时期的改革对整个办园格局的冲击较大。在具体的政策执行过程中，部分地区将学前教育“社会化”等同于“市场化”和“私营化”，由此认为学前教育事业发展应以市场为导向，并借此弱化甚至推卸政府发展学前教育职责，“关、停、并、转、卖”幼儿园，导致学前教育机构大幅缩减、儿童受教育机会降低等问题的出现；此外，在将“社会化”等同于“私营化”后，部分地区简单地将学前教育机构“幼儿园”等同于“企业”，以营利为目的进行企业式管理与运作，不顾学前教育作为教育事业在人的发展与教育中应遵循的独特规律，导致幼儿园教育教学质量出现一定程度的下滑。除了部门办园在这一阶段数量明显减少，部分地区的公办园也在这一时期进行转制。

1996年，遵义地区学前教育发展较快，全区有幼儿园257所，计2309班，其中小学附设的学前班1953班，入园（班）幼儿91668人。幼儿入园率达27%，入学前班率为70.5%。年底，地区教育局组织力量对全区学前教育工作进行检查评比，后经省复核，遵义县高坪逸夫小学、赤水市元厚小学等7所小学的学前班荣获“贵州省先进学前班”称号；赤水市获“贵州省幼教先进市”称号；继遵义市之后，又有遵义县获“全国幼教先进县”称号。1996 年，铜仁全区幼儿园 109 所，174 班，在园幼儿 8758 人，入园率 24%，教职工 830 人。六盘水市根据省教委《关于对贵州省学前班实行登记注册管理的通知》精神，按照国家教委和省教委及有关部门制定的学前班办班条件要求，对全市的学前班进行审核、清理、整顿、登记注册，然后发给省教委统一印制的《学前班办班许可证》。1996 年 10 月 28 日至 31 日，市教委组织了以副主任吴仕芹为组长的督导评估组对市实验幼儿园、市第二实验幼儿园的校舍设备、管理工作、卫生保健、教育工作、家长工作、教育成效 6 个方面进行全面评估，然后报省教委审核。1997 年 3 月 5 日，省教委正式批准市实验幼儿园、市第二实验幼儿园为贵州省一类幼儿园。

1996 年 3 月 9 日，国家教委主任朱开轩签署命令，宣布自 1996 年 6 月 1 日起，正式施行新制定的《幼儿园工作规程》，原《幼儿园工作规程（试行）》废止。1997 年 4 月 21 日，省教委制发了《贵州省实施〈幼儿园工作规程〉办法》，对各类幼儿教育机构的设置、招生、卫生保健、教育、收费、园长及教师培训等均做了严格的规定。这两个文件下达后，各地教育部门组织全部幼教工作者对《幼儿园工作规程》进行深入的学习和贯彻。同年 12 月，省教委对在幼教工作中取得显著成绩的 19 所县级示范幼儿园进行表彰，授予“贵州省先进县级示范幼儿园”称号。省教委表彰了贵阳市实验幼儿园、贵阳市花溪区幼儿园、贵阳市第十一幼儿园、遵义市红花岗区机关幼儿园、湄潭县实验幼儿园、安顺市教育系统幼儿园、紫云县城关幼儿园、黔南布依族苗族自治州机关幼儿园、独山县幼儿园、贵定县第一幼儿园、黔东南州委机关幼儿园、玉屏县县级示范幼儿园、德江县实验幼儿园、毕节市幼儿园、金沙县机关幼儿园、六枝特区实验幼儿园、盘县特区实验幼儿园、贞丰县幼儿园、兴仁县实验幼儿园共 19 所先进县级示范幼儿园。全省有学前班 9232 个，比 1996 年增加 1025 个，增长 12. 5%；在园（班）幼儿达 44.8 万人，比 1996 年增加 30100 人，增长 7.2%；学前 3 年入园（班）率由 1996

年的 19. 37% 提高到 20. 28%。

1998 年，省教委对幼教工作成绩突出的花溪区青岩幼儿园、白云区春芽幼儿园、乌当区百宜乡中心幼儿园、清镇市流长苗族乡农村中心幼儿园、赤水市大同幼儿园、正安县新舟幼儿园等 30 所农村中心幼儿园进行表彰，授予“贵州省农村中心幼儿园先进单位”称号。是年，全省有幼儿园 1229 所，比 1997 年增加 17 所，增长 1.4%；有学前班 9562 个，比 1997 年增加 330 个，增长 3. 57%。全省在园（班）幼儿达 462084 人，比上年增加 14118 人，增长 3. 15%。1997 年底，铜仁全区基本结束对达到办园（班）条件的各类幼儿园的评定工作，全区达标的幼儿园共 69 所，入园幼儿数 10367，在园幼儿数 44185 人（含学前班 37709 人），教师 990 人，比 1996 年增加 266 人。1998 年 4 月，铜仁地区教育局会同有关部门联合组成评估小组，对区内 6 县、市的 9 所幼儿园进行评估验收，抽查评估验收了县市申报的 4 所省级一类幼儿园，随机抽查 35 所县市评定的省级二三类幼儿园。抽查评估结果达到省级一类幼儿园的有德江、玉屏、思南、铜仁四县市及地区实验幼儿园；达到省级二类的有沿河松桃实验幼儿园和德江县桥头民族中心幼儿园。经抽查评估验收，幼儿园（班）的办园条件都有不同程度的改善。

进入 20 世纪 90 年代，贵州各级政府认真贯彻《幼儿园管理条例》《幼儿园工作规程》，积极鼓励和支持企事业单位、社会团体、居民委员会、村民委员会和公民个人开办幼儿园或捐资助园。尽管中共十四大提出建立社会主义市场经济体制后，各地各企业从计划经济体制向市场经济体制转轨时，遇到了结构调整时期难免的暂时困难，占全省教育事业一定比重的企业办教育受到影响，不少企业办的幼儿园停办、合并，一些个人办的幼儿园也时办时停，造成全省幼儿教育起伏，幼儿教育仍然不断得到发展。1999 年，全省有幼儿园 1340 所，比 1998 年增加 111 所，增长 9.03%；有学前班 9763 个，比上年增加 201 个，增长 2.1%；在园（班）幼儿达 468373 人，比上年增加 6289 人，增加 1.36%。是年，省教委制定了《贵州省省级示范幼儿园标准（试行）》，对省级示范幼儿园的园舍设备、人员编制、教育工作等进行了具体规定。除此之外，还规定省级示范幼儿园必须是一类幼儿园挂牌3年以上，并在最近一次的幼儿园分类评估中得分900分以上者。贵州省还举办了全省幼儿园园长岗位培训班，共培训园长163人，其中160人获得省教委颁发的幼儿园园长岗位证书。1999年10月28—31日，省教委在遵义市举办“全省幼儿玩教具制作培训及展览”，参展的玩教具共计两千余套（件），由遵义市红花岗区、遵义市经济技术开发区绥阳县、遵义县的教师制作，贵阳市第一幼儿园作品也参加了展览。三千多位教师前往参观。展览的同时，还举办了玩教具制作培训，9个地州市和86个县市的幼教干部、县示范幼儿园的园长共计三百余人参加培训。1999年底，铜仁全区有幼儿园88所，同1998年比，增加18所，入园数增加3456人，在园人数增加881人，教师增加41人；评出省级一类幼儿园7所，省级二类幼儿园7所，省级三类幼儿园8所。

2000年前后，受“学前教育社会化”和“市场化”影响，全省企事业和中央驻黔单位办园体制发生变化，幼儿园同时出现“公退民进”现象。2000年12月，全省幼儿教育工作会议在贵阳召开，部署“十五”期间幼儿教育的主要工作。是年，全省有幼儿园1435个，比上年增加95个，增长7.08%；有学前班10361个，比上年增加590个，增长6.04%。在园（班）幼儿达496044人，比上年增加27671人，增长5.9%。全省各地经济、文化、教育发展不平衡，部分地区特别是山区、边远地区和民族地区学前教育发展滞后，但也得到不同程度的发展，特别是民办园和农村学前班发展迅猛。民办园、学前班是这一时期满足入园需求、发展农村幼儿教育的有效途径。虽然全省学前教育取得了较大发展，但还存在一些发展瓶颈问题，主要表现在学前教育资源短缺、投入不足、“入园难”等方面；区域发展不平衡，城乡差别大，农村、民族地区发展滞后；教师严重短缺、专业化水平偏低，补充机制不健全；

管理体制、办园体制、投入体制不完善；民办园数量多、规模小、条件差、待规范；普遍存在重上课、轻游戏，一日保教流程缺失或不规范，专业引导和指导不到位的现象。特别是基础建设上的底子薄、起点低、缺资金，教师队伍建设上的缺口大、不稳定、专业化程度低等困难和问题比较突出。

第四章

2001 年—2010 年贵州学前教育发展状况

第一节　2001年—2005年贵州学前教育社会化发展阶段

为了更好地贯彻、落实《基础教育课程改革纲要（试行）》及《幼儿园工作规程》，指导幼儿园深入实施素质教育，教育部于2001年9月下发了《幼儿园教育指导纲要（试行）》。它包括总则、教育内容与要求、组织与实施和教育评价等内容。《幼儿园教育指导纲要（试行）》吸收了国际上先进的教育理念，结合了我国20世纪90年代幼儿园课程改革实践的经验，确立了以儿童发展为本的教育价值取向，进一步规范了我国的幼儿园课程与教学，重新界定了幼儿园教师的角色，规定“教师应成为幼儿学习活动的支持者、合作者、引导者”，要求教师应“以关怀、接纳、尊重的态度与幼儿交往”。《幼儿园教育指导构建纲要（试行）》是指导新世纪课程改革的纲领性文件，对我国新世纪幼儿教育的发展起了极大的推动作用。

进入21世纪，国家继续深入推行经济和管理体制改革，加快推行农村教育管理体制改革、中小学教育资源调整、国有企事业单位教育职能剥离等改革，但此时与社会转型相适应的学前教育事业发展与管理新体制并没有建立，学前教育事业发展受到强烈冲击，仍然面临着前所未有的困难和挑战。针对这一情况，国务院在2003年转发了教育部等十部委联合下发的《关于幼儿教育改革与发展的指导意见》。该文件提出要建立新的学前教育发展模式，明确了“十五”期间的发展目标是要建立以社区为基础的、以示范园为中心的、能利用社区多种资源的、灵活多样的、正规和非正规形式的学前教育服务网络；明确了为0—6岁儿童家长提供保教服务，把提高家长的科学育儿能力作为学前教育事业发展的重要目标之一，扩大了学前教育工作的范围和职责。文件体现了把学前教育作为一种多方受益的高效益的社会综合发展计划的大教育观和发展观，这与联合国所倡导的理念和世界学前教育的发展趋势是一致的。

2001 年，贵州全省学前班、幼儿园入园人数比 2000 年少了两千多人。省教育厅制定并下发了《贵州省教育厅关于做好 2002 年幼儿教育工作有关问题的通知》，明确“积极发展幼儿教育，到 2002 年全省在园幼儿数超过 50 万人”的目标任务。同时，要求各级教育行政部门认真做好幼儿教育发展有关数据的统计工作，根据《中华人民共和国统计法》的要求统一统计口径，避免错报、少报和漏报情况的发生。

2002 年，《贵州省“十五”期间幼儿教育的改革与发展规划》下发，明确主要目标是：“积极发展学前一年教育，使受教育率达 60%；力争学前三年幼儿受教育率达到 35%；使大多数 0—6 岁儿童的家长和看护人员受到科学育儿指导。”是年，全省幼儿入园（班）人数有了较大幅度的增长，学前三年幼儿入园（班）人数从 2001 年的 493770 人增加到 2002 年的 564728 人，净增七万多人；幼儿园达 1179 所；教职工 12623 人，比上年增加 1381 人。2002 年，全省幼儿在园（班）人数首次突破 50 万人，这是贵州历史上幼儿教育发展最快的一年。

2003 年，国务院办公厅转发了教育部等部门《关于幼儿教育改革与发展的指导意见》，指出：“坚持实行地方负责、分级管理和有关部门分工负责的幼儿教育管理体制……建立和完善政府领导统筹，教育部门主管，有关部门协调配合，社区内各类幼儿园和家长共同参与的幼儿教育管理体制。”这一文件对中央、省、市、县、乡（镇）五个层级政府在学前教育发展中的具体职责进行了初步规定：“国家制定有关幼儿教育的法规、方针、政策及发展规划；省级和地（市）级人民政府负责本行政区域幼儿教育工作，统筹制定幼儿教育的发展规划，因地制宜地制定相关政策并组织实施，积极扶持农村及老少边穷地区的幼儿教育工作，促进幼儿教育事业均衡发展；县级人民政府负责本行政区域幼儿教育的规划、布局调整、公办幼儿园的建设和各类幼儿园的管理，负责管理幼儿园园长、教师，指导教育教学工作；城市街道办事处配合有关部门制定本辖区幼儿教育的发展计划，负责宣传科学育儿知识、指导家庭幼儿教育、提供活动场所和设备、设施，筹措经费，组织志愿者开展义务服务；乡（镇）人民政府承担发展农村幼儿教育的责任，负责举办乡（镇）中心幼儿园，筹措经费，改善办园条件；要发挥村民自治组织在发展幼儿教育中的作用，开展多种形式的早期教育和对家庭幼儿教育的指导。”《关于幼儿教育改革与发展的指导意见》再次明确指出了幼儿教育的主管部门，并对政府其他相关职能部门的职责做了第三次分工，为学前教育事业发展的权责关系定下了基调。相应地，各级地方政府也根据国家学前教育管理体制的总原则，明确规定了本级政府内部各相关部门的职责分工与工作重点，并通过建立学前教育联席会议制度、第三方参与管理等方式理顺并创新地方学前教育管理体制。但是，政府整体职责定位不明晰，缺乏刚性化的法律保障，由于对转型期政府在学前教育事业发展中的职责、宏观调控中应承担的公共管理责任的认识模糊不清，对幼儿教育的重要性认识不到位，各级政府间权责配置随意性大，特定层级政府在发展学前教育事业中的职、权、责、利不对称，政府职责缺位、不到位、错位和越位的问题突出。在经济体制转型过程中，一些地方政府对学前教育事业发展的职责有弱化的趋势，出现了责任不到位甚至推卸责任的现象。多年以来，“地方负责”被更多地误读为发展学前教育是县级甚至是乡镇政府的职责，管理重心和投入重心过低。随着学前教育事业和实践改革的发展，“地方负责、分级管理”的学前教育管理体制已经难以满足事业改革与发展的需要，突出存在不同层级政府间职责不明确、权责配置不合理、事财不匹配等诸多问题。省市级政府在学前教育事业发展中的宏观统筹、保障促进、质量督导等方面的职能在相当程度上被弱化，直接导致了学前教育管理的责任主体重心过低，统筹协调和财政保障能力严重不足。

同时,《关于幼儿教育改革与发展的指导意见》中提出“以社会力量兴办幼儿园为主体”的政策导向,引入了多元投资办学主体,社会团体、组织和个人纷纷投资兴办幼儿园,各种社会力量所办的幼儿园,如民办园、街道园、私立园、合资园、独资园等大量出现,发展很快。现行学前教育政策与民办教育相关政策法规在幼儿园审批登记注册方面的规定不明确且不统一,造成实际执行中民办幼儿园可以在教育部门、民政部门和工商部门等多个部门注册。民政部门和工商部门因缺乏专业力量,既不负责资格审查,也不负责园所开办后定期的监督和管理,导致出现了“批管分离”的问题。在民政部门和工商部门注册的幼儿园,往往因为缺乏教育部门及其他相关部门严格的资质审查,存在着诸多不规范的办园行为。这些幼儿园并没有经教育行政部门审批,也没有登记备案,这就导致教育行政部门往往并不了解这些幼儿园的开办情况,或者即便知道这类园所的存在,但因为不是这类园所的审批注册部门,也难以真正做到监管,这使得社会上出现了一批办园条件不达标、安全隐患问题突出的“非法幼儿园”。多头管理不仅导致园所审批情况混乱、批管分离情况突出,也为教育行政部门行政执法带来困难。审批时多部门有权,行政执法时仅教育行政部门有责,教育部门责大权小,加上管理力量的严重不足,最终导致行政执法流于形式,甚至出现了“今天查处了不规范的幼儿园,明天他们换块牌子照常经营”的情况,不规范幼儿园屡禁不止。

由于认识上模糊甚至不重视,领导管理力量薄弱,计划、领导、组织、监管不力,甚至简单套用企业改制的做法将幼儿园推向市场,减少或停止投入,甚至出售,导致学前教育发展出现了所谓社会化和市场化的转向,造成了事业发展方向出现偏差。在一些地区,不仅大批优质教育资源流失,而且教育质量下降,影响了学前教育事业的健康、可持续发展。此外,文件虽然从原则上一再强调各级地方政府和各部门的责任，但由于是首次将学前教育事权和财权分开管理而又缺乏适当的协同机制，因而在实践上出现了“教育部门有心无力、财政部门有力无心”的怪现象。这一时期我国学前教育事业曲曲折折，徘徊不前，甚至出现了滑坡。“九五”“十五”期间，我国学前教育事业发展规划目标均未能实现。“十五”初期，在园幼儿数继续下降，2003年降到十年来的最低水平，这一情况直到2004年才得到扭转，并逐步呈现恢复发展的态势。但到2005年也才恢复到1996年的水平，难以满足广大群众对幼儿接受优质早期教育的需要，与我国经济和社会的发展极不适应，引发了社会反映强烈的“入园难”“入园贵”问题，其实质是连续十年削弱的“供”和日益增强的“需”之间的突出矛盾。

贵州省幼儿入园（班）人数有较大幅度的增长。学前三年幼儿入园（班）人数从2002年的564728人增加到2003年的620089人，净增五万多人，增长9.8%。2004年，全省学前三年幼儿入园（班）人数从2003年的620089人增加到2657060人，净增36971人，特别是铜仁市、毕节市、黔西南布依族苗族自治州幼儿教育有了较大的发展，净增儿童30025人，占全省净增儿童数的81%。2005年，全省在园幼儿691428人，比上年增加34368人；教职工16694人，比上年增加1084人。

2003年12月4—11日，省示范幼儿园评估工作领导小组组织评估专家组对申请评估且经过初评的花溪幼儿园、贵阳车辆厂幼儿园、遵义市政府机关幼儿园进行了评估，对幼儿园办园条件、管理工作、卫生保健、教育工作、教育成效、家长工作进行了全面的评估。经省示范幼儿园评估领导小组讨论，省教育厅党组研究，确定花溪幼儿园为“贵州省省级示范幼儿园（二类）”，贵阳车辆厂幼儿园、遵义市政府机关幼儿园为“贵州省省级示范幼儿园（三类）”。2004年，省教育厅继续推进省级示范幼儿园评估工作。通过宣传动员，全省有7所幼儿园申报省级示范幼儿园。当年9月组织试评估，12月正式评估。经省示范幼儿园评估领导小组讨论，省教育厅党组研究，确定贵阳市实验二小幼儿园、贵阳市第九幼儿园为“贵州省省级示范幼儿园（三类）”。连同上年评出的 3 家，全省有“省级示范幼儿园”5 所。

第二节　2006 年—2010 年贵州学前教育持续发展阶段

2006 年 4 月 27 日，全国妇联、中央宣传部等部门印发《关于庆祝 2006 年“六一”国际儿童节的联合通知》。通知要求，要在少年儿童中大力开展社会主义荣辱观宣传实践活动。要增强活动的针对性、丰富性和有效性，通过开展道德、科技、文化、艺术、体育、法制等活动，促进儿童德智体美全面发展；充分发展儿童的主体作用，注重实践环节和参与过程；注重家长在儿童道德成长中的示范作用；不断深化、拓展、创新各类特色未成年人思想道德创建活动。

2006 年，贵州幼儿园共 1721 所，比上年增加 134 所，增长 8.4%；在园幼儿有 724607 人，比上年增加 33179 人，增长 4.8%。

2007 年，教育部下发《国家教育事业发展“十一五”规划纲要》，提出 2006 年—2010 年学前教育事业的发展目标是“学前三年毛入园率达到 55% 以上”，要求欠发达地区学前教育规模稳步扩大，中等发达地区学前教育进一步发展，发达地区学前三年毛入园率要达到 85% 以上，建立起较为完善的城乡一体化教育体系。“十一五”期间，我国学前教育事业在改革创新中不断前进，展现出强劲的发展势头。“九五”“十五”期间，入园幼儿总数连续 7 年递减的情况得到扭转，入园率得到提高；城镇学前教育事业得到一定程度发展，农村学前教育下滑的情况得到控制。但受发展基础薄弱等因素的影响，此时学前教育发展的总体水平还不高，地区之间、城乡之间发展很不平衡，与人民群众日益增长的需要和教育协调发展的要求不相适应，未能完成国家教育事业发展“十一五”规划提出的总目标。

2007年9月20日，教育部印发《关于加强民办学前教育机构管理工作的通知》。通知要求各地教育行政部门在当地人民政府领导下，会同有关部门，全面摸清本行政区域内所有民办幼儿园（招收3岁至6岁幼儿）、托儿所（招收3岁以下幼儿）的基本情况，按照《民办教育促进法》及其实施条例和《幼儿园管理条例》的有关规定，区分不同情况，认真清理整顿经县级以上教育行政部门审批的各类民办学前教育机构的举办资格。通知强调，各级教育行政部门要加强领导，落实责任，将学前教育纳入当地基础教育整体发展规划，加强对本行政区域内所有学前教育机构的管理、指导和服务。民办学前教育机构必须把保护幼儿生命安全和促进幼儿健康成长放在一切工作的首位，用非常的细心、非常的呵护，确保学前儿童的生命安全。要建立健全各项管理制度，全面落实覆盖学前教育机构管理各个环节的安全防范措施。教育督导部门要进一步加强对民办学前教育机构的督导检查工作。

2007年，贵州全省幼儿在园（班）人数达732590人，增加7983人；教职工18669人，增加723人。是年，省财政厅、省教育厅下拨2007年省级幼儿教育补助经费100万元，用于贵阳市第一幼儿园、贵阳花溪幼儿园、遵义红花岗区幼儿园等省级示范幼儿园评估奖励及开阳县龙水乡幼儿园、仁怀市茅坝镇中心幼儿园、毕节市幼儿园、长顺县广顺幼儿园等幼儿园办园条件的改善。2008年，全省在园幼儿737988人，比上年增加5398人；教职工20079人，比上年增加1410人（专任教师12095人，比上年增加802人）。是年，省财政厅、省教育厅下拨省级幼儿教育补助经费100万元，用于县级示范幼儿园、农村中心幼儿园新建和改建补助、省级幼儿园以奖代补、购置设备和师资培训等方面。

2008年5月，为落实党的十七大报告中关于“重视学前教育”的精神和贯彻国务院领导有关学前教育工作的批示，教育部成立调研组，在全国范围进行学前教育专项调研。

2008年6月5日，教育部印发《关于切实防范洪涝等自然灾害确保中小学生安全的紧急通知》。通知指出，各地教育行政部门和中小学校、幼儿园要切实防范洪涝等灾害对广大师生的危害；各地教育行政部门要立即对本行政区域内，尤其是农村地区和边远山区中小学校、幼儿园进行一次全面排查，要特别检查地处低凹地段的中小学校、幼儿园；各地中小学校要在放暑假前对全体师生集中开展一次安全教育。

2009年，贵州全省有幼儿园2063所，学前班19766个，学前三年在园（班）幼儿人数达74.74万人；教职工21829人，比上年增加1750人（专任教师13105人，比上年增加1010人）。学前三年毛入园率达到50.9%，比2005年提高9.5个百分点，是十年来提高最快的时期，达到历史最高水平。是年，省财政厅、省教育厅下达省级幼儿教育补助经费100万元，用于全省幼儿园优秀论文评选，贵阳市花溪区幼儿园、贵阳市第五幼儿园、安顺市第二幼儿园等省级示范幼儿园评估升类补助及贵阳市第二幼儿园、息烽县实验幼儿园等的设备购置补助和校舍维修。

2010年7月，胡锦涛在全国教育工作会议上就推动教育事业科学发展提出“五项核心要求”，体现了中央政府实施科教兴国、人才强国战略的决心。2010年7月29日，国务院印发《国家中长期教育改革和发展规划纲要（2010—2020年）》，作为21世纪我国第一个中长期教育改革和发展规划，《国家中长期教育改革和发展规划纲要（2010—2020年）》勾画了我国教育事业改革和发展的蓝图，明确了改革和发展的方向与措施，是指导全国教育改革和发展的纲领性文件。在国家教育改革不断深化和“入园难”问题日益凸显的双重作用下，学前教育事业受到党和国家的高度重视，这一国家教育发展规划的纲领性文件将学前教育作为教育改革发展的八大任务之一，首次用专章论述了学前教育发展问题，描绘了学前教育发展的美好蓝图。该文件提出了到2020年“学前三年毛入园率达70%”的战略目标，并明确为达成该目标应落实的三项发展任务：基本普及学前教育、明确政府职责、重点发展农村学前教育。此外，《国家中长期教育改革和发展规划纲要（2010—2020年）》

还在其他章节对完善学前教育投入体制、建立学前教育资助制度、加强幼儿园师资队伍建设、开展学前教育督导、发展残疾儿童学前教育和加快学前教育立法等方面提出了明确要求。

为贯彻落实《国家中长期教育改革和发展规划纲要（2010—2020年）》，着力破解“入园难”问题，满足适龄儿童入园需求，促进学前教育事业科学发展。2010 年 11 月 2 日，温家宝就学前教育的发展问题进行调研，并考察幼儿园。11 月 3 日，温家宝主持召开国务院常务会议，研究部署当前发展学前教育的政策措施。在此基础上，国务院发布了《国务院关于当前发展学前教育的若干意见》（以下简称“国十条”）。在《国家中长期教育改革和发展规划纲要（2010—2020 年）》对学前教育所做的系统设计基础上，为实现基本普及学前教育的发展目标，着力解决“入园难”问题，满足适龄儿童入园需求，促进学前教育事业科学发展，“国十条”对我国学前教育事业发展进行了全面部署，提出了十条强有力的政策措施：把发展学前教育摆在更加重要的位置；多种形式扩大学前教育资源；多种途径加强幼儿园教师队伍建设；多种渠道加大学前教育投入；加强幼儿园准入管理；强化幼儿园安全监管；规范幼儿园收费管理；坚持科学保教，促进幼儿身心健康发展；完善工作机制，加强组织领导；统筹规划，实施学前教育三年行动计划。“国十条”是以国务院名义出台的第一个落实《国家中长期教育改革和发展规划纲要（2010—2020 年）》的文件，也是第一个以国务院名义出台的学前教育工作文件，在中国教育和学前教育发展史上具有重要的意义。“国十条”指明了学前教育进一步发展的方向，学前教育事业迎来了春天。接着，国家出台了一系列发展学前教育的政策和举措，加大了对学前教育的投入，尤其是对中西部地区的学前教育进行了前所未有的扶持，大力补充和扩大了中西部地区的学前教育资源，西部地区自 2010 年以来，成为学前教育发展非常快的地区之一，“国十条”中提出的“学前教育三年行动计划”得到有效落实。

随着《国家中长期教育改革和发展规划纲要（2010—2020 年）》的颁布，系列政策连续出台，多个文件组合明确了学前教育的基本性质，强化了公益性这一核心属性，明确了公益普惠的发展方向，建立了公办民办共同发展的新格局。针对贫困、边远和农村地区学前教育资源匮乏的情况，国家启动“中西部农村学前教育推进项目”，重点支持农村乡镇中心幼儿园建设。项目实施三年，中央财政投入共 55.6 亿元，在中西部农村地区建设了 3149 所幼儿园，为 63 万适龄幼儿提供了入园机会。中央财政投入的增加带动了地方学前教育财政投入，为全国学前教育资源的迅速扩大、提高幼儿园教师专业化水平、保障适龄幼儿入园提供了重要的经费保障。

随着中央政府系列政策引领、学前教育三年行动计划的实施、一揽子重大项目推进，学前教育获得了贵州各级政府和公众的高度关注，促进地方进一步落实发展学前教育责任，完善办园、投入、用人和管理等方面的体制机制，加快构建覆盖城乡的学前教育公共服务体系。贵州省各级政府在制定和实施“学前教育三年行动计划”的过程中，陆续出台发展学前教育的文件，部署和规划本地学前教育的发展，加大对学前教育的投入，加强对学前教育的管理，开创了学前教育改革发展的全新局面，实实在在地促进了贵州各地学前教育的改革和跨越式发展。2010 年，贵州幼儿园数量为 2196 所，比 2005 年增加 609 所，增长 38.4%。在园幼儿人数达到 769144 人，比 2005 年增加 21793 人，增长了 11.2%。学前三年入园率为 55.4%，教职工 24780 人，比上年增加 2951 人（专任教师 14623 人，比上年增加 1518 人）。是年，省财政厅、省教育厅下拨 2010 年省级幼儿教育补助经费 100 万元，用于白云区第一幼儿园、贵阳市级机关幼儿园、贵阳市南明区实验幼儿园、玉屏县实验幼儿园的省级示范幼儿园升类补助，织金县政府机关幼儿园的省级示范幼儿园评估补助，修文县久长中心幼儿园、道真县实验幼儿园、大方县幼儿园、遵义县虾子中心幼儿园等幼儿园的贷款贴息、设备购置及校舍维修补助，以及全省幼儿园安全管理及保健医生培训等开支。

长期以来，贵州经济发展较为落后，地方财政十分困难，各级政府为了完成普及义务教育的任务，靠贷款来筹集普及义务教育所需经费，地方对学前教育的投入很难保证。贵州全省公办学前教育资源严重匮乏，不能满足经济社会发展和人民群众的需求，“入园难”“入园贵”问题凸显。

第五章

2011年—2021年贵州学前教育快速发展阶段

第一节　2011年—2013年第一期贵州学前教育三年行动计划

2010年，党和国家在系统设计、全面部署、积极推进和有力保障下，全面启动学前教育三年行动计划，对贵州学前教育来说，这无疑是前所未有的机遇。贵州省高度重视，抢抓先机，迅速行动，深化改革，不断创新，取得了令人瞩目的成就。为切实推动贵州学前教育事业快速发展，贵州省委、省政府以从未有过的重视程度，不断加强和完善顶层设计，出台了一系列政策和规划，确保了学前教育三年行动计划顺利推进。

2011年2月，时任副省长刘晓凯亲自主持召开学前教育三年行动计划启动会，在全国率先实施，与全省各市（州）政府签订了目标责任书，明确了学前教育发展的时间表和路线图，贵州吹响了三年奋战的号角。贵州省陆续出台了《贵州省人民政府关于加快发展学前教育的实施意见》《贵州省学前教育三年行动计划》《贵州省“十二五”学前教育发展规划》《关于加强和完善中小学幼儿园教职工编制管理的意见》及《省教育厅省编委办关于在市（州）和县（市、区、特区）教育行政部门设立学前教育管理机构及教研机构的通知》等政策文件，明确了学前教育发展的整体思路：一是把学前教育作为重要的民生工程予以实施。省委省政府进一步明确了学前教育的重要性，强调学前教育是国民教育体系的重要组成部分，是促进人终身发展的奠基工程。加快发展学前教育是保障和改善民生的重要举措。省委省政府每年把学前教育列入十大民生工程。二是努力扩大学前教育资源，初步缓解“入园难”。按照“广覆盖、保基本”的要求，以财政投入为支撑，以农村为重点，充分调动各方面积极性，扩大学前教育资源，加快形成政府主导、布局合理、公办民办并举、城市农村共同推进、质量达标的学前教育公共服务体系，并提出“‘十二五’期间每年新增公办幼儿园专任教师不少于5000人，到2015年实现每个乡（镇）、城市社区（街道办事处）至少有一所公办幼儿园”的前进目标。三是建立和完善学前教育发展保障措施。加大各级政府投入力度；制定幼儿园教师编制标准，加强教师队伍建设；强化督导检查，确保各项任务落到实处。四是以集团化办园为抓手，规范办园、提高质量。贵州省委、省政府在省教育厅设立学前教育处，统筹全省学前教育事业的规划和管理工作，为学前教育事业发展铺砖建路。党政的重视和强有力的政策保障了全省学前教育事业快速发展。

刘晓凯副省长强调，各地要认真实施《贵州省学前教育三年行动计划》，将学前教育纳入城镇、新农村建设和城市小区建设发展规划，配套建设幼儿园；切实加大投入，将学前教育经费列入当地财政预算，设立专项经费；积极鼓励和扶持社会力量开办幼儿园。确保实现“十二五”末学前三年毛入园率达到60%，至2020年贵州省所有乡（镇）至少有1所以上公办幼儿园，学前三年毛入园率达到70%以上，基本解决“入园难”问题的目标。会上，刘晓凯副省长代表省人民政府与各市（州、地）人民政府（行署）签订了《贵州省2011—2013年学前教育三年行动计划目标责任书》，要求各县（市、区、特区）人民政府结合本地中长期教育改革和发展规划纲要、教育事业“十二五”发展规划，将学前教育纳入县域经济社会发展总体规划，根据未来人口出生状况和流动变化趋势，科学测算本地不同年份的入园需求，合理布局学前教育资源。充分考虑实施城镇化带动战略的需要，将进城务工人员随迁子女接受学前教育纳入发展规划。明确提出以县（市、区、特区）为单位，完成当年下达新增幼儿园建设任务和招生任务；新增幼儿园按照《贵州省乡镇、街道办事处中心幼儿园办园建设规范指导手册（试行）》进行建设。各地要盘活各种可用资源，充分挖掘各类可用于发展学前教育的资源，充分利用中小学布局调整后富余的校舍设施、教学仪器及师资等资源举办幼儿园。支持企事业单位、街道、农村集体利用国有和集体资产或其他公共资源开办幼儿园。鼓励优质公办幼儿园办普惠性分园，扩大优质教育资源。计划建成一千余所乡镇、街道办事处公办中心幼儿园，省级财政每所补助 50 万元，投入 5 亿元，到 2015 年，整合国家实施的农村学前教育推进工程和闲置校舍改建幼儿园项目，努力扩大学前教育资源，力争所有乡镇和城市社区至少有 1 所公办幼儿园。努力扩大学前教育资源，公办民办一起推进，是贵州解决入园难题的重要战略方针。三年来，贵州省各级政府多渠道筹集资金共投入 57.36 亿元，新建了 1044 所乡（镇）和城市社区中心幼儿园，新增村级幼儿园 654 所、民办幼儿园 854 所，巡回支教点 31 个，全省初步形成了以县级示范幼儿园为龙头、乡镇中心幼儿园为骨干、村级幼儿园为基本、巡回支教点为补充的县、乡、村三级学前教育网络。全省在园幼儿达 107.7 万人，学前三年毛入园率达到 70%，较 2010 年提高了 15 个百分点，超过全国平均水平 2.5 个百分点，提前两年实现了省委、省政府提出的“十二五”学前教育发展目标，“入园难”问题得到极大缓解。

2011 年 2 月 24 日，贵州省政府召开学前教育突破工程启动会。贵州学前教育突破工程投入中央农村学前教育推进工程资金 8000 万元，省级补助资金 1.5 亿元。计划新建或改扩建 300 所乡镇幼儿园，贵州省政府将其纳入 50 项重点工作任务。为完成好这项重点工程，省教育厅制定按月推进目标，按月开展系列督促检查，按季度召开调度会，并要求定点联系 50 个国家贫困县的处长和副处长加大所在地幼儿园建设督促力度，确保任务全面完成。经过全省上下攻坚克难，齐心协力，奋勇争先，300 所乡镇、街道办事处公办中心幼儿园于 2011 年底建成并投入使用。同时，省政府办公厅转发省编委办等部门《关于加强和完善中小学幼儿园教职工编制管理的意见》，明确贵州省幼儿园编制标准为

1∶6—1∶8，同时积极扶持贵阳幼儿师范学校、思南师范学校、贵定师范学校3所幼儿师范学校和中等师范学校创建幼儿师范专科学校，并在31所中职学校开设学前教育专业，保障学前教育大发展对幼儿师资的巨大需求。仅一年时间，全省新增五千余名幼儿园教师，占全省幼儿教师总数的27%，学前教育师资队伍建设取得重大突破。

2011年9月，贵州省在全国率先成立学前教育处，编制3人。

2011年9月5日，财政部、教育部联合下发《关于加大财政投入支持学前教育发展的通知》，明确了财政支持学前教育发展的基本原则，并确定了由中央财政支持实施四大类七个重点项目，包括校舍改建类项目、综合奖补类项目、幼师培训类项目和幼儿资助类项目。为确保上述项目的有效落实，有关部门发布了《财政部教育部关于建立学前教育资助制度的意见》《中央财政扶持城市学前教育发展奖补资金管理暂行办法》《中央财政扶持民办幼儿园发展奖补资金管理暂行办法》《支持中西部地区利用农村闲置校舍改建幼儿园的实施方案》《支持中西部地区农村小学增设附属幼儿园的实施方案》等文件。各项政策特别强调，中央财政重点支持各地特别是中西部地区农村学前教育发展，以及家庭经济困难儿童、进城务工人员随迁子女和留守儿童接受学前教育。学前教育财政投入的重点在中西部农村地区，主要用于保障家庭经济困难儿童等弱势群体儿童接受学前教育的权利。

2011年，贵州省学前教育呈提速发展的良好态势，一年来，争取到中央农村中小学生营养改善计划专项资金、农村教师周转宿舍资金、学前教育项目专项资金等各项中央资金82.8亿元。

2012年国发2号文件第八章第37节明确提出“优先发展教育事业”，为教育事业实现后发赶超提供了必要条件，在学前教育阶段提出“大力发展农村学前教育，新建、改扩建和利用闲置校舍改建一批幼儿园，到2015年力争所有城市社区和乡镇至少有1所公办幼儿园”。为更快更好地满足人民群众接受优质教育的需求，贵州抢抓政策机遇，大力发展学前教育。

2012 年 3 月 27 日，贵州省教育厅根据《教育部关于规范幼儿园保育教育工作防止和纠正“小学化”现象的通知》要求，提出了“123456”规划，提出规范幼儿园办园行为，防止和纠正“小学化”倾向的具体办法和措施。即：一个目的（健全人格、启迪智力、促进幼儿身心健康发展），两个原则（保育为先、游戏为本），三个到位（人员到位、安全到位、经费到位），四个严禁（严禁推荐和组织征订各种幼儿教材和教辅材料，严禁幼儿园提前教授小学教育内容，严禁幼儿园以举办兴趣班、特长班和实验班等小众班、占坑班为名，进行各种提前学习和强化训练活动和超出规定的信息登记，严禁一切形式的小学入学考试），五个提倡（提倡就近入园、提倡公益普惠、提倡个性发展、提倡关爱弱势、提倡家园协作），六个学会（即在幼儿园学会微笑、学会观察、学会说话、学会交友、学会家务、学会感恩）。

贵州省教育厅通过以下举措使“123456”规划真正落实到位：一是发挥媒体的宣传作用。教育厅召开新闻发布会，邀请十多家新闻报纸、网络媒体参加会议，对“123456”规划精神和贵州执行“123456”规划的举措进行了宣传报道，使社会对“123456”规划的知晓度大大提升。贵州日报、贵阳晚报等媒体在第一时间对“123456”规划工作和严禁幼儿教育“小学化”工作进行新闻报道。二是重视培训教师园长。园长的管理能力及教师的专业素质是贯彻落实“123456”规划的关键，教育厅充分利用国培、省培项目分类分层组织完成了一轮公办、民办、城市、农村幼儿园园长和教师的培训，培训内容聚焦于如何贯彻落实“123456”规划、“小学化”带来的危害、如何防止“小学化”，如何做好家长工作等。三是完善相关保障制度。组织专家重新修订出台了《贵州省幼儿园基本办园标准（试行）》《贵州省幼儿园分类评估指标》《贵州省省级示范幼儿园评估方案（试行）》和《贵州省省级示范幼儿园评估细则（试行）》。将防止“小学化”倾向和“四个严禁”明确写入《贵州省幼儿园基本办园标准（试行）》，将支持儿童主动地，创造性地开展游戏作为《贵州省幼儿园分类评估指标》的评估要点，将“123456”规划的内涵和精髓内化在《贵州省省级示范幼儿园评估细则（试行）》中。针对学前教育普遍存在“重教材，轻读物”“重‘上课’，轻游戏”“重知识，轻能力”等违背幼儿身心健康发展和违反“123456”规划的现象，下发通知明确要求各地要“加强对幼儿园的监管和指导，建立健全学前教育管理及教研制度，完善幼儿园评估制度，着力规范幼儿园办园行为和保育教育工作”。这些重要文件对于贯彻“123456”规划精神、提升幼儿园保教质量、促进幼儿身心健康发展起到积极的推动作用。四是多种形式对幼儿家长进行宣传引导。各市（州）、县（市、区、特区）要求各幼儿园（班）把做好家长宣传工作作为防止和纠正“小学化”的重要环节和内容。各幼儿园通过在园内张贴通知、设置专题宣传栏、召开家长会等多种形式引导家长和教师更新育儿观念，增强保教工作的责任感和自觉性，树立正确的儿童观、教育观和质量观。针对社会和家长中普遍存在的“不教写字、拼音、算术的幼儿园就不是好幼儿园”的错误认识，遵义市举行大型广场咨询宣传活动和大型民办幼儿园家长学校，让家长了解学前教育，向家长宣传科学育儿观念。各市（州）还在秋季开学前完成幼儿家长培训工作，为幼儿园教育教学走上正轨奠定扎实基础。这些措施和活动，使“123456”规划已经家喻户晓、深入人心。五是加强督导检查。教育厅要求各地教育部门把贯彻“123456”规划情况作为开学检查的重要内容。玉屏县在开学期间组织相关人员对全县幼儿园、学前班进行认真检查；幼儿园也将“123456”规划纳入幼儿园教师量化考核细则中。玉屏县各幼儿园每学期开学前提前考虑人事安排，在工作人员不够的情况下，通过幼儿园自筹资金，上级主管部门拨款等方式聘请有一定幼儿园工作经验，业务水平的人员承担教育教学工作或保育工作，确保幼儿园安全稳定。贵阳市还专门成立了领导小组，制定具体详实的工作方案和实施步骤。

2012年3月29日，为贯彻落实国务院、省政府关于大力发展学前教育的文件精神，落实《贵州省学前教育三年行动计划》，推动本省学前教育跨越发展，总结部署省教育系统关工委工作，贵州省关工委、省教育厅联合召开全省学前教育调研工作会暨教育系统关工委年度工作会。省关工委常务副主任龚贤永，省教育厅厅长霍健康，省关工委副主任万方亮、胡隆芬、孙云阶及秘书长罗卫东，省教育厅巡视员、省教育厅关工委主任陈光文，省教育厅关工委副主任、国家督学皮俊林出席会议。省关工委相关成员单位，各高校，各市（州、地）教育局、关工委负责人参加了会议。

龚贤永、霍健康就关心下一代工作和学前教育调研工作做了重要讲话。龚贤永就关心下一代工作和学前教育调研提了两点希望。一是希望贵州省教育系统把关心下一代工作提高到新水平。要用社会主义核心价值体系教育青少年，促进青少年健康成长。一要围绕中心，服务大局。以青少年为本，协同配合，相互支持。二要结合庆祝建党90周年，深入开展青少年理想信念和思想道德教育。在广大青少年中开展“学党史、颂党恩、跟党走”主题教育。三要积极探索完善学校、家庭、社会“三结合”教育网络。四要加强关工委自身建设，建设学习型、创新型关工委。二是希望学前教育调研按时完成任务，取得成效。一要摸清底数。深入实地调查，准确把握本地学前教育的基本情况。二要找准问题。通过深入实地调查研究，找准本地制约学前教育科学发展的突出问题。三要总结经验。坚持调查研究、总结经验与理论探讨、探索学前教育工作规律相结合，增强发展学前教育的科学性和实效性。四要研究对策。紧紧抓住解决反映强烈的突出问题，针对办园体制等存在的主要障碍，提出切实可行的解决办法和有效措施。霍健康在会议小结中讲了三点意见。一是扎实抓好教育系统关工委工作。一要提高认识，领会栗战书同志对关工委工作的指示。二要充分依靠和发挥关工委的重要作用。三要为全省教育系统要组织开展好主题活动，隆重庆祝建党90周年。

二是认真抓好学前教育调研工作。一要充分认识开展学前教育调研的意义。通过调查研究，掌握当前贵州省学前教育的真实情况，摸清家底，发现问题，总结经验，研究对策。二要以教育部门为主、关工委配合，保证调研工作顺利进行。三是精心组织实施好学前教育突破工程。以超常规举措，确保今年建设的300所乡（镇）、街道办事处公办幼儿园在秋季开学前建成并投入使用。会上，陈光文作了省教育厅关工委工作报告，皮俊林宣读了《关于开展全省学前教育发展情况调研工作的通知》，万方亮对全省各级关工委今年开展主题教育进行了安排。

4月12日，教育部办公厅出台《关于贯彻落实〈国务院关于进一步促进贵州经济社会又好又快发展的若干意见〉支持贵州教育又好又快发展的通知》。这一文件从七大部分明确进一步在资金、项目、政策等方面支持贵州教育加快发展：一是支持贵州大力发展农村学前教育；二是进一步巩固和提高贵州"普九"成果；三是支持贵州以中等职业教育为重点大力发展职业教育；四是加大政策倾斜，支持贵州高等教育发展；五是加快贵州民族地区教育发展；六是支持贵州加强中小学教师队伍建设；七是支持贵州加强国际教育交流与合作。为将支持贵州教育落到实处，这份文件在每一部分后面都明确了具体责任司局。2012年底，按照贵州省委省政府的新要求，贵州省确定了"十二五"教育事业"785853"的发展目标，其中学前教育的发展目标为：到"十二五"末，学前三年毛入学率达到70%，基本解决"入园难"问题。为争取教育部出台专门支持贵州教育发展的政策，省教育厅向教育部报送了《关于贯彻落实国发[2012]2号文件恳请教育部支持贵州教育改革发展的请示》等文件，并多次到教育部一个司一个司地汇报争取。全省按照"12345"的工作思路，瞄准"785853"工作目标，在2011年基础上，继续大力推进"4+2"教育突破工程，再建成300所乡镇公办幼儿园。用不断刷新的数字打造"贵州教育速度"。

为切实保障家庭经济困难儿童公平接受学前教育的机会和权利，促进教育均衡发展，贵州省决定从2012年春季学期起在全省实施学前教育资助制度，2012年由贵州省财政厅、贵州省教育厅联合下发《关于实施学前教育资助制度的通知》。资助对象为在经教育行政部门审批设立的各级各类幼儿园就读的家庭经济困难儿童，包括革命烈士子女、低保家庭幼儿、福利机构监护的幼儿、五保供养的幼儿以及残疾幼儿。资助项目为保育教育费和生活费，保育教育费资助标准最低为三类公办幼儿园保育教育费的50%，生活费资助标准由当地自行确定。有条件的地方可争取扩大资助范围，提高资助标准。启动全省学前教育幼儿资助工作，发放学前教育幼儿资助资金1700万元，资助在园幼儿21250人；首次获得中央专项彩票公益金润雨计划资助家庭经济特别困难幼儿教师资金770万元，资助幼儿教师770人。至此，贵州省建立起完整的学生资助政策体系，覆盖学前教育、义务教育、普通高中教育、中等职业教育和高等教育等各个教育阶段，形成了以国家资助为主，社会资助为补充的多形式并举的资助体系，贵州省实现了从学前教育到研究生阶段资助体系全覆盖。

2012年4月25—27日，为落实教育部《关于规范幼儿园保育教育工作防止和纠正“小学化”现象的通知》要求，进一步解决和澄清培训、大教研等活动中发现的问题，深化防止幼儿园教育“小学化”工作，贵州省教育学会学前教育研究会在贵阳幼儿师范学校举办2012年贵州省幼儿园游戏与课程论坛活动，活动邀请华东师范大学周兢教授、山东师范大学丁海东教授及西南大学刘云艳教授等国内知名学前教育专家与贵州省学前教育工作者共同研讨。参加论坛的人员有来自各大专院校学前教育教师、贵州省教育学会学前教育专业委员会会员单位及会员、各托幼机构人员近270人。大家对如何深化贵州省的幼儿园课程改革，从根本上解决幼儿园“小学化”问题，进行了理论与实践的对话和探讨，为提高贵州省学前教育质量起到了积极的推动作用。

省教育厅在2012年采取一系列措施，防止和纠正贵州省幼儿园教育“小学化”。从 2 月转发教育部《关于规范幼儿园保育教育工作防止和纠正“小学化”现象的通知》开始，贵州省新闻媒体陆续对文件的主要内容进行了新闻报道。3 月 27 日，教育厅召开了新闻通报会，把宣传工作推向高潮。新闻通报会上，省教育厅颁布了《贵州省幼儿园基本办园标准（试行）》，教育厅李奇勇副厅长通报了贵州省防止“小学化”工作的主要措施，并提出了贵州省学前教育“123456”规划。学前教育“123456”规划将是贵州省防止和纠正“小学化”提高学前教育质量的指导思想和重要内容。新闻通报会引起了媒体的极大关注，从 2012 年 3 月底到 4 月初，中国教育报、省各大报纸、贵州省电视台、贵州省广播电视台以及网络媒体等对贵州省防止“小学化”工作做了强劲报道，在全社会营造了关注学前教育、关注幼儿身心健康的良好氛围。《关于规范幼儿园保育教育工作防止和纠正“小学化”现象的通知》下发后，省教育厅结合国家培训计划采取措施，分类分层组织了 2000 人规模的公办、民办，城市、农村幼儿园园长、教师培训，培训以“小学化”带来的危害、如何防止“小学化”、如何做好家长工作等为重点，明确了今后幼儿园防止“小学化”的方向和办法。从 2012 年开始，教育厅学前教师的国家级、省级培训，将以防止和纠正“小学化”为重要内容和抓手，提高学前教师教学水平，从根本上解决“小学化”问题。除此之外，贵州省组织专家开展了全省大教研活动，通过教研和观摩增强教师的育人意识和实践操作能力。由贵阳幼儿师范学校牵头，在各市（州）教育局的大力支持下，以西南大学副校长陈时见教授、西南大学教科院苏贵民博士、贵阳幼儿师范学校赵雅卫副校长和翟理红副校长为组长的专家队伍，在绥阳、玉屏、织金、荔波、六盘水、安顺和凯里，开展了 7 个市（州）的区域现场大教研，来自百余所公办、民办幼儿园近 1000 名教师参加了此次活动。此次活动以“半日活动现场观摩、幼儿园交流和专家点评”为模式，以纠正幼儿园教育“小学化”为核心，以幼儿园一日活动、环境创设、游戏活动为线索进行了全面的观摩，使一线教师从实践层面感知了纠正和防止幼儿园教育“小学化”现象的具体方法。至此，贵州省防止和纠正幼儿园教育“小学化”现象第一阶段工作圆满完成，达到了预期效果，为今后幼儿园的管理和教学质量提高奠定了良好的基础。

2012年5月4—6日，教育部师范司教师待遇与社会保障处处长唐筠一行到贵州省调研指导幼儿教师队伍建设工作，调研组实地考察了安顺市西秀区七眼桥镇中心幼儿园、镇宁民族师范学校等学校，就贵州省幼儿教师队伍建设进行调研并给予指导。省教育厅副厅长李奇勇同志出席部分活动。全省公办、民办的23所城市和农村幼儿园的38位园长、教师及部分教育行政部门的相关负责人、教研员参加了研讨。在调研座谈会上，唐筠处长指出，国家即将出台的《关于大力加强幼儿园教师队伍建设的意见》和《幼儿园教师配备标准》，将统筹考虑贵州学前教育的发展，把促进西部贫困地区学前教育的跨越式发展纳入国家规划中。唐筠处长强调，当前要紧紧围绕国家中长期教育改革和发展规划纲要，大力推进学前教育发展，一是要依法落实幼儿园教师的身份地位，二是要建设一支热爱儿童、爱岗敬业的幼儿园教师队伍，三是要补足配齐幼儿园教职工，四是要建立幼儿园教师正常补充机制，五是要全面提高幼儿园教师培养质量。李奇勇副厅长与唐筠处长就教师队伍建设的有关问题进行了沟通和交流。李奇勇副厅长谈到，贵州省近年来大力发展学前教育，以省政府名义出台了《关于加快发展学前教育的实施意见》，并介绍了贵州省发展学前教育的举措及问题。唐筠处长对贵州省在学前教育上采取的有力措施给予了充分肯定。

同月，受联合国儿童基金会和教育部师范司委托，中国学前教育研究会对儿童基金会项目县——纳雍县76名幼儿教师进行了为期4天的全员培训，致力于提高纳雍县幼儿教师的教育能力和水平。为使培训取得实效，中国学前教育研究会一是坐实培训方案，对纳雍县幼儿教师进行需求调研，坚持以幼儿教育的特点为基础，针对纳雍县幼儿教育出现的问题，精心设计培训方案。二是灵活培训形式，坚持专题讲座与研讨相结合，理论传授与实践经验交流相结合的形式扎实开展培训，同时根据纳雍教师需求和实际，不断创新培训模式，提高培训效益。通过创设情境，展示幼儿各领域的教学内容与设计，引导参训教师在活动和体验中反思自己的观念与行为，在交流中学习他人的长处，碰撞出新的思想和火花，从而实现自我提高。三是倡导游戏活动，教师应具有游戏指导的智慧，防止和纠正幼儿教育“小学化”。四是做好信息反馈，及时了解培训过程中出现的新情况、新问题，并对培训内容进行调整。本次培训取得了较好效果。通过培训，76名幼儿教师对教学方法进行了思考、讨论和总结。培训结束后，中国学前教育研究会充分发挥网络信息技术手段，开辟了交流空间，让学员的学习在集中培训结束后得到延续，让专家和学员们继续保持联系，提高了培训的效率和质量。

5月20日，教育部举办首届全国学前教育宣传月活动，以营造有利于幼儿健康成长的良好社会环境。从2012年起，教育部将每年的5月20日至6月20日定为“学前教育宣传月”，在全国范围内集中组织开展宣传活动，传播科学育儿理念，提高广大家长的科学育儿能力。2012年宣传月的主题是“快乐生活，健康成长”。教育部在北京举办了首个宣传月启动仪式，教育部部长袁贵仁出席并讲话。教育部与联合国儿童基金会驻华代表处合作开发了科学育儿网站，为家长提供科学育儿指导；制作了公益宣传片，在中央电视台、中国教育电视台滚动播出；与中国教育电视台、中国学前教育研究会联合制作了《回归快乐童年》大型专家访谈节目；编印了科学育儿宣传册，并向中西部地区幼儿园捐赠了1.5万册。贵州省结合实际，研究制订学前教育宣传月实施方案和系列宣传活动计划，并认真组织实施。贵州省教育厅5月17日下发了《省教育厅关于开展学前教育宣传月活动的通知》，要求各市（州）以“快乐生活，健康成长”为主题，以规范办园、科学保教、促进办园质量提高为宣传重点，进一步提高广大家长及社会各界对学前教育的认识，不断推进贵州省学前教育又好又快发展。围绕活动主题，部署各类幼儿园面向社区开展多种形式的科学育儿宣传指导活动，组织开展声势浩大的主题活动，通过公益广告、海报、家长宣传册、科学育儿资源平台等方式开展社会公益宣传，充分利用新闻媒体和当地的文化、民俗资源，开展生动活泼、喜闻乐见的公益性宣传，形成了上下联动、全社会参与的良好氛围。

6月1日上午，贵州省各市（州）开展“快乐游戏，健康成长”庆六一主题活动。省教育厅李奇勇副厅长到贵阳市六广门体育场与前来参加贵阳市“快乐游戏，健康成长”庆六一主题活动的孩子和家长们共庆六一。当天上午，全省9个市（州）同时开展“快乐游戏，健康成长”庆六一主题活动，让家长参与孩子们游戏，感受搭积木、玩沙、玩水、踩高跷、娃娃家、捏泥巴等游戏的快乐以及蕴藏在其中的教育价值，自觉抵制幼儿园教育“小学化”倾向。与此同时，各市（州）在活动场地还运用展板向家长们宣传游戏的价值及幼儿卫生保健常识，邀请学前教育专家现场解答家长在育儿过程中的困惑。参与的家长和教师对这次活动非常满意，认为这样的宣传具体生动，容易接受。李奇勇副厅长在贵阳市活动场所与孩子们一起“办家家”，做游戏，孩子们非常开心。李奇勇副厅长还不时拿起孩子们的玩具，并询问玩具的材质是否安全、环保，确保孩子们的健康和安全。

6月21日，省教育厅在贵阳召开2012年学前教育巡回支教试点工作新闻发布会，召集各市（州）、有关高校和单位负责同志就相关工作进行了安排部署。学前教育巡回支教试点工作，是通过招募志愿者开展巡回指导和上门服务，向边远地区散居适龄儿童提供灵活多样的学前教育，以期达到增加农村儿童接受基本学前教育机会，提高贵州省农村学前教育普及程度，扩大学前教育资源，统筹城乡学前教育均衡发展的目标。贵州省作为全国开展学前教育巡回支教试点工作的5个省份之一，经研究决定，2012年全省在盘县和金沙县开展试点工作，两县计划共建巡回支教点327个，招聘志愿者775名。其中盘县计划建支教点169个，招聘志愿者450名；金沙县计划建支教点158个，招聘志愿者325名。志愿者招聘对象为全日制普通高校、中等师范学校学前教育专业或小学教育专业应届本科、专科、中师毕业生；或持有幼儿园或小学教师资格证书、具有一定工作经验、年龄在45周岁以下的非在编幼儿园或小学教师。巡回支教志愿者服务期限为两年，两年聘期内，由财政对志愿者在岗期间的工作、生活、社会保险等费用给予补助，每人每年1.5万元，同时，对新设立的巡回支教点给予一次性1.5万元的补助。整个招聘工作要求在7月底前结束，确保秋季开学志愿者能到岗任教。

7月6日下午，受霍健康厅长委托，李奇勇副厅长带领学前教育处相关人员，拜访贵州省老领导、省关工委主任龚贤永同志，就龚贤永主任去年底所做《贵州省学前教育发展情况调研报告》中的五个建议落实情况及贵州省一年来学前教育取得的成绩、存在的困难和下一步的打算进行专门汇报。龚贤永主任听了汇报，高度赞扬厅领导班子一年来带领各级教育部门群策群力，克服千难万阻，在学前教育领域取得了很好的成绩，并对贵州省学前教育今后的工作提出了进一步的希望和要求。

龚贤永主任强调，一要抓住机遇，努力实现广覆盖、保基本、有质量的学前教育。学前教育是贵州省基础教育的薄弱环节，欠账多，面临诸多困境。现在，各级政府高度重视学前教育，投入加大了，所以，务必要抢抓机遇，还清旧账，不添新账，破解“入园难”“入园贵”问题，让更多的孩子能接受公益、普惠、有质量的学前教育。二要结合贵州实际，多形式、多渠道发展学前教育。贵州省学前教育要实现广覆盖、保基本，不能一窝蜂、一刀切、一个标准，要多种形式，举办灵活多样的学前教育机构。除在城市街道办事处和乡镇办公办园、鼓励社会力量办园以外，还要充分利用农村富余校舍开办幼儿园，改变现有学前班的办园模式以防止出现“小学化”倾向，关注边远散居幼儿，利用村级小学富裕资源或党员活动室等公共资源，开办村级幼儿园或巡回支教点。思想要解放，农村幼儿园门槛不能太高，安全第一，循序渐进规范、逐步提高质量。建立市、县、乡、村四级学前教育网络，以实现真正意义上的广覆盖、保基本。三要争取发改、住建部门支持，做好城镇小区配套幼儿园建设及管理工作。城镇小区配套幼儿园是增加普惠幼儿园的重要来源。近年来，贵阳市消失了一些幼儿园，小区配套建园没有达到预期的目的，厅里要做好贵阳市的工作，在全省做出示范。四要建立防止幼儿园教育“小学化”工作机制，打持久战，把去“小学化”工作作为一项常规工作抓好抓实，多宣传，坚持按学前教育规律规范办园。五要积极争取发改、财政部门支持，制定学前教育经费长效机制，确定转移支付用于教育及土地出让金用于教育的经费用于学前教育的比例，为学前教育可持续发展提供经费保障。最后，龚贤永主任希望省教育厅再接再厉，做出更大的成绩，并表示将一如既往地关注和关心学前教育，为学前教育做力所能及的事。

8 月，中央广播电视大学继续教育学院院长汪启富，我国著名学前教育专家、北京师范大学冯晓霞教授一行 4 人到贵州省调研学前教育培养、培训工作并召开了调研工作座谈会，省教育厅副厅长李奇勇同志出席会议。在调研座谈会上，汪启富院长介绍了“学前教育师资培养、培训项目”的新理念，该项目将通过电大网络资源平台，对学前教育在职从业人员开展对口继续教育。其特色是：建立开放式大学，搭建各学历立交桥，实行学分银行，以最权威的专家团队，最优质、最切合实际的教学课程，实现人人、处处、时时都能享受最好的教育，为将来的学前教育教师从业资格考试及学历考试提供条件。汪院长表示将尽快拟定实施方案，在贵州开展试点工作。冯晓霞教授阐述了项目实施的目的：国家大力发展学前教育，社会对学前教育人才的培养和培训需求很大，目前，各类教师培养、培训机构水平良莠不齐，各类学校培养规模满足不了发展需求，通过该项目可以缓解教师培养、培训的困难。李奇勇副厅长指出，选择贵州作为试点很有代表性，贵州虽欠发达，但有争先意识和创新精神。在开展学前教育师资培养、培训中要重视三个问题：一是关注教师缺什么，二是怎么培训才有效，三是贵州如何介入。希望通过项目实施，提高贵州省学前教育师资和教育整体水平。学前处、师范处负责人分别就贵州省学前教育现有师资水平、培训、培养情况以及培训需求进行了简要汇报。贵州广播电视大学继续教育学院领导、省教育厅学前处、师范处相关人员参加会议。

2012年9月，财政部、教育部下达贵州省学前教育校舍改建类、综合奖补类、幼儿资助类等项目中央专项资金7.8亿元，加上国家发改委下达的中央预算内投资农村学前教育推进工程中央专项资金1.66亿元，2012年中央支持贵州省学前教育各项资金达到了9.46亿元，比2011年4.49亿元增加了4.97亿元，提高了110个百分点。

同月，教育部委托华东师范大学在贵州省启动“幼儿教师专业发展行动研究”。该研究由著名的儿童语言教育专家、华东师范大学周兢教授领衔，以3—6岁儿童语言发展为重点，在贵州省幼儿园做教师专业发展行动实地研究，为今后贯彻实施《3—6岁儿童学习与发展指南》开发学习与培训资源。“幼儿教师专业发展行动研究”以贵阳市为重点，全省部分市（州）及贵阳幼儿师范学校等骨干教师及教研员共计40人参与。研究历时半年，在开发培训资源的同时打造一支适合贵州省学前教育发展的骨干教师专业团队。培训中周兢教授等专家采用参与式教学，介绍了国际国内幼儿语言教育领域的最新研究，对语言领域中幼儿发展的关键经验进行了梳理和讲解，并通过现场教学点评对实验点教师进行了实际操作培训。借专家到贵州指导的良好机遇，在开展幼儿教师专业发展行动研究的同时，教育厅委托贵州省教育学会学前教育专业委员会组织了幼儿园教师、高校教师、教研员等150人，接受了华东师范大学专家团队的培训。

10月9日，教育部印发《3—6岁儿童学习与发展指南》（下文简称《指南》）。《指南》以为幼儿后继学习和终身发展奠定良好素质基础为目标，以促进幼儿德、智、体、美各方面的协调发展为核心，通过提出 3—6 岁各年龄段儿童学习与发展目标和相应的教育建议，帮助幼儿园教师和家长了解 3—6 岁幼儿学习与发展的基本规律和特点，建立对幼儿发展的合理期望，实施科学的保育和教育，让幼儿度过快乐而有意义的童年。《指南》从健康、语言、社会、科学、艺术五个领域描述幼儿的学习与发展。每个领域按照幼儿学习与发展最基本、最重要的内容划分为 11 个方面。每个方面由学习与发展目标和教育建议两部分组成。目标部分对 3—4 岁、4—5 岁、5—6 岁三个年龄段末期幼儿应该知道什么、能做什么，大致可以达到什么发展水平提出了合理期望，指明了幼儿学习与发展的具体方向，共 32 个目标。教育建议部分列举了一些能够有效帮助和促进幼儿学习与发展的教育途径与方法，共 87 条建议。

基础教育二司于 10 月 15—23 日分别在天津市和贵州省贵阳市举办了《指南》培训班，邀请《指南》研发专家组对省级《指南》培训的组织者、策划者和培训者进行培训，来自全国 31 个省、自治区、直辖市的学前教育管理干部、教研人员、学前教育专家及幼儿园园长和骨干教师代表共 160 多人参加了培训。其目的是为各省、自治区、直辖市培训一支在当地组织和策划《指南》培训的专业化队伍，指导和推动各地逐级做好《指南》的培训与贯彻落实工作。教育部要求，各地要把《指南》的贯彻落实作为加强幼儿园教师队伍建设的重要举措，与加强师德建设相结合，与提高教师专业素质和教育实践能力相结合，扎扎实实做好全员培训、实验区建设、社会宣传、幼小衔接等各项工作。基础教育二司巡视员李天顺同志、副巡视员姜瑾同志分别出席培训班并讲话。他们在讲话中强调，在学前教育跨越式发展的历史新阶段，《指南》的出台是贯彻落实教育规划纲要和学前教育“国十条”的重要举措，必将对全面提高学前教育质量，防止和纠正学前教育“小学化”倾向，高质量推进学前教育的普及进程发挥重要作用。贯彻落实好《指南》是当前和今后一个时期各级教育部门和各级各类幼儿园的一项重要任务。各地要抓住关键环节，重点抓好全员培训，建设好《指南》实验区，做好幼小衔接，加强社会宣传等方面的工作。各地要加强领导，精心组织，建立行政推动、科研引领、专家指导、典型示范的工作推进机制，以《指南》为契机，建立健全区域和园本教研制度，完善教研网络和幼儿园保教工作业务指导机制，探索建立科学的学前教育评估考核新体系，把贯彻落实《指南》的各个环节扎扎实实落到实处。在为期六天的培训中，专家组采用参与式活动与专题讲座相结合的方式，对《指南》进行了深入解读，通过案例和问题分析等形式，就幼儿各学习与发展领域的核心价值、《指南》在幼儿园教育实践中的运用等问题与培训人员进行了深入讨论，对下一步各地培训计划、培训重点难点问题等进行了交流。来自一线的幼儿园园长和骨干教师代表们表示，《指南》的下发为幼儿园加强科学保教，有效防止和纠正"小学化"倾向提供了具体、可操作的指导。幼儿园要把实施《指南》作为全面提高教师专业素质和实践能力的有力抓手，要在对全体教职工进行《指南》培训的基础上，把实施《指南》作为幼儿园园本教研的重要内容，引导教职工结合日常教育实践，学好《指南》，用好《指南》。要多种形式向家长宣传《指南》，切实转变家长的教育观念，促进家园合作。

10 月 15—17 日，为贯彻落实《国务院关于当前发展学前教育的若干意见》和全国教育信息化工作电视电话会议精神，推动学前教育管理的科学化、规范化和信息化，根据"教育服务与监管体系信息化建设"总体规划，教育部组织开发了全国学前教育管理信息系统。为做好系统的建设、部署、运行和维护工作，贵州省教育厅在贵阳召开全省学前教育管理信息系统部署培训会。李奇勇副厅长出席会议并讲话，对贵州省学前教育管理信息系统部署工作提出三点要求：一是要高度重视，充分认识建设学前教育管理信息系统的重要意义。学前教育管理信息系统是推进学前教育普及的一项基础性工程，是实施国家学前教育重大项目的重要管理平台，是对学前教育三年行动计划进行监测评估的重要保障。

各地要高度重视，将学前教育管理信息系统建设摆上学前教育管理和教育信息化建设工作的重要位置，抓住这一有利契机，建好、用好、管好学前教育管理信息系统，确保这一系统为推进学前教育发展和规范学前教育管理做好服务。二是抓住关键环节，着力建好一期信息系统。各地要扎实做好分级培训，确保操作人员吃透指标、正确操作、持证上岗。要认真做好数据采集，确保信息全面准确、及时上报。要切实抓好应用，确保普遍用起来、持续用下去、用出水平和效益。三是统筹规划部署，为系统建设提供全面保障。各地要加强组织领导，为系统建设提供坚强的组织保障；要完善技术支持体系，为系统运行提供有效的技术保障；要严格管理规范，为系统建设提供有力的制度保障。培训会上，厅学前教育处、信息中心、计财处、项目办、师范处、资助办、民办教育处等相关处室同志分别对学前教育管理信息系统有关数据指标进行了深入讲解，对数据采集和填报审核作了详细说明。通过理论学习、实践演练及操作考核，参训学员基本了解和掌握了学前教育管理信息系统，为贵州省学前教育管理信息系统的部署和运行奠定了坚实基础。

10月，财政部、教育部首次下达贵州省学前教育幼儿资助中央奖补资金1700万元，奖补资金全部用于经县级以上（含县级）教育行政部门审批设立的普惠性幼儿园在园家庭经济困难儿童、孤儿和残疾儿童，通过减免学费、生活补助、特困补助等方式，保障困难幼儿接受学前教育。本着公平公正，适当扶持经济贫困、少数民族地区的原则，省财政厅、省教育厅将资金落实分配到各县（市、区、特区），并明确要求资格申请、资格评审、资金拨付、数据上报等内容。学前教育幼儿中央奖补资金的发放工作于2012年11月30日结束。实施学前教育幼儿资助中央奖补资金政策，完善了贵州省的资助体系，为家庭经济困难儿童接受学前教育提供了有力保障，对推动贵州省学前教育的发展具有重要作用。

2012年中国发展研究基金会开始在贵州省启动“山村幼儿园”（又

名“一村一园”）项目，截至2019年，贵州省共有5个县实施项目，项目与当地政府合作，陆续开办村级幼儿园近1000所，覆盖1400个行政村，招募志愿者（含教师）两千余人。

贵州省为促进县域内城乡学前教育均衡发展，结合省情，大胆创新，在跨越发展的同时抓内涵发展，下发了《省教育厅关于开展集团化办园试点工作的通知》，极富创造性地提出了集团化办园的学前教育管理模式，确定了贵阳市云岩区、遵义市遵义县、六盘水市盘县、安顺市西秀区、铜仁市玉屏县、毕节市金沙县、黔南州贵定县、黔东南州凯里市、黔西南州兴义市9个具有各种不同办园格局的试点县（市、区）。各地高度重视，认真组织，成立了县（市、区）试点工作组织机构，安排专人负责试点工作的组织和协调，并按照相关要求，认真分析本地学前教育发展现状和趋势，制定了试点县的实施方案，设计了适合本地实际的集团化办园模式。试点工作正式拉开了序幕，并在摸索与奋进中前行。贵阳市2013年启动建设19个学前教育名园长，名教师、名班主任工作室，同时在贵阳市中心实验幼儿园建设教师教育教学实训基地，对年轻教师和农村教师进行技能培训。为促进学前教育快速、全面提升，实现学前教育的高位均衡，贵阳市建立了贵阳市云岩区第一幼教集团、贵阳市中心实验幼儿园幼教集团，将优质园所与薄弱园所组建教育集团，引领薄弱的民办幼儿园、农村幼儿园提高管理水平、提升教育理念、改善保教水平。以现代幼教集团为龙头的二十余家民办教育集团作为贵阳市学前教育的生力军，为贵阳市的学前教育注入了强大的活力。

2011年，贵州全省幼儿园师生比高达1∶28，这成为制约贵州省学前教育加快发展的瓶颈。针对学前师资队伍严重短缺的实际情况，2011年7月，贵州下发《关于加强和完善中小学幼儿园教职工编制管理的意见》，明确幼儿园教职工与幼儿的比例不低于1∶8，给各地增加教师编制、足额配备教师提供了政策依据。从2012年起，“培、转、招、留、训”并举，大力加强幼师队伍建设。贵州一是抓幼师培养源头，扶持省内具有学前教育专业的高等院校及中职院校发展，积极探索在有条件的职业院校开办学前教育和初中毕业起点五年制学前教育专科学历教师培养模式，增加贵州省学前教育人才输出量；二是对中小学富余教师进行转岗培训，经培训合格后使其转为学前教育教师；三是加大招聘力度，对到农村幼儿园在岗实习一年后报考幼儿园教师的学前教育专业本（专）科毕业生，在招考时给予一定优惠，通过这一举措，仅2012年全省就新增幼儿教师5700余人；四是依法落实幼儿教师地位和待遇，切实维护幼儿园教师权益，完善落实幼儿园教职工工资保障办法，提高幼儿教师工作满意度，防止人才流失；五是实施学前教育教师培训计划，充分利用“国培”和“省培”机会，提升教师队伍素质水平。仅2012年，贵州全省就有2060名教师参与了“国培计划”，740名幼儿教师参加了“省培计划”。

2012年10月和2013年3月，贵州省教育厅组织了贵州省集团化办园试点工作管理与研究人员分别赴成都、厦门和杭州实地考察，学习发达地区集团化办园的先进经验和做法，并且组织集团化办园专家团队分3个小组具体指导9个市（州）集团化办园试点工作推进。

2013年，贵州省集团化办园模式经过一年的试点，证明是一条成本低、见效快的扩大优质教育资源、提高幼儿园办园质量的途径，是快速缓解有限的优质教育资源与快速增长的优质教育需求之间矛盾的必然选择。贵州省形成了“一统筹、二交流、三共享、四统一”的集团化办园管理机制，即集团内部统筹协调，园长、教师相互交流，办园理念、保教资源、科研成果共同分享，课程管理、制度建设、收费办法、质量考核“四统一”。这种创新管理模式，有力促进了贵州省县域内城乡学前教育“资源共享，优势互补，以强带弱，共同发展”良好格局的形成。集团园坚持同步带动，同步规划，同步发展，集团总园提前介入各分园的建设管理，实现各幼儿园管理水平和办园质量迅速提高。通过共同开展教科研活动、教师流动互派、优质幼儿园引领、现场观摩等方式，构筑教师沟通互助渠道，搭建共同学习平台，教师专业化水平快速提升，实现了教学上交流、培训上同步，促进了幼儿教师队伍素质和专业能力的提升。集团化办园试点工作的实施，创新了贵州学前教育发展的思路，集团化办园试点工作充分发挥省级示范幼儿园的示范带头作用，以优质园为龙头，对口帮扶师资力量薄弱幼儿园，开展多形式、有特色的帮扶活动，通过定期到帮扶幼儿园巡回示范、送教下乡、轮岗顶岗等方式，大大提升了学前教育师资的整体素质。集团化办园试点工作的实施扩大了优质资源的覆盖面，让农村幼儿园与城市幼儿园之间的差距迅速缩小，贵州省师资力量薄弱的农村幼儿园实现了跨越式发展，教学质量和办学效益明显提升，原师资力量薄弱的农村幼儿园与城市名园在硬件设施、师资力量和教学质量的差距逐步缩小。实践证明，集团化办园模式是一条成本低、见效快的扩大优质教育资源、提高幼儿园办园质量的途径，是快速缓解有限的优质教育资源与快速增长的优质教育需求之间矛盾的必然选择。

2011年12月，省教育厅在全国省级教育行政部门率先成立了学前教育处，切实加强全省学前教育统筹规划及监督管理。2012年10月，教育部为进一步加强对学前教育的宏观指导，设立了教育部学前教育办公室。2013年4月，贵州省教育厅、省编委办联合行文，要求各地进一步加强学前教育管理机构及教研机构建设。为贯彻落实好《国务院关于当前发展学前教育的若干意见》等文件精神，切实加强对学前教育监督管理和科学指导，推进贵州省学前教育加快发展、科学发展，贵州对各市（州）、县（市、区、特区）教育行政部门设立学前教育管理机构、配备学前教育管理专职人员、规划学前教育教研人员编制等工作提出了指导意见。文件要求各地教育行政部门、编制部门要及时加强沟通联系，结合本地工作实际，认真研究、科学确定学前教育管理及教研机构设立形式，为大力发展学前教育提供组织保障。学前教育是国民教育体系的重要组成部分，是终身教育的起始阶段。加快发展学前教育是保障和改善民生的重要举措，对促进儿童身心全面健康发展具有基础性、全局性、先导性的作用，是贯彻落实科教兴黔战略、建设人力资源强省的必然要求。

2013 年 4 月 14 日，贵州省青少年发展基金会微基金发布了 2012 年度财务审计报告、项目运营状况等，接受社会监督。2012 年 9 月，贵州省青少年发展基金会微基金在贵州凤冈县沿江园区、广西环江毛南族自治县驯乐乡等地进行了试点，为试点“乡村童园”配发了智能手机，让老师每天传递孩子们的生活、食宿等情况，为西部地区探索了有益的经验。贵州省发起“乡村童园”公益项目，通过“变废为宝”，利用农村学校闲置校舍，让更多山区农村留守儿童能够免费上幼儿园。每名爱心捐助人仅需捐助 5 元钱，就能支持一名农村留守儿童上一天幼儿园。“乡村童园”项目是继“免费午餐计划”项目后，贵州省青少年发展基金会联合天涯公益发起的第二个乡村儿童权益项目。该项目通过利用农村小学富余校舍，解决幼儿园场地问题，并提供教师工资、交通补贴、师生午餐、教学设备、课程设置及远程培训等经费，让偏远山区儿童能够享受免费学前教育。“乡村童园”均设立在行政村内，以方便附近村民小组的幼龄孩子上学。幼教老师按 1∶20 的师生比配备，从当地聘请，经过培训后上岗授课。天涯社区公益总监梁树新表示，每个童园按 30 人计，全年运营费用是 3 万元左右。分摊下来，每个孩子每天的上学费用为 5 元。近年来，留守儿童问题日益凸显，由于缺乏早期启蒙教育，农村留守儿童普遍存在怕见生人、缺乏自信的特点，在认知、语言、人际交往等方面与城市接受早教的孩子存在明显差距。“乡村童园”项目已在其淘宝公益网店开通了项目捐款通道。

2013 年 4 月 21 日，由澳门基金会捐资，中国宋庆龄基金会受捐执行，贵阳幼儿师范高等专科学校具体承办的幼儿园园长、骨干教师培训项目在贵阳幼儿师范高等专科学校举行开班仪式。中国宋庆龄基金会基金部部长唐九红，事业发展中心副主任智刚，省教育厅督学邹联克，贵阳市教育局局长赵福莫，贵阳幼儿师范高等专科学校校长贺永琴，厅相关处室负责同志参加了开班仪式。全省九个市（州）259 位幼儿园园长、骨干教师参加了此次培训。该项目按照中国宋庆龄基金会和澳门基金会签署的《关于支持中国教育及卫生事业公益项目的合作协议》，2013 年由澳门基金会捐资 80 万元，省教育厅和贵阳市教育局进行适当配套，采取委托省内培训机构开展集中培训，以及组织部分管理者、培训者和骨干园长到异地考察交流两种方式进行。经过前期省级培训机构申报，中国宋庆龄基金会实地考察、调研，决定省级集中培训由贵阳幼儿师范高等专科学校具体承办，2013 年拟培训两期，培训幼儿园园长、骨干教师四百五十余人，本项目执行期初定为 5 年。

开班仪式上，唐九红部长代表中国宋庆龄基金会介绍了基金会学前教育培训项目实施的背景和重要意义，就项目实施具体工作提了要求。邹联克副厅长及督学代表省教育厅对基金会对贵州教育的关注和帮助表示了感谢，介绍了贵州省近年来学前教育特别是“学前三年行动计划”的实施情况，要求参训学员要倍加珍惜此次学习的机会，遵守培训的各项纪律要求，服从培训机构管理，充分发挥培训后作为“种子”的辐射带动作用，进一步扩大培训效果。参训学员在培训中，一是要学习理论，通过参加培训来转变自己的教育教学观念，以改革和发展的理念来推动全省学前教育发展；二是要学习方法，通过培训不断提高自己的教育教学技能，通过有效的方法来提高教育教学质量；三是要交流成果，通过培训来增进相互间的沟通、交流和学习，共享贵州省学前教育发展中好的经验和成果。邹联克副厅长要求贵阳幼儿师范高等专科学校要珍惜承担此次项目的机会，充分利用中国宋庆龄基金会这个平台和资源，按照基金会要求，切实完成各项培训任务，让参训园长和老师通过培训能够有所得；要充分结合贵州实际，结合参训园长和教师需求，开发自选课程，做出有特色的培训内容，提高培训的针对性和实效性，以实施好此次项目为契机，进一步争取中国宋庆龄基金会对贵州省教育的关心和支持。开班仪式后，双方就项目的进一步深化合作进行了深入座谈交流。

2013 年 5 月 20 日至 6 月 20 日为第二届学前教育宣传月，学前教育宣传月是传播科学育儿理念和方法的重要途径，是争取社会支持和营造幼教事业发展良好氛围的重要契机，是以突出规范办园、科学保教，提高广大师生、家长及社会的法规意识，杜绝小学化现象为重点的系列宣传和教育服务活动。按照教育部统一部署，省教育厅开展了以“实施计划（学前三年行动计划），学习《3—6 岁儿童学习与发展指南》，了解孩子，帮助孩子”为主题的学前教育宣传月活动。各地积极开展教师培训，举办公益讲座，组织学习竞赛，多形式多渠道宣传报道，帮助家长学习《3—6 岁儿童学习与发展指南》、理解孩子，同时动员全省幼儿园教师、教研员及家长积极学习《3—6 岁儿童学习与发展指南》。学前教育宣传月的效果非常明显，人们对学前儿童和学前教育有了更加全面、深入、正确的认识，为实践《3—6 岁儿童学习与发展指南》打下了很好的基础。2013 年学前教育宣传月，贵州省对幼儿园教师进行了《3—6 岁儿童学习与发展指南》全员通识培训，开展了丰富多彩的家长培训，举办公益讲座 579 场。

同时，为确保农村孩子有园入、入得起园，省财政厅、省教育厅及时向全省幼儿园下拨了 1700 万中央奖补资金，确保贵州省在园家庭经济困难儿童（包括城乡最低生活保障家庭子女、孤儿和残疾儿童、革命烈士及其他经济困难家庭子女）能够顺利接受学前教育。

为提高城市幼儿园办园质量，积极扶持普惠性民办幼儿园发展，进一步规范民办幼儿园办园行为，解决进城务工人员随迁子女的入园问题，贵州省在大力新建公办幼儿园的同时，因地制宜地提出了“新建和改扩建两条腿走路，公办和民办共同发展”的方针，采取奖补措施促进城市幼儿园和民办幼儿园发展。经省教育厅、财政厅等多部门合力协作，研究制定了《2012 年贵州省城市学前教育发展中央奖补资金分配方案》和《贵州省 2012 年扶持民办幼儿园发展中央奖补资金评审方案》，并向全省符合条件的三百余所幼儿园和单位下发了 1.64 亿元的中央奖补资金。通过保证合理用地、减免税费、加大奖补等多种措施，鼓励支持社会力量举办优质普惠民办幼儿园，极大促进了城市学前教育质量的提升，有力地推动了更多城市集体、企事业单位办幼儿园向社会提供更多普惠性、低收费的学前教育服务。同时，为更多的进城务工农民工随迁子女提供了入园机会。充分优化资源配置，将中小学闲置校舍通过改扩建，建设为公办幼儿园，进一步扩大学前教育资源。2013 年，贵州启动了民办幼儿园授牌工作试点。对不合格者亮红牌（停办），对条件欠缺者亮黄牌（整改），对条件合格者亮绿牌（继续办），对管理好、质量好、声誉好者给予金牌奖励，以规范提升民办园质量。三年中，贵州省积极引导社会力量筹集资金 8.3 亿元、下发中央和省奖补 1 个多亿投入民办幼儿园建设。

2013 年，贵州省教育厅联合省编委办下发了关于在市（州）和县（市、区、特区）教育行政部门设立学前教育管理机构及教研机构的通知。

2013 年 11 月 13 日，贵州省学前教育三年行动计划总结暨集团化办园工作现场推进会在盘县召开。省委教育工委书记、省教育厅党组书记、厅长霍健康出席会议并讲话。霍健康厅长指出，要从学前教育发展起步阶段探索城乡均衡化问题，努力打造学前教育集团化办园的贵州特色。同时强调，学前教育是小学前的教育，不是小学教育，不能“小学化”，要减少学前班；科学的学前教育是在轻松快乐的游戏活动中开发幼儿智力和认知，培养良好的习惯和兴趣；幼儿园不是托儿所，要把幼儿园办成“四园”（学园、花园、乐园、家园）。学前教育是国民教育体系中的重要组成部分，是一个人终身发展的起点和开端，是提高人才培养质量的基础。学前教育是民生工程，民心工程，要在县城内构建县示范园、乡镇中心园、村级幼儿园的学前教育三级网络体系。全省要扩大并深化贵州省创新的集团化办园模式，明年各县集团化办园要全面铺开，力争在全国打响贵州特色集团化办园模式。在现场会上，盘县人民政府、贵阳市教育局、凤冈县教科局、金沙县第一幼教集团、紫云县松山镇绿叶幼儿园（民办）进行了交流发言。各市（州）、县教育局局长，各省级示范幼儿园园长参加会议，会前实地观摩学习了盘县学前三年行动计划实施情况和集团化办园经验。集团化办园试点工作的实施，推进了贵州省学前教育改革与发展，提高了学前教育普及水平和保教质量，是真正意义上的公益普惠有质量的学前教育，意义重大，贵州省教育厅以高度的政治责任感、认真负责的态度，齐心协力，克服困难，把集团化办园这件实事办好，给全省广大幼儿家长、学前适龄儿童交上一份满意的答卷。

2013 年 12 月，省教育厅组织全省学前教育专家 46 人，对 16 所幼儿园进行复查、评估及初评，对其中 2 所幼儿园进行了正式评估；对 11 所幼儿园进行了复查；对 3 所幼儿园进行了申报省级示范幼儿园的第一次评估。最终，凯里市第四幼儿园被评为省级示范幼儿园（二类）、铜仁实验幼儿园被评为省级示范幼儿园（三类）；凯里市第五幼儿园、玉屏县实验幼儿园、安顺市实验学校幼儿园、织金县实验中心幼儿园、德江县实验幼儿园、贵阳市中心实验幼儿园、六盘水市第一幼儿园、贵阳市第十一幼儿园、花溪区花溪幼儿园通过复查评估；贵阳市第一幼儿园、贵阳市第八幼儿园、贵阳市六一幼儿园进行第一次评估，2014 年进行正式评估；兴义市安达宝贝星幼儿园、安顺市第一幼儿园未通过复查评估，幼儿园根据评估组提出的意见进行整改，拟定 2014 年底重新复查。自 2003 年开展省级示范幼儿园分类评估工作以来，截至 2013 年底，贵州全省共创建省级示范幼儿园 26 所，其中省级示范一类幼儿园 1 所，二类园 15 所，三类 10 所。

2013 年为三年行动计划收官之年，为全面检查各地计划完成情况，省教育厅组织评估验收团，分别对 9 个市（州）的学前教育三年行动计划完成情况进行了评估验收。评估验收以南明区等 45 个县（市、区、特区）为重点进行实地查看和印证，查阅了其余 43 个县的自查报告和相关资料。经查，三年行动计划实施以来，各地党政高度重视，积极落实保障措施，扩大学前教育资源，强化教师队伍建设，提高办学质量，加强督导考核管理，圆满完成自定学前教育三年行动计划目标任务，学前教育快速发展。

2013 年，省教育厅超额完成省政府确定的新增 300 所乡镇、街道办事处幼儿园目标任务，完成幼儿园建设 444 所；超额完成年度学前三年毛入园率 65% 的目标任务，学前三年毛入园率达到 70%，较 2012 年提高 8 个百分点，超过全国平均水平（67.5%）；超额完成新增公办专任教师 5000 人目标任务，新增幼儿园教师 5200 人。全省有幼儿园 4016 所（其中民办幼儿园 2422 所），幼儿园教职工 54973 人，专任教师 34159 人（其中民办 17707 人）；在园（班）幼儿 107.7 万人（其中民办幼儿园 42.27 万人），新增 9.46 万人；新增 2 所省级示范性幼儿园，省级示范性幼儿园达 26 所。

2013 年，按照“地方先行投入，中央和省奖补”的原则，贵州省全年投入学前幼儿资助资金 2572.3 万元，资助学前教育幼儿 30764 人，占在园人数 2.49%。其中，财政共投入 2435.98 万元，资助学前教育幼儿 27100 人，占在园人数的 2.19%。学前教育资助有力地推动了贵州省特别是农村学前教育的发展，使贵州省学生资助体系更加完善。

截至 2013 年底第一期贵州学前教育三年行动计划实施以来，贵州各级政府多渠道筹集资金 57.36 亿元，新建了 1044 所乡镇、街道办事处中心幼儿园，新增村级幼儿园 654 所、民办幼儿园 854 所、巡回支教点 31 个，全省初步形成了以县级示范幼儿园为龙头、乡镇中心幼儿园为骨干、村级幼儿园为基本、巡回支教点为补充的县、乡、村三级学前教育网络，全省在园幼儿达 107.7 万，学前三年毛入园率达 70%，较 2010 年提高 15 个百分点，超过全国平均水平 2.5 个百分点，学前教育三年行动计划各项目标任务圆满完成，“入园难”问题得到极大缓解，提前两年实现了省委省政府提出的“十二五”学前教育发展目标。贵州省学前教育资源快速扩大，财政投入增加，教师队伍建设逐步加强，“入园难”问题初步得到缓解，学前教育工作成果斐然，不仅多次在全国会议上交流经验，所取得成绩也得到了中央领导的多次肯定和表扬。2011 年 9 月 5 日，刘延东同志在西安召开的全国学前教育三年行动计划现场推进会上，从用人制度改革、增加幼儿园教师编制、加大投入等方面三次对贵州学前教育工作给予表扬；2012 年 5 月 26 日，在中西部教育工作座谈会上，刘延东同志再次对贵州学前教育工作予以肯定，“贵州学前教育发展很快，采取了很多措施，有好的做法”；2013 年 3 月 31 日，刘延东同志深入贵州农村，视察教育工作，对贵州大力发展农村学前教育所做的努力给予充分肯定。

第二节　2014 年—2016 年第二期贵州学前教育三年行动计划

为认真贯彻党的十八大“办好学前教育”和十八届三中全会“推进学前教育改革发展”的要求，进一步落实《国务院关于当前发展学前教育的若干意见》精神，促进学前教育持续健康发展，国家决定在 2014 年—2016 年实施第二期学前教育三年行动计划。其重要意义在于：2011 年—2013 年，各地按照国务院统一部署，以县为单位编制实施学前教育三年行动计划，学前教育改革发展取得显著成效，资源快速扩大，财政投入不断增加，教师队伍建设逐步加强，“入园难”问题初步缓解。但是由于底子薄、欠账多，学前教育仍是教育体系中的薄弱环节，城乡普惠性资源依然短缺，运行保障机制建设相对滞后，教师数量不足、职业吸引力不强，保育教育质量有待进一步提高。实施二期行动计划，是巩固一期成果，加快学前教育发展，进一步解决“入园难”问题的必然要求；是继续深化改革，破解体制机制障碍，促进学前教育可持续发展的迫切需要；是办好人民满意教育，推进教育公平，保障和改善民生的重大举措。各级政府要深刻认识编制实施第二期学前教育三年行动计划的重要意义，抓住机遇，乘势而上，采取有力措施，深入推进学前教育改革发展。

贵州省委、省政府高度重视学前教育发展，每年都把学前教育列入“十大民生工程”，为了巩固第一期学前教育三年行动计划实施成果，进一步提升贵州省学前教育发展水平，着力解决学前教育仍然存在的资源总量不足，服务体系不够完善，城乡幼儿园之间师资力量、设施设备、保教质量存在差距的问题，促进贵州省学前教育后发赶超，结合本省实际，精心准备，在全国率先启动实施第二期学前教育三年行动计划。2014 年 7 月，《省教育厅办公室关于做好“第二期学前教育三年行动计划”及“基本普及学前教育”规划编制相关准备工作的通知》下发，明确了第二期学前教育三年行动计划“基本普及学前教育”的主要目标和重点工作，要求各级政府把学前教育工作列入重要议事日程和年度任务，树立“兜底线”意识，加快学前教育发展，科学预测、合理规划，做好本地学前教育基础情况调研，完成“第二期学前教育三年行动计划”、公办幼儿园建设布局规划表和学前三年人口调查工作。省教育厅、省发展改革委、省财政厅在深入分析贵州省学前教育发展现状、充分调研和广泛征求基层及相关部门意见的基础上，起草了《省教育厅省发展改革委省财政厅关于实施第二期学前教育三年行动计划的意见》，提出了贵州省实施第二期学前教育三年行动计划的重点任务和保障措施。

在实施第二期学前教育三年行动计划期间，贵州省紧紧围绕“扩大总量”“调整结构”“健全机制”“提升质量”四个重点任务，要求各级政府保障人、财、物条件，狠抓落实，确保第二期学前教育三年行动计划各项目标任务的顺利完成。贵州省出台了一系列有力措施推动学前教育快速健康发展。一是大力发展公办幼儿园，重点发展城乡结合部及农村公办幼儿园，支持国有企事业单位和集体办园，规范城镇小区配套幼儿园建设及管理；二是积极扶持普惠性民办幼儿园，制定扶持普惠性民办幼儿园实施办法，建立支持民办幼儿园建设发展长效机制；三是建立经费保障机制，落实政府学前教育投入的主体责任，进一步完善公办幼儿园收费管理办法；四是加强教师队伍建设，依据编制逐步补足配齐各类幼儿园教职工和卫生保健人员，加强学前教育师资培养培训；五是健全幼儿园监管机制，明确主体责任，做好职责分工，完善管理机构以及通过建立各级示范幼儿园评估机制对省内幼儿园进行分类管理；六是切实提高管理水平，完善治理体系，规范办园行为，完善法人制度，加强保教指导，创新管理机制。这些切合实际的举措强有力地推进了第二期学前教育三年行动计划的高效实施。

实施第二期学前教育三年行动计划是党中央、国务院和省委、省政府为加快推进学前教育普及做出的重大战略决策，是一项重大的教育民生工程。这一行动计划进一步突出了学前教育的公益性和普惠性，坚持政府主导、社会参与、公办民办并举，着力破除体制机制障碍，加快建立广覆盖、保基本、有质量的学前教育公共服务体系，努力办好人民满意的学前教育。各级政府进一步完善政策、创新机制、强化措施、切实推进。坚持公办与民办并举、城市与农村并重、普及与提高同步。进一步优化资源配置，完善管理和运行体制机制，加强队伍建设，提升保教质量，初步建成覆盖城乡、布局合理、资源充足、质量较高的学前教育公共服务体系。

贵州省经过科学调查分析，确定了第二期学前教育三年行动计划中贵州省学前教育发展的重点是扩大农村学前教育资源，解决好集中连片特困地区、少数民族地区、留守儿童集中地区资源短缺的问题，同时充分考虑城镇化发展、老城区改造和人口流动实际，解决好城镇及城乡结合部资源总量不足的问题。工作着力点在于调整资源结构，着力扩大公办园和普惠性民办园的覆盖面，让孩子们有园上、上得起；调整布局结构，优化幼儿园布点，让孩子们就近入园；调整投入结构，在继续扩大资源的基础上，加大对条件保障的投入力度。贵州省着重在三个薄弱点上下功夫：一是着力扩大农村学前教育资源。保障所有适龄农村幼儿尤其是农村留守儿童都能就近入园，综合考虑城镇化发展、新农村建设、城乡人口流动和未来适龄儿童数量变化等因素，按照“集中资源、节约成本、填补空缺、方便就近”原则，对幼儿园布局结构进行科学规划。在此基础上，要充分利用中小学布局结构调整后的闲置校舍资源，采取改扩建、加固、维修等措施进行建设，努力建设一批安全适用、达到抗震防灾要求，具备卫生保健、保育教育等基本功能的幼儿园。要在确保每个乡（镇）都有一所公办幼儿园的基础上，3万人以上乡（镇）可以办第二所公办幼儿园。发展村级幼儿园，大村独立办园、小村联合办园，居住分散的地方建山村幼儿园，以扩容增量，或采取乡（镇）中心幼儿园在行政村设立分园或联合办园等方式，扩大优质学前教育资源在村级的辐射，进一步扩大农村地区、偏远地区学前教育覆盖面，带动农村学前教育水平整体提升。二是着力解决城区和城乡结合部“大班额”问题。要狠下决心，千方百计扩大老城区和城乡结合部学前教育容量，在符合城市规划和安全要求的前提下，采取调剂用房、改扩建等方式举办普惠性幼儿园。将城镇小区配套幼儿园作为公共教育资源，由当地政府统筹安排，优先开办公办幼儿园，为本小区适龄儿童就近入园提供服务。三是着力解决进城务工人员随迁子女入园。进城务工人员子女入园问题已成为城市学前教育发展面临的突出问题。要以流入地政府为主、以普惠性幼儿园为主，接收进城务工人员子女入园，根据幼儿园布局充分挖掘现有资源，合理安排他们就近入园，片区内幼儿园要首先满足片区幼儿入园，不仅要保障户籍人口子女入园，还要保障流动人口子女入园。同时要大力支持企业兴办为本企业职工服务的幼儿园，并根据进城务工人员子女的特殊需要，提供灵活多样的服务，努力满足家长多样化需求。

2014 年 5 月 20 日，由教育部和省人民政府共同举办的以“《3—6 岁儿童学习与发展指南》——让科学育儿知识进入千家万户”为主题的 2014 年全国学前教育宣传月启动仪式在习水县温水镇中心幼儿园举行，教育部副部长刘利民、联合国儿童基金会驻华代表麦吉莲、教育部基础教育二司司长郑富芝、贵州省政府副省长陈鸣明等领导以及来自全国的教师代表共计 100 人参加启动仪式。

2012 年启动的全国学前教育宣传月，旨在加大对学前教育的宣传力度，推动学前教育健康发展，营造全社会共同关心支持学前教育的良好氛围，让孩子们快乐成长。第一、二届全国学前教育宣传月活动分别在北京、重庆启动。2014 年，第三届全国学前教育宣传月活动选在贵州省启动，体现了教育部对贵州省学前教育大发展的充分肯定。在温水镇这样一个在贵州省遵义市乌蒙山深处不起眼的小镇里宣告启动，这一超乎常规的安排，是国家对贵州学前教育事业发展的充分肯定和有力鞭策。它意味着学前教育宣传热浪将迅速地从这样一个经济相对落后省份的边远偏僻小镇翻滚着漫卷全国。

2014 年 5 月 20 日上午 10 点，启动仪式正式开始。教育部副部长刘利民以及联合国儿童基金会驻华代表麦吉莲女士、副省长陈鸣明等领导发表讲话，对启动仪式高度赞扬。北京师范大学教授冯小霞以及部分乡镇幼儿园的园长及幼儿家长也在会上进行了发言。

刘利民副部长在现场视察后发出感慨：“今天来到贵州扶贫县习水县温水镇，看到边远贫困山区的孩子能跟城里的孩子一样快乐，受到一样好的教育，我非常欣慰。这充分反映了贵州各级党委政府在学前教育方面做的大量工作。”他指出，2014 年全国学前教育宣传月活动启动仪式在革命老区遵义的一所农村幼儿园举行，见证了国家学前教育三年行动计划的建设成果，见证了西部连片特困地区学前教育的发展。

联合国儿童基金会驻华代表麦吉莲女士来贵州参加宣传月启动仪

式，看到贵州学前教育后激动地说："在中国贵州边远贫困山区有这样高质量的幼儿园，说明中国政府对学前教育的高度重视和巨大投入。我要把中国的这些经验传播到其他国家去。"

陈鸣明副省长在启动仪式上指出，学前教有不仅是重要的社会公益事业，也是关乎千家万户切身利益的重大民生。要通过现场活动、媒体宣传、家长讲座、教师培训、发放资料等方式，强力推进，形成机制，把宣传月活动列入常规工作，并设立专项经费。

陈鸣明副省长还表示，贵州省将认真抓好学前教育宣传月工作，为学前教育的发展营造良好的社会氛围，突出抓好对《3—6岁儿童学习与发展指南》的宣传，向幼儿园、家长和全社会传播正确的保教理念和科学的育儿方法，帮助教师实践《3—6岁儿童学习与发展指南》，帮助家长理解《3—6岁儿童学习与发展指南》，向社会宣传《3—6岁儿童学习与发展指南》，努力营造良好社会氛围，动员社会各方面力量关心支持学前教育发展，力争用三到五年时间推动学前教育基本普及，为全省实现基本普及十五年教育目标奠基。

在启动仪式上，教育部领导正式宣布启动科学育儿客户端。2014年"全国学前教育宣传月"宣传主题是让科学育儿知识进入千家万户。为满足移动互联网时代家长的需求，针对手机、平板电脑用户量大、受众面广、信息传播速度快、使用便捷等特点，教育部开发了科学育儿移动客户端，以便使年轻父母能够随时随地获得科学的育儿知识和信息。这一客户端于2014年5月20日正式发布。同时，在本次启动仪式上，中国学前教育研究会对"倾听孩子共同成长"征文活动获奖的老师进行表彰。这些老师来自全国各地，他们给贵州学前教育者们在学习和使用《3—6岁儿童学习与发展指南》中起到了模范作用。

为了落实《国务院关于当前发展学前教育的若干意见》提出的"各地根据国家基本标准和社会对幼儿保教的不同需求，制定各种类型幼儿园的办园标准。实行分类管理、分类指导"的精神以及《3—6岁儿童学习与发展指南》的要求，建设一批配备完善、优质普惠的幼儿园，以推动贵州省学前教育事业的发展和教育教学质量的提高，满足人民日益增长的送子女接受优质幼儿教育的需求，贵州省教育厅组织专家在 2012 年下发的《贵州省幼儿园分类评估指标》基础上，制定了《贵州省省级示范幼儿园评估方案（试行）》和《贵州省省级示范幼儿园评估细则（试行）》，并将征求意见稿下发至各市（州）教育局，贵安新区社会事务管理局，仁怀市、威宁县教育局，请他们组织教育行政人员、教研人员、幼儿园园长和教师等学前教育相关专家仔细阅读、讨论，并将修改意见汇总后反馈给教育厅学前教育处。教育厅又再次组织专家对各地的意见进行汇总梳理、认真研究，于 2014 年 7 月 8 日正式下发了《省教育厅关于印发《贵州省省级示范幼儿园评估方案（试行）》和《贵州省省级示范幼儿园评估细则（试行）》的通知，以指导省级示范幼儿园的评估工作以及规范幼儿园的日常办园行为。根据《贵州省省级示范幼儿园评估方案（试行）》和《贵州省省级示范幼儿园评估细则》文件要求，贵州省每年都组建评估专家组进行省级示范幼儿园的评估工作，评估分两次进行，第一次评估为申报当年的 10—12 月，第二次评估时间为次年的 4—6 月。

为了保证新版评估方案和评估细则的顺利施行，加强相关人员对评估精神和内容的理解，贵州省教育厅分别于 2014 年 9 月 12—17 日、2014 年 11 月 7—12 日举办了两期省级示范幼儿园评估培训。参加培训的人员包括已经评为省级示范幼儿园的园长或业务园长，正在申报省级示范幼儿园的园长或业务园长，往届评估专家组的成员，各市（州）、县教育局的幼教干部及部分高校教师。每次培训为期六天，在这几天的时间里，培训的内容非常丰富，包括解读评估方案和评估细则，包括如何制定幼儿园发展规划、幼儿园如何使用评估细则开展自评等。通过专家授课、到幼儿园实地操作、分小组撰写评估报告等方法，帮助参训人员全面、深刻地学习评估方案和评估细则。每一次的培训活动都得到了各级教育行政部门和幼儿园的大力支持，反响强烈。

新版的评估方案严格遵循《幼儿园工作规程》《国务院关于当前发展学前教育的若干意见》《幼儿园教育指导纲要（试行）》及《3—6 岁儿童学习与发展指南》精神要求，明确了评估范围为全省所有公办、民办幼儿园，并对评估类别、申报条件、评估程序、评估时间、评估方式、结果认定、收费管理等问题做了详细、明确的规定，进一步规范了省级示范幼儿园的评估工作，为此项工作的顺利开展提供了政策保障。新版的评估细则分为两个部分：指标体系和评估细则。指标体系对评估的主要指标做了三个层次的划分，从上到下分别为一级指标、二级指标和三级指标。通过一层一层的细化，可以对各项指标包含的子内容及其所占比重一目了然。而在评估细则这一部分中，则对每一个三级指标的评估要点、评估内容及表现举例、证据收集的途径和方法进行了非常详细的说明。《贵州省省级示范幼儿园评估细则》是幼儿园开展教育教学、管理工作的重要指南。在《贵州省省级示范幼儿园评估方案（试行）》中还要求各地尽快制定市（州）级示范幼儿园、县级示范幼儿园评估细则，积极开展幼儿园评估工作，以评估促进幼儿园建设和发展，促进幼儿园提高办园水平和教育质量。另外，幼儿园收费权限下放至各市（州），即各市（州）可制定适合本地区幼儿教育收费的具体管理意见。

2014 年，贵州省集团化办园模式总结了 2012 年、2013 年的试点经验，加强统筹管理和层级指导，全面推广到全省各县，实现了贵州省学前教育再一次“质”的飞跃。在全省基本形成了县域内“资源共享，优势互补，以强带弱，共同发展”的良好格局，县域内幼儿园办园水平得到了显著提高，全省形成了城乡覆盖、公民相融、名园带动共同发展的良好局面，为规范幼儿园管理、去除“小学化”倾向、实现区域内学前教育均衡发展起到了积极有力的推动作用。

贵州省集团化办园管理的成功经验首先表现在保障经费，促进集团化办园工作的开展上。集团园活动的组织与管理需要经费的保障，有了保障，教研活动、现场会的推进才能有序进行，集团园活动的开展与交流才能带动整个集团的共同发展。贵阳市云岩区第一幼教集团在资金保障方面以自筹资金和政府扶持相结合的方式筹措集团前期资金。根据各民办园的实际情况，各家拿出本园每年的建设基金投入集团内部，政府部门根据实际情况计算投入相应资金保证集团常务事项的运作。

铜仁市碧江区、沿河县、德江县、万山区每年均为各集团划拨 1—10 万元的运转经费。铜仁市各区县政府均制定了《幼教集团工作考核办法》，将各集团的工作情况与各分园取得的实际成效相结合进行年终考核，发放奖金。如碧江区依据考核等级进行奖励，设立年终考核奖金 20 万元，一等奖奖励 10 万元，二等奖奖励 5 万元，用于提高各集团改革工作的主动性和积极性。六盘水市盘县投入集团化办园专项资金六百余万元，用于 3 个集团幼儿园软硬件建设，各集团幼儿园育人环境焕然一新。城乡幼儿园教室、厨房、卧室设施进一步完善，有的幼儿园还设置了图书室、舞蹈室、手工房等多功能室；城乡幼儿园的教玩具得到进一步补充，有的幼儿园建起了沙池、种植园。羊场乡九村幼儿园还利用农村充足的木头自制小木板车、小推车、圆锥，利用葫芦、核桃、板栗制作了精美的吊饰，充实了玩具，美化了环境。黔东南州凯里市从 2014 年起，每年划拨专项资金 8 万元，作为 8 个学前教育集团的工作经费。黔东南州镇远县每年拨 10 万元专项资金作为集团总园开展集团办园工作的专项经费。

其次表现在建立县、乡、村三级学前教育服务网络上。县公办幼儿园、优质民办幼儿园对口帮扶乡镇中心幼儿园，乡镇中心幼儿园对口帮扶所在乡镇村级幼儿园，在县域内建立“县—乡—村”三级服务网络。黔东南州凯里市采用“名园 + 民园 + 弱园”的集团化办园模式。经过反复实践，明确以城区 8 所办园水平高、管理规范的公办园为总园，将全市 112 所公办和民办幼儿园划为 8 个学前教育集团的“瓜藤式”管理，即总园下还组建了二级集团园，具体分类如下：一是以乡镇中心幼儿园为二级集团园；二是以民办的县级示范幼儿园为二级集团园。让学前儿童“同在蓝天下”，健康成长、快乐学习，只有发挥出集团化办园的优势，公办、民办联动，两翼齐飞，凯里市的学前教育才能实现新的跨越。黔东南州镇远县也是将全县 12 个乡镇中心幼儿园、村级幼儿园及民办幼儿园划归县直示范幼儿园和机关幼儿园两个幼教集团，由两所县级示范园为龙头园统筹管理。

安顺市西秀区依托 10 所市级一类园和 4 所民办幼儿园组建了 14 个集团以优质公办、民办园为集团牵头园，覆盖了全区 21 个乡镇（办事处）。在西秀区，优质民办园同样可以成为龙头园，带动集团园的发展。

毕节市金沙县以金沙县幼儿园、金沙县鼓场街道幼儿园为第一幼教集团、第二幼教集团核心园，将全县公民办幼儿园全部纳入幼教集团统筹管理。金沙县集团办园倡导民主、统一、平等理念，公办、民办幼儿园之间不排斥、不歧视，龙头幼儿园在其间发挥辐射作用，导向交流。公办、民办幼儿园有各自的特色和优势，管理体制、师资、教学等方面相互借鉴、学习。

六盘水市盘县采用 3 所县直幼儿园为总园引领乡镇中心幼儿园等园运作的模式，形成学前教育一体化发展机制，推进学前教育优质均衡发展。3 所县直幼儿园努力帮助乡镇幼儿园提高管理和教科研水平，推进城乡幼儿园间的文化融合，促进乡镇幼儿园教师的发展、幼儿的发展和幼儿园的整体性发展。经过努力，盘县的市级示范幼儿园由集团化前的 1 所增加到 7 所，县级示范幼儿园、县级一类幼儿园由无到有，达到 24 所，优质幼儿园数量的递增，进一步壮大了集团化办园的力量。

贵阳市各区（市、县）主要采取“优质园 + 新园”“优质园 + 弱园”“优质园 + 农村园”“优质园 + 民办园”及城乡幼儿园联盟等方式形成帮扶模式，如中心实验幼儿园集团成员园由 1 个城市牵头园引领 3 个郊县牵头园、9 个农村园共 14 所幼儿园组成，各成员园分布在清镇、息烽、修文三个地区，形成 1+3+3 的帮扶模式；花溪幼儿园教育集团采取“优质园 + 新园”模式；南明第三幼教集团主要通过示范园带动帮扶片区内幼儿园的模式。贵阳市云岩区第一幼教集团采取一所公办园帮扶引领 3 所公办园的模式。通过省、市级示范幼儿园的示范引领，组织示范活动、指导教研、管理渗透，使管理逐步规范，办园质量逐步提高，满足群众对优质学前教育的需求，让更多老百姓得到真正的实惠。

铜仁市由优质龙头园领办乡镇中心园，乡镇中心园覆盖山村幼儿园。2014 年，铜仁市 10 个区县均已启动集团化办园工作，以县为主，在县域内组建了 32 个幼教集团，覆盖全部公办新建中心园和山村幼儿园。各龙头园采取选派副园长或骨干教师到分园兼职帮教的方式，指导各分园工作。同时，各乡（镇、办事处）中心幼儿园、山村幼儿园，城区幼儿园也派出教师到所属集团龙头园顶岗、轮岗、交流学习，将学到的龙头园的先进管理方式和教学经验用于本园教学，有效促进了各幼儿园教育水平的提升。铜仁市政府为解决山村幼儿园教师缺乏问题，采取招聘志愿者方式，按照 1∶20 的比例为村级幼儿园配备专职教师，专职教师工资由政府支付，每月补贴志愿者基本生活费、交通费等 2000 元，全部列入县级财政预算，并给考核合格的志愿者在公办幼儿园教师招考中实行加 3 分的优惠政策，并使他们享受西部志愿者待遇。这一系列政策措施，在全省起到了榜样示范作用。铜仁市政府以现场会为桥梁，加强集团园间的交流。现场会让集团园之间以及集团园内的成员园之间相互学习，交流和沟通，学彼之所长，补己之所短，提高集团园的办园质量和水平。

2014 年 5 月，教育部在遵义市习水县温水镇中心幼儿园召开第三个全国学前教育宣传月启动会议，得到了各级领导的充分认可，增强了遵义市教育工作者的信心。为充分发挥温水会议经验，遵义市教育局提出在集团内各幼儿园中开展不同主题的现场会，对一个个新建幼儿园进行保教工作的规范和完善，促进保教质量提高。遵义市教育局根据工作推进情况，每半年选择一个集团下的幼儿园召开现场会，把现场会所在县（市、区）集团工作经验和成果进行全市推广应用，通过实施，各新建园在集团引领和督促下，用任务驱动，基本实现了建一所、规范一所、完善一所的目标。

2014 年 7 月，黔东南州教育局组织全州 17 个县市（区）的局长、分管局长以及分管科长、骨干园长等近 100 人在凯里市召开“全州学前教育集团化办园现场推进会”，统一思想，提高认识，为黔东南州各县市（区）实施集团化办园打下了基础。

2014 年 11 月 19 日至 24 日，第三届全国幼儿园优秀自制玩教具展评活动在“中国玩教具之乡”浙江温州市举行。贵州省代表团获得全国团体总分奖第五名（前四名为上海、河北、辽宁、江苏），列西部省区之首。贵州代表团选送的 30 件参赛作品全部获奖，其中 7 件作品获全国一等奖，14 件作品获二等奖，9 件作品获三等奖；4 名幼儿教师获“全国幼儿园自制玩教具能手”称号。贵州省展厅以气势恢宏的黄果树瀑布为背景，详细介绍了贵州省近年来学前教育快速发展及全省广泛发动开展自制幼儿玩教具的相关情况。参赛教师齐心协力、相互配合，展现了贵州省幼儿教师业务精湛、蓬勃向上、甘于奉献的精神风貌。组委会领导和专家对贵州省在全省范围广泛发动教师参加自制玩教具和教师充分利用本土资源、巧妙融入民族元素、重视幼儿身心发展、坚持创新理念的创作思路给予了高度肯定。省教育装备管理中心同时组织了全省四十余名幼儿园园长、优秀幼儿教师观摩了本次展评活动，观摩园长、教师和全国的幼教工作者进行了深入广泛的交流，收获颇丰。总结会上，参赛教师表示，要消化吸收这次在会上学到的各省优秀作品的制作思路，配合贵州省“学前教育行动计划”，带动周边幼儿教师，利用贵州省特有的资源优势制作更多、更好，有贵州特色、利于幼儿成长的玩教具，并转化成为有效的教学资源，推动贵州省学前教育的快速发展。

2014 年，为了解决由于教研管理者的专业水平以及设计、策划、组织活动能力不足、缺乏专家引领等因素，导致教研活动流于形式、教研内容缺乏适宜性，教研形式单一、教研过程激发力不足、缺乏深度反思与行动跟进、教研实效性差的问题，教研指导责任区在贵阳、遵义、铜仁和黔东南开展试点工作，以县级优质园和乡镇中心园为骨干，把全县所有的公办民办幼儿园划分为若干个责任区，共同解决一线教师教育教学中的问题，推进幼儿园内涵发展和促进幼儿园教师专业成长，有效地缩小了城乡、县域、园际差距，实现了学前教育均衡可持续发展，进展顺利，成效明显。

2014 年，在教育部和省委省政府的正确领导下，全省教育系统全面实施教育规划纲要，深化教育领域综合改革，“赶转改”并举，攻坚克难，奋勇争先，贵州教育事业再创新成绩，迈上新台阶。全省教育系统鼓足干劲，深入实施教育“9+3”计划，取得了实实在在的效果，教育又向前迈进了一大步，“4+2”教育突破工程成效显著。贵州省继续扩大资源总量、调整资源结构、健全体制机制、提升保教质量，财政投入持续增加，长期制约改革发展的一些瓶颈问题得到突破，入园率显著提升，“入园难”进一步缓解。贵州省新建和改扩建乡镇和城市社区公办幼儿园 309 所、村级幼儿园 1358 所，实现了公办幼儿园乡镇全覆盖，农村孩子可就近入园。新增在园幼儿 43 万人，在园幼儿数达 120 万人，新增专任教师 2.15 万人，学前三年毛入园率达 74%，较 2010 年提高了 19 个百分点，超过全国平均水平 2.5 个百分点。

贵州省学前教育继续保持蓬勃发展的喜人势头，普惠资源快速扩大，办园质量不断提高，教师队伍不断壮大，取得的成绩有目共睹，多次获得中央有关领导同志的充分肯定和鼓励。铜仁市山村幼儿园建设两年行动计划成功入选“2014 年中国全面小康十大民生决策”，得到时任中共中央政治局委员、国务院副总理刘延东的肯定性批示。在 2014 年 12 月教育部召开的部分省（区、市）第二期学前教育三年行动计划座谈会上，时任教育部副部长刘利民指出：“贵州学前教育三年行动计划力度大，措施实，给全国作了榜样。”

2015年6月17日，习近平总书记在贵州考察时肯定了贵州省教育和教育扶贫工作，这是对全省教育系统的极大勉励。9月9日，习近平总书记为“国培计划（2014）”北京师范大学贵州研修班参训教师回信提出“三者”老师要求，使全省教育工作者倍受鼓舞。习近平总书记特别提出：“扶贫必扶智，让贫困地区的孩子们接受良好教育，是扶贫开发的重要任务，也是阻断贫困代际传递的重要途径。”作为全国脱贫攻坚主战场，脱贫攻坚是贵州头等大事和第一民生工程，教育脱贫是“五个一批”的重要内容，贵州必须坚决打赢这场输不起的战役。2015年教师节期间，省委书记、省长陈敏尔会见贵州省优秀教师代表，到贵州大学登台授课，与省属高校负责人座谈改革发展问题，强调要一如既往地重视教育，尽力化解高校债务，全力支持高校改革发展。孙志刚同志多次到乡村学校、大学城、职教城调研，关心支持教育工作。分管教育工作的陈鸣明副省长多次召开专题会议研究教育改革发展工作，深入高校、中小学、幼儿园调研指导，积极带队到教育部等国家部委争取政策和项目支持。在党中央、国务院和省委、省政府及教育部的正确领导下，省委教育工委（省教育厅）全面实施教育规划纲要，深化教育领域综合改革，奋力推动全省教育事业科学发展，全省教育工作取得显著成效。

2015年1月14日，经省人民政府同意，省教育厅、省发改委、省财政厅联合下发了《省教育厅省发展改革委省财政厅关于实施第二期学前教育三年行动计划的意见》，文件中明确2014年至2016年，每年新建、改扩建城乡结合部及乡镇公办幼儿园300所，到2016年，基本建成覆盖城乡、布局合理的学前教育公共服务网络，并强调要调整资源结构，扩大城乡公办幼儿园与普惠性民办幼儿园覆盖面，原则上人口在3万以上的乡镇可结合实际情况新建第二所乡（镇）公办幼儿园，或在原有公办幼儿园基础上扩大幼儿园规模。大村独立办园，小村联合办园，不能集中办园的边远山区，要考虑其他方式解决幼儿受教育问题，如巡回支教点、游戏小组、山村幼儿园等，努力实现就近入园、方便入园。政策文件的出台，为贵州学前教有改革与发展绘制了完美的蓝图，为 2015 年实现乡镇公办幼儿园全覆盖的目标提供了思路。

5 月 26 日，为了推动贵州省各级政府履行职责，加快实施三期学前教育三年行动计划、着力解决学前教育发展中的难点问题，特别是为了 2015 年实现乡镇公办幼儿园全覆盖的目标，省人民政府在铜仁市召开的全省第二期学前教育三年行动计划暨山村幼儿园建设现场推进会工作。副省长陈鸣明出席会议并讲话。陈鸣明副省长指出，贵州省学前教育改革发展取得了显著成效。与会人员实地观摩了铜仁市碧江区、万山区、松桃县、江口县、玉屏县学前教育和山村幼儿园建设。省政府副秘书长樊新中主持会议，省教育厅副厅长李奇勇通报全省学前教育改革发展有关情况。铜仁市人民政府、贵阳市人民政府、凯里市人民政府、遵义县直属机关幼儿园交流发言。

2015 年年初，省教育厅在充分调研和摸底的基础上下发了《省教育厅关于下达 2015 年度学前教育发展目标任务的通知》，细化分解落实目标任务，明确了各市（州）和县（市、区、特区）的学前教育发展目标任务。同时，为加强对各地学前教育目标任务的督促指导，省教育厅还将各项学前教育发展目标任务分解到各帮扶县的处级干部手中，处级干部每到一县必关心了解当地幼儿园建设情况，询问当地乡镇幼儿园建设中存在的困难和问题，并积极反馈和协调解决。为全面了解乡镇幼儿园建设的进展情况，省教育厅从 6 月份开始，实行学前教育发展目标任务完成情况月报制度，并及时通过手机报等新媒体及时通报各地乡镇中心幼儿园建设情况，加强了日常指导和督促。省教育厅采取随机督查、民调、聘请社会观察员等方式了解各县（区）整改情况，逾期不落实的约谈政府领导，整改情况还将作为党政主要领导、县级政府督导考核以及普及 15 年教育验收的重要依据。

《国务院关于当前发展学前教育的若干意见》提出坚持科学保教需

健全学前教育教研指导网络，完善教研力量。《教育部国家发展改革委财政部关于实施第二期学前教育三年行动计划的意见》明确指出，要根据幼儿园数量和布局，划分学前教育教研指导责任区，安排专职教研员，定期对幼儿园进行业务指导，完善区域教研和园本教研制度。《贵州省第二期学前教育三年行动计划》对教研指导责任区的建设作了更详细的要求。

2015 年，贵州省在以贵阳市云岩区为先期试点的基础上，将试点扩展到贵阳市、遵义市、铜仁市、黔东南州。各试点地区在教育厅指导下积极创新，以县级优质园和乡镇中心园为骨干，把全县所有的公办民办幼儿园划分为若干个责任区、共同解决一线教师教育教学中的问题，推进幼儿园内涵发展和促进幼儿园教师专业成长，试点工作进展顺利，成效明显，积累了大量的经验。贵州省初步探索了建设教研指导责任区的方法与途径，有效地缩小了城乡、县域、园际差距，实现了学前教育均衡可持续发展，为下一步在全省全面实施教研指导责任区建设打下了良好基础。

2015 年 9 月，省教育厅学前教育处召开了学前教育教研指导责任区试点工作会。总结了各试点市（州）推进责任区建设工作的成功经验。首先，形成了教研指导责任区运行机制。构建五级教研网络，完善区域和园本教研制度。构建省、市（州）、县（区）、片区（集团园）、幼儿园五级教研网络，健全教研组织，制定教研制度，落实各级教研员的岗位职责，建立评价考核等激励机制。各责任区结合实际形成了独具特色的建设机制。如遵义市启动了围绕《3—6 岁儿童学习与发展指南》《幼儿园教师专业标准》的贯彻实施，通过跟进观察专题活动的形式建设责任区。遵义市将 14 个县（区、市）划分为三大责任区，分成 9 个观察组，并从全市市级以上示范幼儿园及教研人员中遴选出 58 名观察员，分派到 27 个集团的 160 所幼儿园中开展教研跟进观察。贵阳市形成以教育行政支持为保障，以市教科所为宏观指导，以区（市、县）教研部门为专业指导，以责任区为实践基地，以园本教研为根本方式的责任区建设机制。各责任区搭建交流展示平台，助推教研工作持续、深入开展。通过组织“省教研活动周”等活动，为各市（州）、县（区）、幼儿园搭建教研展示和交流的平台，分享教研经验，探讨教改问题，调动各个层面的教研员开展工作的积极性、主动性，进而推动教研工作持续、深入、有效地开展。其次，明确了责任区建设目标。各责任区通过探索明确了建设目标，如贵阳市建设目标为培养一支“有专业知识、有专业能力、有专业情意”的幼儿园教师队伍，提高全市学前教育质量。黔东南州以解决教学问题推动专业发展，从而促进质量提高为其目标。再次，制定了责任区建设制度。责任区的建设必须依赖相应的制度管理，以确保责任区正常运行。各试点均成立相应的领导小组并明确职责，建立责任区管理制度与监测制度。各市（州）根据幼儿园数量和布局，合理划分学前教育责任区或依托幼儿园管理集团，选拔优秀的幼儿园管理者或骨干教师担任专兼职教研员，深入本片区或本集团了解各园保教工作现状，定期组织开展教研活动或进行现场指导等，及时解决教师日常教育实践中的困惑和问题，基本形成覆盖县、乡、村三级幼儿园的学前教育教研责任区。整合国际资源，开展园际教研。指导有共同研究兴趣和发展追求的幼儿园，组建跨区域的专题教研团队，就共同关心的问题开展研究，加强不同教师群体之间的对话和合作，满足不同教师群体和幼儿园自主学习与发展的需求。黔东南州建立健全全州、区域及园本教研监测制度，把 3 个大片区、7 个责任区捆绑，随时进行检查和反馈，及时研讨解决幼儿园教育教学问题。最后，组建了各级教研指导团队。教研队伍是开展教研工作的核心，打造优秀的教研队伍才能提高教研质量。各地区精心打造教研队伍，为各级教研活动的有效开展提供专业支持。以“有效教研”为方向，采取集中培训、跟岗学习、行动跟进、专家带教、现场指导等方式，分期分批组织各级教研员开展研修，为各地区培养教研队伍。如贵阳市组建了市级研修指导团队与专题研究工作团队；遵义市加强对观察员的培训；铜仁市邀请知名专家进行培训，组建跟研团队，培养骨干教研人员。

2015年，学前教育宣传月主题是“给孩子适宜的爱”。针对当前幼儿家庭教育中普遍存在过度保护、过高期待、过分控制、过于放任及忽视幼儿自身发展需求等现象和问题，组织开展内容丰富、形式多样、持续深入的宣传活动，引导和帮助广大家长反思自己的教育行为，理性把握爱的“温度”和“尺度”，尊重幼儿的独立人格，遵循幼儿的发展规律，倾听幼儿的心声，陪伴孩子共同成长。

5月23日，省教育厅在省政府机关幼儿园举行2015年全省学前教育宣传月启动仪式。全省9个市（州）、贵安新区社会事务管理局、仁怀市、威宁县教育局学前教育科负责同志、贵阳市各县（市、区）的幼儿园家长代表300余人参加了启动仪式。启动仪式上，有亲子歌舞表演、快板书、讲故事、亲子故事表演，有案例，有专家点评。这些活动都传递出关于如何给孩子适宜的爱的思考。除此之外，现场会当天还组织了家庭科学育儿咨询，主要内容是适宜的儿童营养、适宜的入学前准备。同时，还组织了家长参与的学习体验活动，如幼儿美术学习体验、音乐学习体验、科学学习体验、数学学习体验、阅读学习体验、社会学习体验、体育学习体验等，让家长们在体验馆中参加亲子活动。为使社会各界了解幼小协同、科学衔接的重要性，贵州省采取多种形式，通过媒体开展宣传活动。《贵州日报》等主流媒体在贵州省学前教育宣传月活动期间做了新闻报道，并重点介绍了“给孩子适宜的爱”的内容，各市（州）电视台、报纸相继对各地学前教育宣传月活动进行报道。

省教育厅党组成员、副厅长李奇勇出席启动仪式并讲话。他强调，学前教育的快速发展呼唤科学的保育教育。开展学前教育宣传月活动对促进贵州省学前教育规范发展、科学发展、健康发展，促进幼儿身心健康成长，防止学前教育“小学化”具有重要意义。学前教育宣传月是面对家长的宣传月，要向家长宣传科学育儿理念和方法。针对当前家庭教育存在的问题，李奇勇副厅长和家长们进行了深入浅出的交流，并提炼了四个关键词——陪伴、空间、不足、信任。活动中还对贵州省的学前教育资助工作进行了宣传。2012年贵州省启动学前教育资助工作以来，向家庭经济困难的孩子提供每年每人500—800元的保育教育费或生活费资助，三年来，各级政府累计投入10568万元，资助学前幼儿16.95万人，资助比例从2%上升到11%。

宣传月活动期间，各地结合实际情况，学习《3—6岁儿童学习与发展指南》，开展形式多样的幼小衔接研讨活动。毕节市组织各幼儿园教师集中学习《幼儿园教育指导纲要》《幼儿园教师专业标准》《3—6岁儿童学习与发展指南》《教育部关于规范幼儿园保育教育工作防止和纠正“小学化”现象的通知》《幼儿园工作规程》等一系列学前教育法规、规章及省、市、县有关文件，坚持科学执教，规范办园行为；六盘水市组织幼儿园教师开展多种形式的学习贯彻《3—6岁儿童学习与发展指南》经验交流活动和专题讲座，如：专题案例研讨、现场观摩、专题论坛、主题征文等，分享学习《3—6岁儿童学习与发展指南》的体会和给孩子适宜的爱的教育实践经验，促进广大幼儿园教师和家长在实践中科学运用理论知识，开展保育教育活动；遵义市以学前教育集团化管理为抓手，制定了以集团为单位，以贯彻《3—6岁儿童学习与发展指南》《幼儿园教师专业标准》，开展幼儿园教师竞赛活动，将全市14个县（区、市）分成三大赛区，从幼儿园到集团开展5个方面的竞赛活动，以此动态监测各类幼儿园贯彻执行《3—6岁儿童学习与发展指南》《幼儿园教师专业标准》的情况及办园质量，提高幼儿园管理者的管理能力和幼儿园教师的专业水平。各地还根据当地情况组织了有幼儿园、小学、家长参加的教育教学活动。六盘水市在宣传月活动期间，全市各幼儿园都组织了1次以上的幼儿园游戏观摩活动、游戏活动开放日、全园家长会，覆盖了所有在园幼儿的家长，重点宣传介绍《3—6岁儿童学习与发展指南》精神，解读《3—6岁儿童学习与发展指南》理念，将“给孩子适宜的爱”的理念、方法用公众易于理解的方式广为传播。

同时，为加强对所在社区散居儿童家长、进城务工人员进行幼小科学衔接宣传，帮助他们树立科学育儿观念，创造良好的家庭教育环境，让幼儿顺利向小学过渡，在宣传月活动期间，各地自制展板、宣传画册等资料，进入社区进行宣传，并在社区设立咨询点，帮助社区居民及散居儿童家长真正了解“给孩子适宜的爱”对孩子成长的重要性。六盘水市全市各幼儿园会同社区共同对辖区散居儿童家长、留守儿童代理监护人和进城务工人员进行宣传培训，帮助他们树立科学育儿观念；毕节市各乡镇幼儿园利用赶集日，在主要街道开展大型室外宣传活动。活动前，在街道醒目位置悬挂了宣传横幅。活动中，通过印发宣传单、现场解答村民问题等方式宣传学前教育先进理念和科学保教方法，收到了良好的效果。

2015 年 7 月 1 日，财政部、教育部再次联合印发《中央财政支持学前教育发展资金管理办法》，明确在中央财政设立学前教育发展资金，主要分为“扩大资源”类项目资金和“幼儿资助”类项目资金两类，前者用于奖补支持地方多种渠道扩大普惠性学前教育资源，后者用于奖补支持地方健全幼儿资助制度。资金支持范围为各省、自治区、直辖市、计划单列市及新疆生产建设兵团。重点支持中西部和东部困难省份，并向农村、边远、贫困和民族地区倾斜。2010 年以来，中央财政共计投入 5662 亿元支持学前教育发展，投入额逐年递增。其中，2016 年共投入 1325 亿元，比 2010 年增加 1081 亿元，增加约 4.4 倍。年度财政投入增幅最大的是 2012 年，比 2011 年增加 332 亿元。学前教育财政投入占财政性教育投入的比重除 2014 年保持稳定外，其余年份逐年提高，其中 2016 年占比为 4.22%，比 2010 年提高 2.55 个百分点；年度财政投入占比增幅最大亦为 2012 年，提高约 1 个百分点。

2011 年到 2014 年，贵州省共投入学前教育建设资金 71.65 亿元，新增乡镇、城市社区公办幼儿园 1344 所，村级幼儿园 1654 所，民办幼儿园 1284 所，新增在园幼儿 43 万人。各地加大了投入新建和改扩建幼儿园，保证适龄儿童“有园上”，重点是要着力扩大农村学前教育资源，解决好集中连片特困地区、少数民族地区、留守儿童集中地区资源短缺的问题，同时充分考虑城镇化发展、老城区改造和人口流动实际，解决好城镇及城乡结合部资源总量不足的问题。

贵州省委、省政府始终坚持把发展教育脱贫作为拔穷根、扶民生的治本之策和打赢脱贫攻坚战的重要举措。在省委、省政府的正确领导下，贵州省教育厅主要领导、分管领导 2015 年底赶早作出指示、亲力亲为安排部署，组织成立工作小组，紧扣全省教育扶贫工作力量散、成效慢、贫困生未能“应助尽助”、薄弱学校未能“应帮尽帮”等实际和现状，深入开展研究推进教育脱贫工作的政策举措，抓紧制订出台教育精准脱贫五年规划方案，着力破解因贫失学、因学致贫等难题，努力解决群众诉求。

贵州省农村学前教育的发展为全国偏远落后地区普及学前教育提供了现实样本和发展路径。铜仁市政府“兜底线”发展学前教育，老百姓满意，中央领导关注。2015 年 10 月 21 日至 24 日，第四届反贫困与儿童发展国际研讨会暨亚太儿童早期发展 2015 年研讨会在北京召开。铜仁市委书记夏庆丰出席研讨会，期间作为优秀学前教育事业突出贡献代表，夏庆丰受到中央政治局委员、国务院副总理刘延东接见。“铜仁市山村幼儿园建设”得到了刘延东副总理的肯定性批示，教育部把铜仁市山村幼儿园的做法作为公平教育的范例。2016 年，铜仁市被教育部纳入“国家级学前教育改革与发展实验区”。

2016 年是“十三五”的开局之年，也是供给侧结构性改革的攻坚之年。2014 年，教育厅启动《贵州省教育厅“十三五”教育规划》编制工作，2015 年 12 月，陈鸣明副省长专门听取了汇报，2016 年 11 月，《贵州省教育厅“十三五”教育规划》获得人民政府正式批准印发实施。

“十三五”是教育精准扶贫的决战阶段，是教育赶转并举的战略机遇期，也是教育综合改革的关键时期，贵州省教育厅（省委教育工委）深入贯彻习近平总书记系列重要讲话精神，全面落实党中央、国务院和省委、省政府的决策部署，主动适应新常态，以“创新、协调、绿色、开放、共享”发展理念为引领，因地制宜补齐短板，因势利导做强长板，强力推进供给侧结构性改革，认真落实五大新发展理念，按照守底线、走新路、重扶贫、提质量、强服务、普“十五”工作思路，在全国率先制定贵州省教育精准脱贫规划方案（2016—2020 年），向学前教育延伸营养改善计划，惠及十万余名农村学前儿童。教育工作精准得法、有力有效，实现开门红，全省各级各类教育快速协调发展，实现“十三五”良好开局，学前三年毛入园率达到 83%，向社会交出了一份漂亮的答卷。

贵州省教育厅紧紧围绕全省大扶贫战略行动，确定“全面支持，不落一县；重点建设，不落一校；对口帮扶，不落一户；困难资助，不落一人”的思路，积极跑部，深入调研，争取多方支持，召集专家论证，数易其稿，2016 年 2 月在全国率先制定出台了《贵州省教育精准脱贫规划方案（2016—2020 年）》。

在广大中西部农村地区，由于经济发展水平低，村民居住分散等原因，多数幼儿缺乏进入幼儿园的机会，在很多贫困乡村，幼儿学前教育仍是空白，大量农村留守儿童和适龄儿童无园可上。数据显示，农村幼儿的认知能力得分不足城市同龄幼儿的 60%，语言能力得分只相当于城市同龄幼儿的 40%。近几年来，摆在贵州省学前教育发展面前非常重要的问题之一是边远山村幼儿入园的问题。虽然到 2015 年，贵州省能基本实现所有乡镇都有 1 所公办幼儿园的目标任务，但是村级幼儿园数量不足，有近 20 万幼儿在村小附属学前班就读，只能接受学前一年教育，“小学化”现象严重。农村学前教育资源短缺的原因有：一是受地理地貌影响，边远山村人口居住分散，给幼儿园布局带来困难。二是要在保证幼儿安全的前提下实现基本普及学前教育，政府必须提供保底的教育，新增大量的小规模幼儿园，方便幼儿就近入园。边远山村幼儿多为留守儿童，接受学前教育对他们尤为重要。

为有效解决农村留守儿童和适龄儿童入园难问题，贵州紧密结合第一、二期学前教育三年行动计划和学前教育突破工程的实施，在每个乡镇至少都有1所公办中心幼儿园基础上，将农村公办幼儿园建设作为教育脱贫攻坚和教育供给侧结构性改革的重要内容和优先任务，切实提高学前教育资源供给能力。持续实施人口较大乡镇、城乡结合部、城市社区公办幼儿园建设，同时按照“大村独立办园、小村联合办园”思路，重点在人口聚集的村寨新建或充分利用中小学布局调整的闲置校舍改建农村公办幼儿园。项目资金支持向集中连片特困地区、少数民族地区倾斜，优先安排20个极贫乡镇、贫困乡镇贫困村、人口数量较少民族贫困村和易地扶贫搬迁安置点幼儿园建设，着力构建“广覆盖、保基本、兜网底、有质量”的学前教育公共服务体系，全力以赴补齐农村尤其是偏远山区学前教育资源严重匮乏的“短板”，保障贫困群众子女就近接受良好学前教育，让每个山里娃有园上、上好园，享受到便捷普惠的学前教育资源，在阳光下安全、健康、快乐成长。

农村幼儿园建好后，乡村幼儿园教师需求量较大，截至2016年底，贵州省幼儿园师生比为1∶19.7，远高于国家配备标准，乡村幼儿园教师师生比更高，乡村幼儿园教师短缺问题成了乡村幼儿教育的最大障碍。

为破解乡村幼儿园教师短缺难题，贵州省创新工作机制，“特岗计划”首次招聘农村幼儿园教师。一方面，进一步扩大“特岗计划”实施范畴，2016年，贵州省在“特岗计划”实施范围即全省88个县（市、区）全覆盖的基础上，将新成立的贵安新区、遵义市新蒲新区、黔西南州义龙试验区和毕节市金海湖新区等经济开发区纳入“特岗计划”实施范围，全年共招聘特岗教师9373人，其中国家级特岗教师7050名，地方特岗教师2323名；另一方面，参照国家“特岗计划”实施模式，鼓励和支持各地利用地方“特岗计划”招聘乡村幼儿园教师，全省共招聘乡村幼儿园教师 2323 人，“特岗计划”地方计划均用于招聘乡村幼儿园教师，极大缓解了贵州省乡村幼儿园教师短缺的状况。

各级政府坚持教育优先发展，积极落实主体责任，拓宽多元融资渠道，学前教育投入持续增长。贵州全省累计投入 60 亿元用于幼儿园建设。学前教育经费投入的持续性增长，为学前教育事业的快速发展提供了有力保障。把公办幼儿园收费标准的管理权限下放到县，各地在进行成本核算和建立成本分担机制基础上灵活制定合理的公办幼儿园收费标准。部分市（州）制定并实施公办幼儿园生均公用经费标准，最高县已达到 800 元 / 生 / 年。各地积极创新幼儿园教师补充机制，出台有力措施保障幼儿园教师师资队伍建设，全省三年新增在编公办幼儿园教师一万五千余人。2016 年参照国家“特岗计划”实施模式，首次通过县级“特岗计划”招聘幼儿园教师 2189 人，为农村学前教育师资建设注入了新力量、新活力。贵定师范学校升格为黔南幼儿师范高等专科学校，织金师范学校升格为毕节幼儿师范高等学校。目前贵州省幼儿师范高等专科学校已有 4 所，积极扶持和指导本科、高职、中职学校的学前教育专业建设，大幅度提高了全省幼儿园教师的培养规模和层次。

2016 年 3 月 8 日，贵州省教育厅根据教育部部署，在贵州师范大学举办了全省学前教育管理信息系统培训会。为规范和加强中央财政支持学前教育发展资金管理，提高资金使用效益，教育部在全国学前教育管理信息系统中开发了学前教育项目管理系统，贵州省为先期试点省份。为保证试点工作的顺利完成，教育部信息管理中心郭栋和东软集团项目经理杨辉一行两人到会并做技术指导。各市（州）教育局学前教育科（室）负责人、财务科（项目办）负责学前教育项目人员，县（市、区、特区）学前教育信息系统技术人员、计划财务股（项目办）负责学前教育项目人员，厅规划处、民办处相关人员共计 212 人参加了培训会。培训会上，两位专家就学前管理信息系统及新增设的项目管理板块的数据采集、板块功能等进行了详细讲解与介绍，并在微机室通过现场演示让学员进行了实际操作。教育部信息管理中心郭栋老师对贵州省学前管理信息系统录入及管理工作给予了肯定。厅学前教育处、信息管理中心负责人强调了学前管理信息系统工作的重要性，并对下一步的系统建设及管理提出了要求：一是高度重视学前教育信息系统建设工作；二是做好各级用户的培训和指导，确保数据录入工作的真实有效；三是强化系统日常运用，确保系统有用、管用，提高系统效益；四是提高系统安全意识，严防数据泄密。

2016 年 5 月 20 日，贵州省学前教育宣传月活动启动仪式在黔东南自治州凯里市举行。2016 年学前教育宣传月的活动主题是“幼小协同，科学衔接”。会上，时任凯里市市长的罗杰致欢迎辞，省教育厅副厅长级督学潘建春作了题为“幼小协同，科学衔接，共同促进儿童健康发展”的重要讲话。潘建春强调了做好幼小衔接的重要性，并对下一步幼小衔接工作提出了要求：一是充分认识“幼小衔接”工作的意义。孩子从幼儿园生活过渡到小学生活，是儿童成长过程中的一个重大的转折点。幼儿园与小学阶段的儿童具有不尽相同的身心发展特征，解决好幼儿园教育与小学教育的衔接问题，对于促进人的可持续发展、提高教育质量具有重要意义。各级教育行政部门和教研部门，要组织辖区内所有小学和幼儿园，共同研究幼儿园与小学衔接的相关工作，确保幼小衔接得到真正落实。二是要坚决防止和纠正幼儿园教育“小学化”倾向。各级教育行政部门要建立长效机制，加强对各级各类幼儿园的监管，采取强有力措施，严禁推荐和组织征订各种幼儿教材和教辅材料，严禁幼儿园提前教授小学教育内容，严禁幼儿园以举办兴趣班、特长班和实验班为由，进行各种提前学习和强化训练活动；要将防止和纠正“小学化”作为幼儿园教师职前培养和继续教育的重要内容，让幼儿园教师熟悉和掌握幼小衔接的基本方法，将“幼小衔接”的理念和要求落实到幼儿园管理及各项保育教育工作中，不断提高幼儿园办园水平和保教质量。三是加强对小学开展“幼小衔接”的指导。各级教育行政部门要严禁小学举行任何形式的入学考试，以儿童身心健康发展为准则，指导小学将“幼小衔接”工作提上日程，主动与幼儿园结成共同体，缩小小学教育环境与幼儿园的差异，注重课程内容、习惯培养及学习方式等与幼儿园的衔接，零起点教学，让儿童顺利进入小学学习生活。四是充分利用社会资源开展“幼小衔接”宣传。各地要创新宣传方式，充分利用当地的教育文化资源和各种媒体，组织专家和学前教育工作者走基层、进农村、下社区，向家长和社会宣讲“幼小衔接”对儿童成长的重要意义和方法，引导家长正确认识儿童学习与发展的特点，自觉抵制小学化问题，积极配合幼儿园和小学开展“幼小衔接”工作，帮助儿童平稳愉悦地度过小学适应期。随后，会议播放了教育部学前教育宣传片，凯里市组织了精彩的“幼小衔接”宣传展演。北京大学培文早期教育研究推广中心副主任、教授王雅明用丰富的理论与鲜活的实践案例深入浅出地阐述了“幼小衔接”对儿童成长与发展的意义，梳理了“幼小衔接”的方法和途径。

根据学前教育宣传月“幼小协同，科学衔接”主题，贵州省各市（州）组织了丰富多彩的活动吸引区域内幼儿园，小学、家长等共同参与开展宣传月活动。毕节市各县（区）乡镇教管中心组织了一年级学科教师、学科带头人到各乡镇中心幼儿园交流学习，各集团园选派骨干教师到乡镇中心完全小学观摩。小学教师和幼儿园教师互相交流观摩活动打破相互之间的壁垒，架起了相互沟通的桥梁，深化了“幼小协同，科学衔接”主题；黔东南自治州采取幼儿园与小学“结对子”形式，让幼儿园教师和小学教师相互交流、沟通，深入了解“幼小衔接”的重要性，掌握科学的衔接方法，并组织幼儿园大班孩子参观小学，体验小学生的生活，请小学教师进入幼儿园组织活动，有效地推进了宣传活动；贵安新区社会事务管理局组织开展了各幼儿园教师与小学低年级教师座谈交流活动，老师们客观地提出了“幼小衔接”过程中存在的问题，并针对存在的问题，提出了解决的办法，使幼儿园与小学的双向衔接工作能真正落到实处；黔西南自治州各县（市、试验区）积极组织幼儿园教师和小学教师开展学习交流活动，分享和交流“幼小衔接”中的好经验、好方法，增强幼儿园和小学的双向衔接，相互配合，让幼儿能尽快适应小学生活。为了营造浓厚的宣传氛围，扩大宣传效果，各地均采用了丰富多样的形式来进行宣传。威宁自治县教育局、民族幼儿园根据实施方案要求，广泛开展社会宣传，通过滚动字幕、悬挂宣传标语、印发宣传单、展板制作、现场解答群众问题等方式宣传《3—6岁儿童学习与发展指南》精神，帮助家长剖析提前学习、片面技能训练等拔苗助长式做法的危害，让全社会了解学前教育发展的现状和未来，让幼儿家长和幼教工作者掌握科学保教知识，县广播电视台联手播放威宁县学前教育宣传月宣传片，为学前教育发展营造良好舆论氛围；毕节市通过悬挂宣传横幅、印发宣传单、现场解答等方式宣传国家和省学前教育发展方针政策、学前教育先进理念和科学保教方法，收到了良好的效果；黔西南自治州各县（市、试验区）充分利用电视、报纸、广播、网络、社会等宣传主渠道，采取集中宣传和日常宣传相结合的方式，多角度地宣传“幼小衔接”的知识，营造了热爱幼儿、尊重幼儿、支持儿童健康发展的良好氛围；贵阳市利用赶集天向群众发放宣传资料，乌当区利用网络加大宣传力度。

各市（州）幼儿园开展多种活动面向家长，走进社会，向家长宣传“幼小协同，科学衔接”的理念，帮助广大家长转变育儿观念，提高科学育儿水平，自觉抵制各种不利于幼儿身心健康的行为。黔西南自治州晴隆县组织开展全县学前教育纠正幼儿园教育小学化倾向的大型培训活动，让教师和家长全面了解幼儿园教育的基本内涵和科学方法，引导教师和家长树立科学育儿的理念和意识，用《3—6岁儿童学习与发展指南》的精神引领和指导幼儿园日常保教工作；仁怀市各幼儿园召开了以学前教育宣传月活动为主题的全园家长会，家委会会议，介绍“幼小协同，科学衔接”的理念，举办了家长开放日活动，征求家长和社会的意见，不断创新工作思路，同时通过宣传报道，宣传相关政策，及时报道宣传月的各项活动；黔东南自治州利用讲座宣传正确的“幼小衔接”理念，在启动仪式上请北京大学培文早期教育研究推广中心副主任、教授王雅明作了“幼小衔接”的专题讲座。部分幼儿园请小学校长和老师到幼儿园开展相关讲座，让即将升入小学的幼儿家长了解小学的教学模式，知道应该为幼儿做怎样的准备，让其能够顺利度过上小学的适应阶段，利用六一儿童节的活动向家长大力宣传科学的“幼小衔接”知识，通过故事表演、舞台剧、朗诵等形式让家长了解如何做“幼小衔接”；贵安新区幼儿园通过“致家长的一封信”、QQ 群及微信群帮助家长理解本次宣传月的教育理念和教育内涵、各年龄段幼儿发展的基本规律和主要特点，引导家长学会认真观察了解孩子，充分尊重理解孩子，正确鼓励支持孩子。

本次学前教育宣传月活动使“幼小协同，科学衔接”的理念在幼儿园和小学更加深入，也走进了千家万户，引起了家长和社会对“幼小衔接”的关注和重视，进一步厘清了家长和社会的教育观，一定程度上缓解了当前家长让幼儿提前学习、片面准备，担忧幼儿入小学“跟不上”的焦虑情绪，为学前儿童的健康成长创造了良好的社会环境，推动了贵州省学前教育事业的健康发展。

2016 年，贵州省共对 32 所幼儿园进行了评估和复查，省级示范幼儿园创建数量创历史新高。贵州省省级示范幼儿园逐年增多，以评促建、以评促改，推动一批幼儿园在原有基础上得到较大提高，在全省起到了榜样示范作用，为集团化办园及教研指导责任有效推进，培养了一批优质龙头幼儿园。

2016 年 6 月，贵州省对省政府机关幼儿园等 14 所幼儿园进行了第二次评估和复查，11 月至 12 月，对北海幼儿园贵阳分园等 18 所幼儿园进行了第一次评估和复查。评估组织严谨，专家认真负责。按照本地、本园回避的原则，由专家库中随机抽取专家组成省级示范幼儿园评估小组，并分成多个小组开展工作。评估工作开展前，邀请省教科院和贵阳市教科所的专家对评估人员进行评估内容和评估技术培训，同时强调评估工作中廉洁自律的要求。

评估过程中，评估专家坚持以下四个基本原则，保证评估工作高质、高效完成。一是导向性原则。引导幼儿园全面落实《幼儿园工作规程》《幼儿园教育指导纲要（试行）》和《3—6岁儿童学习与发展指南》，遵循幼儿身心发展规律，面向全体幼儿，关注个体差异，坚持以游戏为基本活动，保教结合，寓教于乐，促进幼儿健康成长，全面提高幼儿园办园水平。二是发展性原则。以促进幼儿园不断发展为目的，促进不同基础、不同层次的幼儿园在原有水平上有所提高。三是主体性原则，树立幼儿园是评估主体的理念，充分发挥幼儿园的积极性、主动性和创造性，构建自我评价机制，促进幼儿园自我反思、自我调控、自我完善、自我发展能力的提高。四是多元评估原则，社区、家长、教职工参与幼儿园规划制定和评估，密切合作，共同促进幼儿园发展。

评估采取听取汇报、查阅资料、实地查看、问卷访谈、小组座谈、个别访问、跟班半日活动等多种方式进行。每所幼儿园均按要求随机抽取90位家长进行问卷访谈，10%的幼儿进行儿童发展评估，50%的教师召开座谈会。对照评估标准找出各幼儿园存在的问题，提出幼儿园改进的建议并与幼儿园主管部门交换意见。经评估专家小组客观、公平、公正的评估、评议，得出评估分值。

按照《贵州省省级示范幼儿园评估方案》规定：850—900分为省级示范幼儿园（三类），901—950分为省级示范幼儿园（二类），951（含951）分以上为省级示范幼儿园（一类）。根据评估专家打出的评估分值和评估意见，由省示范幼儿园评估领导小组认真讨论研究，并经省教育厅党组会议审定，确定了2016年评估结果：贵州省人民政府机关幼儿园通过第二次评估，被评为省级示范幼儿园（二类）；贵阳市第十幼儿园、贵阳市乌当区幼儿园、贵阳市花溪区第一幼儿园、息烽县实验幼儿园、六枝特区实验幼儿园、正安县机关幼儿园、湄潭县实验幼儿园、施秉县示范幼儿园8所幼儿园通过第二次评估，被评为省级示范幼儿园（三类）；威宁自治县民族幼儿园为省级示范幼儿园（三类筹），筹建期间不能按省级示范幼儿园等级收费，待2017年4—6月重新评估认定类别后，按评估类别收费。北海幼儿园贵阳分园、南明区e智幼儿园、贵阳市花溪区第四幼儿园、修文县扎佐镇幼儿园、清镇市机关幼儿园、观山湖区第一幼儿园、播州区直属机关幼儿园、织金县城南幼儿园、凯里市第一幼儿园通过第一次评估。贵阳市第八幼儿园、贵阳市第一幼儿园、贵阳市六一幼儿园、贵阳市中心实验幼儿园、花溪区第一幼儿园、安顺市实验学校幼儿园、织金县实验中心幼儿园、德江县实验幼儿园、玉屏县实验幼儿园、凯里市第四幼儿园通过复查评估。截至2016年底，贵州省共创建省级示范幼儿园45所，其中省级示范一类幼儿园1所，二类幼儿园15所，三类幼儿园29所。

2016年8月初，刘延东副总理在第九届中国—东盟教育交流周期间，对贵州省工作指示要求，要千方百计促进教育事业跨越发展，深入实施贫困地区儿童营养改善计划。为此，省委陈敏尔书记、省政府孙志刚省长明确指示，应积极争取社会各方支持，有序试点探索实施学前儿童营养改善计划；常务副省长秦如培、副省长陈鸣明也对落实好此项工作提出了有关要求；省委第十一届常委会第177次会议明确要求对学前儿童营养改善试点工作进行研究，提出工作意见按程序送审。9月，省财政厅会同省教育厅组织2个调研组分别赴织金、黔西、松桃、瓮安等县对学前教育供餐情况进行了深入细致的调研，在此基础上，省政府召集省教育厅、省财政厅、省民政厅、省卫计委（今省卫健委）、省食药监局、团省委、省妇联等部门负责人和相关处室负责人多方征求意见，制定下发了《省人民政府办公厅关于实施农村学前教育儿童营养改善计划的意见》，从2016年秋季学期开始，在全国率先启动农村学前教育儿童营养改善计划实施工作，向贫困地区农村学前教育机构就读的儿童每生每天提供3元钱营养膳食补助（每年按200天计，全年600元），所需资金由省、市（州）、县三级财政按照4∶3∶3的比例共同承担。学前教育儿童正处于成长发育的基础阶段，贵州省学前儿童营养不良问题仍然存在，特别是贫困地区尤为突出，亟须进行营养干预。2016年，贵州省学前教育在园儿童一百三十余万人，其中属于全省贫困地区的农村在园儿童就占一半以上，全省有大量农村学前教育留守儿童生活保障困难，营养问题令人担忧，特别是许多小学附属学前班的儿童不能与同校的哥哥姐姐共享营养午餐，只能看着哥哥姐姐吃营养餐，社会反响较为强烈，每年都成为人大代表、政协委员和群众持续反映和关注的问题。

2016年秋季学期，农村学前教育儿童营养改善计划在全省11个贫困县和10个极贫乡首先启动实施。各地迅速行动，抓紧制订实施方案，建立健全管理制度，建设改造农村学前教育机构食堂，完善食堂设施设备，各项工作有序推进。务川、水城、紫云、威宁、德江、平塘、荔波、从江、雷山、晴隆、望谟11个贫困县，以及盘县保基苗族彝族乡、镇宁县简嘎乡、赫章县河镇彝族苗族乡、纳雍县董地苗族彝族乡、石阡县国荣乡、长顺县代化镇、黄平县谷陇镇、榕江县定威水族乡、册亨县双江镇、贞丰县鲁荣乡10个极贫乡镇率先在1387所学前教育机构10.43万名农村儿童中启动实施。同时，贵阳市全市、红花岗区等地主动作为，由市（州）和县级财政承担资金自行开展试点。截至年底，全省共有31个县2079所学前教育机构先后启动实施了农村学前教育儿童营养改善计划，惠及16.89万名农村学前教育儿童。

11月25日，贵州省学前教育改革发展现场推进会在遵义市新蒲新区召开。会议总结了全省第一期学前教育三年行动计划实施以来学前教育改革发展取得的成绩和经验，安排部署了贵州省“十三五”和第三期学前教育三年行动计划期间的重点工作。

省政府副省长陈鸣明出席会议并讲话。省教育厅党组书记、厅长王凤友通报全省学前教育改革发展工作情况，遵义市委副书记、市长魏树旺致辞，省政府副秘书长樊新中主持会议。省直相关部门，各市（州）政府、教育局，贵安新区管委会、社会事务管理局负责同志，省直管县、各区（县）政府分管负责同志、教育局长，相关高校负责同志等近300人参加会议。会前，参会代表观看了遵义市学前教育三年行动计划实施专题片，并分3个组分别赴红花岗区、播州区、新蒲新区实地观摩了遵义市实验幼儿园、红花岗区小花万里幼儿园、红花岗区金鼎镇下庄村幼儿园、播州区苟江幼儿园、播州区机关幼儿园、新蒲新区第幼儿园、新蒲新区第三幼儿园、新蒲新区虾子镇幼儿园和湄潭县实验幼儿园。

现场推进会上，王凤友厅长在通报全省实施第二期学前教育三年行动计划以来的学前教育改革发展工作情况时指出，自2014年贵州省在全国率先启动第二期学前教育三年行动计划以来，全省学前教育资源不断扩大，幼教队伍日益壮大，管理改革创新显著，学前教育改革发展实现了新突破，取得了新成绩。

陈鸣明副省长在现场推进会上发表了热情洋溢的重要讲话，对全省实施第一期学前教育三年行动计划以来取得的成绩给予高度评价，对遵义市学前教育发展和城乡幼儿园建设工作给予充分肯定。他指出，近年来，贵州省学前教育工作有力度、有创新、有亮点、有成效，在履行政府主体责任，构建“广覆盖、保基本、兜底线”的学前教育公共服务体系工作中取得了很多宝贵的实践经验，全省学前教育事业实现了快速健康发展，获得了中央有关领导同志的充分肯定和鼓励。

继2015年陈鸣明副省长在全省第二期学前教育三年行动计划暨山村幼儿园建设现场推进会上提出学前教育“六抓”（一是抓统筹，系统谋划学前教育协调发展；二是抓发展，加快完善学前教育布局体系；三是抓质量，着力提高学前教育保教水平；四是抓师资，全力夯实学前教育人才基础；五是抓机制，建立健全学前教育保障体系；六是抓落实，全面推进学前教育各项工作）后，在此次会议上，陈鸣明副省长又对全省学前教育改革发展提出“四抓”要求，即：一是抓改革，增强学前教育持续发展动力，要创新教师补充机制、深化幼儿园管理体制改革和加强高校学前教育专业课程改革；二是抓普惠，完善学前教育公共服务体系，要完善以公办园和普惠性民办园为主体的学前教育公共服务体系和建立可持续发展的学前教育投入与运行保障机制；三是抓公平，推动学前教育优质均衡发展，要把学前教育作为精准扶贫的重要工作，教育资源配置向弱势地区和群体倾斜，切实抓好农村学前教育儿童营养改善计划工作；四是抓提升，实现学前教育内涵发展，加强幼儿园教师队伍建设，以规范管理提高办园水平，建立科学有效的学前教育督导评估制度和加强学前教育宣传力度。

陈鸣明副省长提出的学前教育“十抓”，为贵州省学前教育“十三五”及第三期学前教育行动计划的实施指明了改革与发展的方向。陈鸣明副省长指出，由于起点低、底子薄、欠账多，贵州省学前教育目前仍是教育体系中的薄弱环节之一，面临着许多新老困难与问题亟须解决，与建成人力资源强省、脱贫攻坚、全面建成小康社会的要求还有很大差距，改革发展任务依然艰巨。他强调，各级政府要从国家战略和精准扶贫的高度充分认识新形势下加快全省学前教育改革发展的紧迫性和重要性，切实把学前教育列入当地民生工程、列入政府重要议事日程，坚定不移地推进学前教育改革发展，努力回应人民群众对接受优质学前教育的良好期盼，让孩子接受良好教育，从源头上破解贫困代际传递难题。

王凤友厅长在会议上要求各地要认真贯彻落实本次会议精神，特别是陈鸣明副省长的讲话精神，合理布局普惠资源，加快提升办学水平，抓实营养改善计划，完善普惠保障体制，不仅要让孩子“有园上”，还要让孩子“上好园”，努力在“十三五”期间全面推进贵州省学前教育事业发展迈上新台阶，让学前教育之花在贵州大地开放得更加灿烂，更加绚丽。会上，遵义市人民政府、铜仁市人民政府、南明区人民政府、兴义市人民政府发言，省政府机关幼儿园、贵州现代幼教集团贵阳车辆厂幼儿园（民办）进行了交流发言。

习近平总书记强调“要加强顶层设计和整体谋划”。按照这一要求，2015年8月，陈敏尔书记与教育部长袁贵仁在贵阳签署了《教育部贵州省人民政府深化贵州教育综合改革战略合作协议》。协议的签订，使贵州省教育综合改革上升为国家层面的战略任务。截至2016年年底，与教育部签订协议的只有上海与贵州。按照协议，省教育厅出台了《教育综合改革方案》的总体文件。为把教改方案的具体内容落到实处，省教育厅召开十余次党组会议，就制定相关配套文件，在广泛调研基础上，深入讨论，反复推敲，字斟句酌，严格把关，相继出台包括《关于实施农村学前教育儿童营养改善计划的意见》等配套文件，并按程序报审《关于实施第三期学前教育行动计划的意见》等。通过顶层设计，形成了教育改革“1+N”文件体系。

2016年，教育部与联合国儿童基金会在贵州省启动“贵州‘流动儿童与城市贫困儿童’学前教育质量提升项目”，通过建立试点、专家指导培训、编撰手册等多种形式助推贵州省学前教育质量提升。

2016年起，北京乐平公益基金会在贵州省黔南州等地持续开展农村幼儿园教育质量提升、幼小衔接等项目，帮助偏远、薄弱地区提升学前教育质量。

2016年12月16日，贵州省教育厅下发《省教育厅关于推进全省学前教育教研指导责任区工作的通知》，学前教育教研指导责任区工作在全省全面推进。该通知提出，学前教育教研指导责任区是搭建共同学习、互助共赢的发展共同体，建立和完善教研指导责任区，形成教研工作长效机制，及时解决教师在教育实践中的困惑和问题，是新时期推进幼儿园内涵发展和促进幼儿园教师专业成长的重要途径。这一文件为全省各地方案的制定和工作的开展指明了方向，强调了建立教研指导责任区的意义和目的，并为如何科学构建学前教育教研指导责任区提出了指导建议，同时对专家团队建设等方面做了详细的描述。文件提出，要以《幼儿园教育指导纲要（试行）》和《3—6 岁儿童学习与发展指南》为依据，以“优化管理、科学保教、资源共享、提升质量”为目标，充分发挥名园带动和名师引领作用，加强园际互动和业务指导，着力解决幼儿园在一日生活、环境创设、学习与游戏组织、卫生保健、安全管理等内部方面存在的突出问题，推动幼儿园科学治理、保教融合，不断提高办园水平。各地因地制宜，积极研制适合本地特点的教研指导责任区方案，组织开展了丰富多彩、各具特色的教研指导责任区工作。

贵州省各地结合实际，科学合理划分教研指导责任区。如贵阳市形成以教育行政支持为保障，以市教科所为宏观指导，以区（市、县）教研部门为专业指导，以责任区为实践基地，以园本教研为根本方式的责任区建设机制。建设目标为培养一支“有专业知识，有专业能力，有专业情意”的幼儿园教师队伍，提高全市学前教育质量，构成“幼儿园—教研指导责任区—区（县）—全市”“四级教研网络”的联动运行机制。贵阳市建立《贵阳市学前教育教研指导责任区工作考核评价指标（试行）》以及《贵阳市学前教育教研指导责任区工作考核评分细则》，贵阳市教研指导责任区工作领导小组负责对区（市、县）教研部门和责任区开展教研和参加市级有关责任区工作的情况实施常态监管，建立管理台账，每月在责任区工作群进行公示，并在年终由贵阳市教科所组织由相关人员组成的评审工作组对各区工作进行量和质的综合评定，评选责任区工作先进单位和个人。遵义市围绕《3—6 岁儿童学习与发展指南》《幼儿园教师专业标准》的贯彻落实，通过跟进观察专题活动的形式建设责任区有序推进。遵义市将 14 个县（区、市）划分为三大责任区，分成 9 个观察组，并从全市市级以上示范幼儿园及教研人员中选出 58 名观察员，分派到 27 个集团的 160 所幼儿园中开展教研跟进观察。黔东南州建立州、县市两级教研工作责任区。州级共划分 4 个责任区，各责任区设教研指导责任人4—5名，主要由州教育科学研究所学前教育兼职教研员、省级示范幼儿园和州级示范幼儿园园长及业务副园长、县级幼教专干及教研员担任，第一人为责任区组长，成员根据工作需要由责任人自行确定。县级责任区由各县市根据实际自行组建。黔东南州以州教研责任区为面，以4个大片区为点，以县级责任区为线，通过布好教研网络途径，分片分层地进行交叉检查和指导，达到教研提升一体化。铜仁市组建教研专家团队，市、县配备1—3名专职教研员，以教研责任区为单位，每区聘任1名兼职教研员。成立市、县两级学前教育专家团队，团队成员由高校教师、幼教专干、幼教教研员和部分优秀园长、骨干教师担任。市级专家团队成员可再次入选县级专家团队（需本人同意），明确专、兼职教研员和专家团队工作职责。每年至少开展1次专兼职教研员培训，提高教研员专业水平。六盘水市以县区为单位划分了19个责任区。同时各地明确各责任区负责人，健全责任区工作制度，建立责任区考评机制。

2016年，贵州省第二期学前教育三年行动计划完美收官。贵州省学前教育致力于强基固本，发展再上新台阶，全省统筹中央和省级资金8.823亿元，支持各地新建、改扩建幼儿园1008所，绝大部分新建幼儿园都是乡镇以下村级幼儿园，在园幼儿达144.7万人，新增公办幼儿专任教师五千一百余人，学前三年毛入园率达83%，比2015年提高了3个百分点，并成为贵州省唯一高出全国平均水平的教育发展指标。贵州省学前教育供给能力明显增强，农村学前教育普及步伐加快推进，初步形成了以县级示范幼儿园为龙头、乡镇中心幼儿园为骨干、村级幼儿园为基本的县、乡、村三级学前教育公共服务网络，“入园难”问题得到极大缓解。

2016年12月18日，由21世纪教育研究院、澳门同济慈善会、远播教育集团等单位联合主办的第五届“地方教育制度创新奖”公益颁奖盛典暨地方教育制度创新研讨会在北京举行。贵州省作为全国西部欠发达的省份，以多举措建设山村幼儿园提升农村学前教育普惠水平获得本届创新奖、优胜奖。21 世纪教育研究院是以教育公共政策研究为主的民办非营利性组织，其致力于以独立的立场开展教育研究与政策倡导，聚集教育界内外的民间智慧，推动中国的教育改革与发展，追求好的教育、理想的教育。“地方教育制度创新奖”由 21 世纪教育研究院 2008 年发起，每两年一届，目前已成功举办三届，产生了广泛的社会影响，被视为民间评价教育的有益尝试。

贵州省实施学前教育三年行动计划以来，特别是通过第二期学前教育三年行动计划（2014 年—2016 年），明确了以建设村级幼儿园为重点任务之一。为了探索农村学前教育发展的路径，促进农村学前教育的发展，贵州省委、省政府高度重视，各级政府全力投入，在自身财力薄弱的情况下，大力发展公办学前教育，提出“广覆盖、保基本、兜底线”的发展思路。各地因地制宜地通过利用民房、村委会、撤点并校后闲置的校舍建立村级园、乡镇园，通过政府购买服务、招聘志愿者等方式补充学前教育师资，通过集团化办园管理模式的创新发展县域内城乡学前教育。21 世纪教育研究院借此授予贵州省第五届“地方教育制度创新奖”，激励贵州省保持学前教育的良好发展势头，持续推进学前教育改革发展，努力回应全省人民群众对接受良好学前教育的期盼。

第三节 2017 年—2020 年第三期贵州学前教育三年行动计划

2017 年 10 月，党的十九大胜利召开。十九大报告中将“幼有所育”纳入新时代中国特色社会主义思想和基本方略，将其视为重要的民生问题，强调要“办好学前教育”。这是新时代党对学前教育性质的重申，再次肯定了学前教育作为国计民生组成部分的重要价值。2017 年 12 月

18日至20日，中央经济工作会议在北京召开。在这次被视为2018年国家各项工作“风向标”的会议上，按照党的十九大报告关于针对人民群众关心的问题精准施策的要求，首次提出要着力解决五大具体的“教育”问题，其中包括解决婴幼儿照护和儿童早期教育服务问题。可见，党和国家将学前教育的性质定位为我国国民教育体系的重要基石、重要的社会公益事业、广大人民群众关心的重大民生问题。

习近平总书记指出，“老百姓关心什么、期盼什么，改革就要抓住什么、推进什么”。陈敏尔书记强调，改革要从实际出发，坚持问题导向、需求导向。要从民生的需求和人民的期待出发，把事关民生的改革事项落实好。教育改革牵涉到千家万户，牵一发而动全身，每一项改革都事关成败。贵州省教育厅始终以教育领域存在的亟须改革的问题为导向，组织和推进各项改革工作。王凤友厅长要求，教育系统必须坚守的改革原则，是不拿孩子和老师作为赚取政绩的试验田；对有助于提高教育质量和推动教育公平的体制机制问题坚定不移推进改革；对于事关广大群众的民生事业，教育改革工作既要积极，更要稳妥。教育改革要取得成效，就必须“一把手抓改革，改革抓一把手”。王凤友厅长提出，一是要召开部省联席会议，就贵州省近期需要解决的重大改革事项进行研究审议，积极争取教育部给予政策倾斜支持，解决具体问题。二是要召开全省教育综合改革推进会，总结经验，查找问题，推动落实各项改革任务。三是要开展中心组学习，传达中央、省委改革工作的重要会议、文件精神，并对有关改革文件和任务贯彻落实。四是要召开厅党组会议，研究教育改革议题，如教育扶贫、考试招生制度、城乡义务教育均衡发展、一流大学一流学科建设、教师队伍建设、学前儿童营养改善计划等改革事项。

陈敏尔书记强调，做改革的行家里手，要把改革的方案和实施的方法研究透。厅长不能做“听”长，要做实干家：局长不是局外人，要做局内人。要舍得花时间研究方案，研究方法。在方案制定上，做到“四个有”：有路线图，有工作量，有时间表，有责任人。《教育综合改革方案》出台后，省教育厅及时对重点改革任务进行分解落实：一是将81项改革任务提炼合并为53项；二是尊重办学自主权，将市、州、高校能自行组织实施的改革任务直接下放；三是根据改革任务的轻重缓急和系统性、协调性原则，对各项任务的完成时限进行调整。经多次广泛深入地征求意见，并通过厅党组会、教育体制改革专题组、省委深改领导小组会议审定，形成《〈贵州省教育综合改革方案〉重点任务分解方案》。该方案的53项重点任务中，贵州省教育厅牵头37项，地方党委政府牵头5项，其他省直部门牵头11项。同时将教育厅牵头的改革任务分解到处室、单位，明确责任领导、责任处室、责任人、完成时限，并将其纳入厅目标绩效考核，实行月报、季调度、半年督查，年度考核将改革压力层层传导、改革责任层层压实。

2017年是贵州省第三期学前教育行动计划的开局之年。贵州省早谋划、早安排、早启动、早实施，在全国率先以省人民政府名义制定下发了《贵州省第三期学前教育行动计划》。2017年1月5日，省教育厅学前教育处下发了《关于做好第三期学前教育三年行动计划规划编制相关准备工作的通知》，要求各地科学预测、合理做出2017年—2019年学前教育规划。此次填报的内容有：第三期学前教育三年行动计划基础情况、公办幼儿园建设布局规划表、贵州省学前教育相关人口情况统计、贵州省学前教育新增教师规划等。对贵州省学前教育发展情况进行摸底，为第三期行动计划文件的出台提供数据基础。2月27日下发《省教育厅办公室关于填报第三期学前教育行动计划规划编制相关数据的通知》，要求各地再一次编制2017年—2020年学前教育发展规划。根据各地上报数据和贵州省实际情况，省教育厅学前处草拟了《关于实施第三期学前教育行动计划的意见（草拟稿）》，及时在厅内相关处室、相关厅局及市（州）征求意见，并上报省政府组织相关单位修改完善。

2017年4月13日，经国家教育体制改革领导小组会议通过，教育部、国家发展改革委、财政部、人力资源和社会保障部联合下发了《教育部等四部门关于实施第三期学前教育行动计划的意见》，提出："建立健全'国务院领导，省地（市）统筹，以县为主'的学前教育管理体制。省级、地市级政府加强统筹，加大对贫困地区支持力度。落实县级政府主体责任，充分发挥乡镇政府的作用。""省地（市）级统筹，以县为主"的核心要义，一是加大省级政府以及县级以上人民政府对区域内学前教育事业的统筹作用，二是突出县级政府对县域内学前教育发展的主体责任。

2017 年 6 月 22 日，在国家出台第三期学前教育行动计划 2 个月后，贵州省人民政府办公厅下发了《关于印发〈贵州省第三期学前教育行动计划实施意见〉的通知》，并于 2017 年 7 月 19 日召开了部署会，安排部署贵州省第三期学前教育行动计划工作，讲解了国家和省第三期学前教育行动计划的核心内容、实施策略，各市（州）介绍第三期学前教育行动计划的主要目标、工作任务及保障措施。各市（州）、县（区）教育局分管局长、学前科（股）负责人参与了本次部署会。

贵州省以第三期行动计划为契机，努力让学前儿童"有园上""上好园"。随着贵州省幼儿园数量逐年增加，随着社会、家庭对学前教育质量要求不断提高，贵州省坚持在快速增加幼儿园数量的同时，抓幼儿园质量的发展。贵州省第三期学前教育行动计划的工作目标是：到 2020 年，全省学前三年毛入园率达到 90%，普惠性幼儿园覆盖率（公办幼儿园和普惠性民办幼儿园在园幼儿数占在园幼儿总数的比例）达到 80%。2017 年—2020 年，每年新建、改扩建公办幼儿园 1000 所，基本建成广覆盖、保基本、兜底线、有质量的学前教育公共服务体系。重点任务是支持公办幼儿园和普惠性民办幼儿园发展，科学理顺学前教育管理体制和办园体制，切实加强幼儿园教师队伍建设，着力加大幼儿园质量监管和业务指导力度，全面落实儿童营养改善计划和资助工作。第三期学前教育行动计划要求各地要高度重视，认清形势，充分认识加快贵州省学前教育发展的紧迫性和重要性，站在国家战略意义和贵州省扶贫攻坚高度，充分认识学前教育是推动“二孩政策”落地、保障民生的迫切需要，是推进教育扶贫、阻断贫困代际传递、为全面建成小康社会做贡献的重大举措，要坚定不移地推进学前教育改革发展，努力回应人民群众对优质学前教育的良好期盼。

为提高贵州省学前教育质量，在教育部的大力支持下，2017 年，贵州省在贵阳市、遵义市、铜仁市、毕节市、黔东南州启动并实施教育部与联合国儿童基金会共同开展的项目：“贵州省农村学前教育质量提升”（项目周期 5 年）和“贵州省城市流动儿童与贫困儿童学前教育质量提升”（项目周期 3 年）。两项项目预计投入人民币 1300 万元左右，用于提高贵州省学前教育质量，从而促进贵州省学前教育不断提升与发展。

2017 年 1 月项目实施以来，教育部与联合国儿童基金会为贵州省贵阳、铜仁、凯里、七星关共计二十余所贫困地区幼儿园配备设备及玩教具（户外人字梯组合、室内积木、户外大型炭烧积木、攀爬架组合等）、音乐器材包（龙头梆子、铃鼓、手鼓、三角铁等）、图书等资源（绘本、教师用书等）。设备从 5 月末起逐步发送到相关项目幼儿园并投入使用，改善了项目园的办园条件。

为确保项目在贵州省取得实效，并能在全省及贫困地区推广，教育部与联合国儿童基金会委派华东师范大学、四川师范大学、天津师范大学的 5 名学前教育国家级专家深入贵州省项目地开展指导工作。专家们定期蹲点指导工作，每月定点到各项目点幼儿园进行实地观察与指导，对受益园及整个市州的幼儿园园长及教师的专业成长提供了支持与帮助。

同时，教育部与联合国儿童基金会组织贵州省幼儿园教师实地学习安吉游戏。安吉游戏因其对教学环境、主体、方式进行了重大革新，颠覆了中国传统幼儿教育形式，其生态式教育极其符合幼儿身心发展规律，具有普适性和有效性，已在全国以及世界产生了巨大的影响力。2017 年 11 月 12 日至 16 日，教育部与联合国儿童基金会在享誉世界学前教育界的安吉专门为贵州省举办了安吉游戏经验培训。教育部基础教育司幼儿教育处副处长张咏，联合国儿童基金会项目官陈学锋博士以及多名国家级学前教育专家与贵州 60 位学前教育专干、园长以及一线老师参训。

在培训期间，教师们参观了安吉县 3 所不同层级的幼儿园，从幼儿自主游戏活动、幼儿半日活动、幼儿园环境创设、家长会等方面进行深入学习与观摩。专家们也参与到教师们的交流研讨中，根据贵州省实际提出许多新思路和宝贵建议。最后，教育部基础教育司张咏副处长及联合国儿童基金会项目官陈学锋博士为大家进行总结，并对贵州各项目市（州）、县提出了要求，希望各位园长和老师能够深刻理解安吉游戏的理念，以贯彻落实《3—6 岁儿童学习与发展指南》为核心，以联合国儿童基金会项目为依托，积极探索出富有贵州特色的提高学前教育质量的策略，并在全省推广。

2017 年，教研指导责任区工作在贵州省全面推开。各地区进一步明确工作责任，加强督导检查，积极深入推进，使教研指导责任区工作在内涵发展上有了新突破，逐步实现“优化管理、科学保教、资源共享、提升质量”的目标。4 月 10 日至 14 日和 4 月 17 日至 21 日，省教育厅对贵州省的幼教干部、教研员、业务园长、保教主任、教研组长共计 200 余人进行了培训，培训方式主要是参与式培训和现场研修。参与式培训让学员认识了解幼儿园教研工作的组织与管理、幼儿园教研计划与教研活动的编制、幼儿园案例式教研、幼儿园观课议课式教研、幼儿园教研活动的设计；现场研修主要是让学员观摩教研活动，听取教研工作经验介绍、阅览幼儿园教研资料。贵阳、遵义、黔东南、铜仁等地也组织了教研人员的多次培训。

贵州省以习近平同志为核心的党中央提出的“以人民为中心”的发

展思想谋划教育事业改革，落实十九大报告提出的“努力让每个孩子都能享有公平而有质量的教育”和“幼有所育”作为“增进民生福祉”“促进人的全面发展”的重要内容。实施学前教育三年行动计划以来，贵州省委、省人民政府高度重视学前教育，以“广覆盖、保基本、兜底线”为核心，以公益、普惠为原则，促进学前教育快速发展，得到各级领导的肯定和表扬。然而，在发展过程中，有部分市（州）、县（市）政府不认真履行学前教育职责，违背国家及省有关发展学前教育法规政策的精神，将部分公办幼儿园改变性质，将城市稀缺优质公办幼儿园改变为高收费民办幼儿园，更有甚者，将农村国有教育资产委托、租赁、转让给私人开办幼儿园，这些幼儿园普遍存在教师素质低、膳食质量差等问题，既加重了百姓的经济负担，也加大了教育部门的监管难度，使需要政府兜底、精准帮扶的边远贫困农村学前儿童的教育和健康得不到保障，造成了不好的社会影响，损害了政府的公信力。为了使贵州省学前教育沿着公益普惠的方向发展，扩大公办学前教育资源，实现国家提出的学前教育普及普惠目标任务，省人民政府在 2017 年下发的《贵州省第三期学前教育行动计划》中明确提出：“利用财政性资金和国有资产举办的幼儿园必须将财政性资金全部用于扩大公办资源，已改变公办性质的，2017 年年底前收回并整改到位。”此项工作已于 7 月 19 日的全省第三期学前教育行动计划部署会上做了专门安排和部署。省人民教育督导室、省教育厅于 2017 年 11 月联合下发《省人民政府教育督导室省教育厅关于对利用财政性资金和国有资产举办民办幼儿园及改变公办幼儿园性质清理整顿工作督导检查的通知》，开展清理整顿工作。

国家和省有关学前教育发展的法律法规与政策文件为开展清理整顿工作提供了强有力的依据。《中华人民共和国教育法》规定：“以财政性经费、捐赠资产举办或者参与举办的学校及其他教育机构不得设立为营利性组织。”《中华人民共和国民办教育促进法》规定：“教育用地不得用于其他用途。”《国务院关于当前发展学前教育的若干意见》提出：“发展学前教育，必须坚持公益性和普惠性，努力构建覆盖城乡、布局合理的学前教育公共服务体系。”“大力发展公办幼儿园，提供‘广覆盖、保基本’的学前教育公共服务。”“不得用政府投入建设超标准、高收费的幼儿园。”“中小学布局调整后的富余教育资源和其他富余公共资源，优先改建成幼儿园。”《教育部等四部门关于实施第三期学前教育行动计划的意见》提出：“大力发展公办幼儿园，提供广覆盖、保基本的学前教育公共服务。”继续办好公办乡镇中心幼儿园，充分发挥辐射指导作用，大村独立建园，小村联合办园，优先利用中小学闲置校舍进行改建。加快集中连片贫困地区乡村幼儿园建设。”六部门联合印发《关于国有企业办教育医疗机构深化改革的指导意见》，要求对国有企业办教育机构、医疗机构分类处理，分类施策，深化改革，2018 年底前基本完成企业办教育机构和医疗机构集中管理、改制或移交工作。对企业办的普通中小学、学前教育、全日制普通本科高校，原则上移交地方管理。《贵州省第三期学前教育行动计划实施意见》提出：“利用财政性资金和国有资产举办的幼儿园必须全部用于扩大公办资源，已改变公办性质的，2017 年年底前收回并整改到位。”

具体督查程序为：首先，县级自查。各县（市、区、特区）人民政府按照相关文件要求对辖区内利用财政性资金和国有资产举办民办幼儿园及被改变公办性质幼儿园的收回与整改情况进行全面检查，将自查报告上报市（州）人民政府教育督导室、教育局。然后，市（州）级督查。各市（州）级人民政府对利用财政性资金和国有资产举办的民办幼儿园及改变公办幼儿园性质问题严重的县（市、区、特区）进行督查并督促整改，形成市（州）督查报告上报省人民政府教育督导室、省教育厅。接着，省级重点督查根据各地检查、抽查情况，省人民政府教育督导室、省教育厅将组织相关部门对问题严重的市（州）、县进行重点督导检查。2017 年 12 月底，贵州省 9 个市（州）、1 个新区、2 个省直管县（市）的人民政府根据文件要求，按照县区自查、市州抽查的督导检查方式完成了“公办幼儿园被改变性质的情况及整改情况”与“利用财政性资金和国有资产举办民办幼儿园的情况及整改情况”的督导检查任务，并上交相关工作报告至省人民政府教育督导室与省教育厅。全省共有110所公办幼儿园被改变公办性质，其中收回80所。全省共有599所利用财政性资金和国有资产开办的民办幼儿园，其中收回26所。

2017年，第六届全国学前教育宣传月活动的主题为“游戏——点亮快乐童年”。根据《教育部办公厅关于开展2017年全国学前教育宣传月活动的通知》精神，贵州省教育厅对第六届学前教育宣传月活动进行了部署和安排，并在六盘水成功举行了贵州省第六届全国学前教育宣传月启动仪式。省教育厅党组成员、副厅长级督学潘建春出席启动仪式并讲话。潘建春强调，人民群众对高质量的学前教育需求和当前全省学前教育质量整体不高之间的矛盾正在日益凸显，大幅度提高全省幼儿园整体教育质量，引导全社会树立正确的教育观和儿童观，实现从“有园上”到“上好园”，成为下一阶段贵州省学前教育深化改革、实现内涵发展的重点攻坚方向。2017年是第三期学前教育行动计划的启动之年，新的征程已经开始，希望全省学前教育工作者为推动贵州省学前教育改革发展做出新的、更大的贡献。启动仪式后，北京市早期教育学科带头人、国内资深早教专家、清华大学继续教育学院国培讲师王雅明老师以“享受快乐，共同成长”为题进行了精彩专题讲座。之后，与会代表参观了六盘水市第四实验幼儿园，观摩了幼儿园亲子游戏活动并进行了现场交流研讨。

宣传月期间，贵州省各级教育行政部门、各幼儿园紧紧围绕宣传主题，在总结以往开展宣传月活动经验的基础上，结合本地实际，开展了针对性、实效性强，形式多样、丰富多彩的宣传月活动。贵阳市围绕本次学前教育宣传月“游戏——点亮快乐童年”的主题组织实验幼儿园等8个幼儿园、200个家庭参与儿童游园游戏活动。200个家庭分组参与音乐游戏等8个主题游戏活动，幼儿们沉浸在各种游戏中，家长们切身体会和感受游戏带给幼儿的欢乐与启迪。此外，贵阳市组织全市三百余名园长、保教主任、教师、幼教专干、学前教育教研员参与到游戏中，在专业老师的带领下，大家共同体验和感受游戏，从而进一步提升将游戏转化为课程的能力。

在本届宣传月活动中，贵州省不断创新宣传方式，提高宣传力度与效果。贵州省特别重视探索投入少、效果好、人民群众喜闻乐见的宣传方式，发挥微信、微博、QQ、手机短信等新媒体的宣传作用，向广大群众、教育行政部门等发放宣传月海报、宣传口号、幼儿游戏相关知识的内容、宣传片等，收到了良好的宣传效果。息烽县利用电视、广播、网络、宣传册及手机等多种媒体，将幼儿游戏的价值和内涵用公众易于理解的方式广为传播。辖区内各幼儿园通过主题活动、家长会、亲子游戏、社区讲堂等多种途径宣传游戏的价值和教育实践经验，并为家长答疑解惑，帮助家长科学育儿。仁怀市在宣传月活动期间，利用条幅在市区醒目位置悬挂宣传标语，营造宣传月氛围。制作以“游戏——点亮快乐童年”为主题的宣传展板，借助微信群、教育局网站平台、教育局微信公众号、LED显示屏等各种媒体向社会宣传教育理念。通过本次学前教育宣传月活动，贵州省向社会宣传游戏对幼儿童年生活的重要影响，引导社会充分认识游戏是幼儿特有的生活与学习方式，让家长、幼儿园等各个层面更深刻、更全面地认识到游戏对幼儿健康成长的重要意义，也进一步推动贵州省学前教育事业的发展。

2017年9月19日，由国务院发展研究中心、贵州省人民政府指导，中国发展研究基金会、中国国际发展知识中心、贵州省教育厅共同举办的“奋斗2020实现‘一村一园’——贫困地区农村学前教育专题研讨会”在贵安新区隆重开幕。研讨会关注贫困地区农村学前教育的短板，探讨“一村一园”的形式对确保贫困农村地区儿童能够接受学前教育的意义，以推进落实“教育扶贫”政策，从根源阻断贫困的代际传递。

原国务委员戴秉国、国务院发展研究中心主任李伟、贵州省副省长陈鸣明、联合国儿童基金会驻华副代表郑道出席开幕式并致辞。中国发展研究基金会副理事长兼秘书长卢迈主持开幕式。省教育厅党组书记、厅长王凤友在会上以贵州省学前教育发展特别是贫困地区农村幼儿园建设为主要内容进行发言。多国政府官员，经济合作与发展组织、亚太儿童早期发展网络、联合国儿童基金会国际组织代表，国内外儿童早期发展专家学者、社会组织代表和部分省（区、市）教育厅（委）负责同志，国内试点县代表等嘉宾，贵州省领导及相关部门负责人，各市（州）政府分管教育的负责同志、教育局主要负责同志、省内师范院校主要负责人等近300人参加会议。会前，与会代表共同观赏了两名幼教从业者和孩子们自编自演的音乐短剧《永不停止的欢乐歌》。

原国务委员戴秉国在研讨会的致辞中指出，2016年，全国学前三年毛入园率达到77.4%是了不起的成就，但中国在消除贫困和普及学前教育方面还面临着很大的困难和挑战。我们必须努力寻找破解之策，进一步扩大普惠性学前教育资源，加快推进普及进程，让所有适龄学前幼儿都有接受学前教育的机会。希望政府和教育部门高度重视学前教育，增加经费投入，大力开展山村幼儿园计划等普惠性学前教育行动，促进城乡协调发展与社会公平。针对农村幼儿园师资力量还比较薄弱的现象，政府、企业、学者和社会组织要共同携手，为中国的儿童发展献计献策，让所有孩子都有一个阳光的起点。

国务院发展中心主任李伟提出，目前贫困地区农村学前教育还面临着不少突出的问题：一是集中连片特困地区入园率低；二是一些地方政府对学前教育重要性认识不足，重视不够；三是财政投入不足，且投入不合理；四是幼师数量严重不足，幼师编制、待遇问题长期得不到解决。他建议，各级政府要高度重视贫困地区农村学前教育；实施学前教育进村计划，在适龄幼儿人数10人以上的山区行政村及大的自然村全部实现“一村一园”；就地招聘幼师志愿者，设置合理准入门槛，入职后加强职业培训；加强国际交流合作，通过中国国际发展知识中心等交流平台，贡献中国智慧和中国方案。

联合国儿童基金会副代表郑道提出，全球的证据表明，投资开展高质量的学前教育，尤其面向处于不利处境的儿童，可以带来巨大的回报。他高度赞扬我国一直以来高度重视儿童的早期发展，致力于实现所有儿童享有学前教育，尤其面向农村儿童提供高质量的学前教育。他表示，2014 年中国教育部、联合国儿童基金会与地方教育主管部门共同发起了农村地区爱生幼儿园试点项目。这个项目希望通过打造安全、健康、包容的幼儿园环境，实施高质量、有效的教学方法，更好地推动儿童早期教育开展。这个项目已经有二百多个爱生幼儿园参与，在全国 5 个省进行试点，惠及 2 万名儿童。

中国发展研究基金会副理事长卢迈对贫困地区农村学前教育进行了成果汇报。他表示，“山村幼儿园”项目 8 年来的实践表明，该项目提高试点地区学前三年毛入园率至 90% 以上，为每个幼儿家庭每年节约 4000 元学前教育支出，有效地促进了在园幼儿的认知、动作、语言和社会情感方面的发展水平，并支持了试点县年轻人的职业发展。

贵州省人民政府副省长陈鸣明介绍了贵州省在教育改革方面的经验做法。他表示，贵州省高度重视教育工作，连年将压缩下来的行政经费用于教育事业。2017 年，贵州省基本普及十五年教育工作将全面收官，全省教育改革发展取得了显著成就。陈鸣明强调，学前教育是重大民生问题。“十二五”以来，贵州省新建、改建乡镇和城市社区幼儿园 1840 所，村级幼儿园 4100 所，初步形成县、乡、村三级学前教育公共服务网络，将学前三年毛入园率提高至 83%，高于全国平均水平。“十三五”期间，贵州省将继续推进学前教育改革发展，力争到 2020 年，将全省学前三年毛入园率提高至 90%，使普惠性幼儿园覆盖率达到 80%，基本建成广覆盖、保基本、兜底线、有质量的学前教育公共服务体系，让教育带给群众更多的幸福感和获得感。

省教育厅党组书记、厅长王凤友围绕贵州省学前教育特别是贫困地区农村幼儿园建设做了主旨发言。王凤友表示，贵州省在加快发展教育尤其是学前教育方面做了积极努力，实施了学前教育突破工程，目前正在实施第三期学前教育行动计划，学前教育改革发展实现了新突破，取得了新成绩。全省幼儿园八千余所（民办幼儿园四千余所），在园幼儿 145 万人，教职工 12 万人，专任教师 7 万人，学前三年毛入园率 83%。王凤友强调，为了补齐农村幼儿园教育的短板，贵州省通过建园、招师、供餐、提质四项工作，全面推进贵州省贫困地区学前教育建设。到 2020 年，贵州省学前三年毛入园率将达到 90%，普惠性幼儿园覆盖率将达到 80%，努力从源头上破解“贫困代际传递”难题，推进贵州省学前教育特别是贫困地区农村幼儿园发展再上新台阶。

2017 年，教育部与联合国儿童基金会在贵州省启动“贵州省农村学前教育质量提升”项目。为进一步加大学前教育精准扶贫力度，促进区域教育均衡和教育公平，提高极贫乡镇学前教育质量，在北京乐平公益基金会提供技术指导、教师培训以及教育资源等帮助下，贵州省在 20 个极贫乡镇及所在县开展 20 个极贫乡镇农村学前教育质量提升项目，进行农村学前教育质量提升探索。

通过前期对全省 20 个极贫乡镇及所在县农村幼儿园进行调研，贵州省明确了项目任务。一是帮助完善县域学前教育管理及教研机制。帮助极贫乡镇所在县完善集团化办园管理制度，建立健全教研指导责任区，形成教研工作长效机制。二是培训骨干教师及园长，加强师资队伍建设。与北京乐平公益基金会合作，分期分批开展极贫乡镇及所在县幼儿园骨干教师及园长培训工作，为极贫乡镇及所在县幼儿园培养一批师德高尚、素质优良且能够发挥业务引领和指导作用的骨干教师及管理人员。三是指导幼儿园规范内部管理，提高幼儿园管理水平。重点指导极贫乡镇幼儿园及县集团化办园龙头园规范幼儿园内部管理，提高幼儿园管理水平，并通过集团化办园机制带动辐射县域内其他幼儿园共同发展。

全省 20 个极贫乡镇及所在县农村学前教育质量提升项目教师培训工作依托贵阳幼儿师范高等专科学校开展，分别于 2017 年 4 月 24 日至 28 日、9 月 25 日至 29 日顺利完成了第一期、第二期 20 个极贫乡镇及所在县幼儿园教师培训工作。每期培训了包含极贫乡镇中心幼儿园骨干教师各 2 人、县集团化办园龙头骨干教师各 2 人及县教育局幼教干部（或教研员）各 1 人，共计 100 人。幼儿园骨干教师接受项目培训后，返回所在极贫乡镇对幼儿园教师开展相应的培训，提升贫困地区农村幼儿园教师保教能力。如德江教育局在 2017 年 10 月 14 日举办“德江县极贫乡镇学前教育质量提升第二期二级培训”，结合 9 月 25 日至 29 日在贵阳幼儿师范高等专科学校参加“贵州省极贫乡镇学前教育质量提升第二期培训”的重点内容，组织全县各乡镇（街道、社区）中心幼儿园和 27 所具有办园许可证的民办幼儿园园长与音乐、语言骨干教师参加学习。通过音频分享和现场互动的方式，骨干教师从“语言在音乐教学中的运用”和“身体打击乐在音乐教学中的运用”两方面，对“字词、儿歌、童谣的节奏朗诵练习”“语言节奏的卡农”“语言与乐器、舞蹈的结合”“舞蹈中语言的运用”“身体打击乐在音乐教学中的应用”及“声势在音乐中的基本形式”进行了深入浅出的讲解。

北京乐平基金会于 2017 年 4 月向全省 20 个极贫乡镇农村幼儿园捐赠了总价值为 75000 元的 100 套千千树教学资源包，教学资源包内含早期儿童阅读、学前音乐、学前数学等教师用书、电子音视频光盘；同时，向 20 个极贫乡镇捐赠了价值 10 万元的绘本，以满足贫困地区幼儿园幼儿早期阅读需要。

2017 年，贵州省继续实施语言文字规范化示范校项目，省语言文字工作委员会、省教育厅组织专家，根据《贵州省语言文字工作规范化示范学校创建标准（试行）》的各项指标，从学校语言文字工作管理、宣传工作、教学活动、工作成果等方面对申报创建“贵州省语言文字规范化示范学校”的学校进行了验收。通过检查，54 所学校获“贵州省语言文字规范化示范学校”称号，其中有3所幼儿园、21所普通小学、20所普通中学、8所普通高中、2所中等职业学校；其中有5所学校获“贵州省语言文字规范化达标学校”称号。截至2017年年底，贵州省已命名二百八十余所省级示范校。省语言文字工作委员会、省教育厅对通过验收的学校进行了授牌。

2017年6月13日，时任国务院副总理刘延东主持召开“促进儿童健康发展”座谈会，对贵州学前教育高度肯定，“贵州是贫困地区，学前教育搞得很好，营养餐也实现了全覆盖，贵州能做到，其他地方只要重视了也能做到”。8月22日，省人民政府新闻办公室组织召开全省农村学前教育儿童营养改善计划新闻发布会。省教育厅副巡视员何秀黔、省学生资助管理办公室主任罗忠勇出席新闻发布会并回答记者提问。副巡视员何秀黔作为主发布人，向媒体介绍全省学生资助政策体系、教育脱贫工作等情况。新闻发布会由省政府新闻办新闻发布处副处长刘琦主持。何秀黔介绍，“十二五”以来，贵州省继续加快完善学生资助政策体系，学生资助工作亮点纷呈，实现率先全面实行食堂供餐、率先实行中职学生全面免除学费、率先实施教育精准扶贫学生资助、率先实施农村学前教育儿童营养改善计划“四个全国率先”。贵州省不但是全国第一个，也是目前唯一实施学前营养改善计划的省份。当前，贵州省继续深入推进农村学前教育儿童营养改善计划，该计划已先后在82个县、9100所学前教育机构中实施，惠及农村学前教育儿童75.53万人，其中全省66个贫困县实现农村学前教育机构全覆盖，惠及农村学前儿童65.95万人，另有16个县积极自行开展试点，惠及农村学前儿童9.58万人。贵州省农村学前营养改善计划不断提质升级，提的是质量，升的是数量，农村学前营养改善计划扩大至学前范围。各地向在农村学前教育机构就读的儿童提供每生每天3元钱的营养膳食补助，以提高学前教育机构食堂供餐质量，改善贫困地区农村学前教育儿童营养健康水平。对部分目前没有食堂的边远乡村学前教育机构，采取就近依托义务教育阶段学校食堂进行供餐；少数离义务教育学校较远、目前不具备供餐条件的山村幼儿园，采取家庭托餐或向儿童提供牛奶、鸡蛋等成品的方式供餐。66个贫困县农村学前教育儿童营养改善计划所需资金由省、市（州）、县（市、区）财政按4∶3∶3的比例分担。2016年以来，贵州省累计下发营养膳食补助资金3.46亿元。其中：省级财政1.38亿元、市（州）财政1.04亿元、县级财政1.04亿元。

2017年7月，贵州省民族教育“双百工程”举办启动暨购买专业服务签约仪式。省教育厅党组副书记、副厅长王碧海出席仪式并讲话，省民宗委吴建民副主任主持签约仪式。省教育厅民教处、教科院、省民宗委文教处、计财处、人事处，项目学校、入选教学名师及所在县（市、区）教育局主要负责人、专业服务机构负责人参加启动仪式。

王碧海副厅长在讲话中指出，举行民族教育“双百工程”启动暨购买专业服务签约仪式，是为了体现对民族教育工作的重视，希望社会各界更加关注民族教育和民族地区的发展，保证在脱贫奔小康路上不让一个少数民族掉队。民族教育“双百工程”不是学校基础设施建设，也不是教育教学理论和概念的研讨，而是在少数民族地区教育基本办学条件显著改善的今天，通过对学校和名师的打造与培养，提高少数民族地区中小学、幼儿园办学水平，促进民族地区教育公平，实现教育均衡发展。为此，他要求有关单位和人员“要有‘工匠精神’，不能一蹴而就”，“这也就是我们不仅邀请专业服务团队指导，而且将项目周期确定为3年的原因”。各项目学校和中标单位要通力合作，卓有成效地开展工作，为推动贵州省民族教育发展做出新的贡献。

2015年12月29日，贵州省人民政府办公厅以黔府发〔2015〕213号文件转发了省教育厅、省民宗委的《贵州省加快发展民族教育实施方案》。该方案在“重点工作”中提出：“实施能力提升“双百工程”。采取针对性扶持政策，支持建设一批优质民族中小学（幼儿园）。实施民族中小学（幼儿园）办学能力提升‘双百工程’；打造100所民族特色示范学校（其中普通高中 15 所、中职学校 10 所、初中 30 所、小学 30 所、幼儿园 15 所）；打造民族学校办学特色和品牌，在民族学校培养和遴选 100 名优秀名师。”之后，省教育厅、省民宗委联合行文，将此项任务分解至相关部门和各市（州），要求在“十三五”期间完成“双百工程”的遴选和建设。2016 年，两厅委启动了“双百工程”申报遴选工作，凯里市第四幼儿园等 20 所中小学幼儿园入选项目建设学校，韦山良等 20 名名师入选民族教育名师。省教育厅从中央分配给贵州的民族教育补助金中设立专项经费，对入选的 20 所学校每校给予 90 万元经费支持，此项经费主要用于提升办学质量和特色发展的软件建设。此外，对每校补助 20 万元，专项用于聘请专家服务团队，实地诊断帮扶项目学校，强化优势学科建设，促进民族民间文化传承。对入选名师每人补助 15 万元，用于民族教育名师工作室建设，要求入选名师发挥引领示范作用。

为保证“双百工程”顺利高效实施，两厅委采用“统招分签”的工作思路，以提高采购效率、降低采购成本、实现规模化采购的经济效益。经过近一年的精心筹备，已委托招标机构完成了民族教育“双百工程”购买专业服务招投标工作，选定了相关服务机构。省教育厅、省民宗委每学期均会组织对项目单位和专业服务团队的工作进行评估，以确保项目做起来有成效，能示范。

2017 年 4 月和 10 月，省教育厅召开贵州省第十九期、第二十期“校长提高计划”培训会。会后，280 名农村中小学校长、幼儿园园长赴北京、宁波、青岛、大连、苏州等发达地区挂职学习一个月。在当天的培训会上，省教育厅教师工作处的同志就全省教师工作的最新有关政策进行了详细介绍，第十七期“校长提高计划”学员代表、贵阳市第三十九中陈志敏校长向即将启程的校长、园长分享了挂职学习的心得体会，黔西南州兴仁县第十中学王波校长代表新学员作表态发言。省教育厅民族教育处调研员雷忠勇在会上介绍了省情、教情和实施“校长提高计划”的背景，并提出了具体要求，希望挂职校长、园长珍惜机会、牢记责任，遵守纪律、注重团结，在新环境中、新岗位上勤于学习、善于思考，将发达地区先进的教育管理经验付诸实践，带领全体教师努力争做贵州教育改革的奋进者、教育扶贫的先行者、学生成长的引导者。贵州省“两基”攻坚完成后，针对农村孩子“上好学”这一课题，省教育厅依托对口帮扶工作平台，抓住提高校长治校办学能力这一关键环节，选派农村优秀中小学校长、幼儿园园长到对口帮扶城市挂职学习，简称“校长提高计划”，有序助推教师成长，打造贵州农村教育发展品牌。该计划自2008年实施以来，贵州省先后选派2633名农村中小学校长、幼儿园园长到发达地区挂职学习，取得了明显成效。通过学习，参训的校长和园长把发达省市先进的教育理念和教学管理经验付诸实践，进一步提供了治校办学能力，极大地推动了全省农村教育改革与发展，并搭建起与发达省市学校交流合作的平台。

2017年，贵州省建设公办幼儿园1112所。中央投入6.1465亿元，贵州省投入4.5亿元，共计10.6465亿元；学前三年毛入园率达到85%，超过全国平均水平5个百分点；完成新增公办专任教师5000人目标任务。截至2017年年底，全省有幼儿园9772所（其中民办幼儿园4697所），幼儿园教职工141086人，专任教师83376人（其中民办教师44132人）；在园（班）幼儿153.4万人，新增8.8万人；新增9所省级示范性幼儿园，省级示范性幼儿园达54所。

2018年9月10日，党中央召开改革开放以来第五次、新时代第一次全国教育大会，为加快推进教育现代化、建设教育强国、办好人民满意的教育指明前进方向、提供根本遵循。中共中央总书记、国家主席、中央军委主席习近平出席会议并发表重要讲话。他强调，要在党的坚强领导下，全面贯彻党的教育方针，坚持马克思主义指导地位，坚持中国特色社会主义教育发展道路，坚持社会主义办学方向，立足基本国情，遵循教育规律，坚持改革创新，以凝聚人心、完善人格、开发人力、培育人才、造福人民为工作目标，培养德智体美劳全面发展的社会主义建设者和接班人，加快推进教育现代化、建设教育强国、办好人民满意的教育。

伴随着全国教育大会在北京召开的东风，为贯彻习近平总书记“坚持中国特色社会主义教育发展道路，培养德智体美劳全面发展的社会主义建设者和接班人”的重要指示，2018 年 12 月 14 日，新时代第一次贵州省教育大会在贵阳召开。省委书记、省人大常委会主任孙志刚，省委副书记、省长谌贻琴出席会议并发表重要讲话。

省委书记、省人大常委会主任孙志刚在讲话中强调，要坚持以习近平新时代中国特色社会主义思想为指导，深入学习贯彻党的十九大精神和习近平总书记在贵州省代表团重要讲话精神、全国教育大会精神，加大教育扶贫，扎实推进教育现代化，建设特色教育强省，办好人民满意的教育，续写新时代贵州教育事业发展新篇章。省委副书记、省长谌贻琴讲话。省政协主席刘晓凯出席会议。省委常委、省委宣传部部长、省委教育工委书记慕德贵主持第一次全体会议并发表总结讲话。省委常委、省委组织部部长李邑飞宣读表彰决定。省委常委夏红民、时光辉、刘捷、严朝君，省人大常委会、省政府、省政协有关负责同志，省军区主要负责同志，省法院院长、省检察院检察长参加会议。

孙志刚强调，党的十八大以来，贵州省举全省之力优先发展教育，教育总体水平显著提升，教育精准扶贫成效更加突出，人民群众教育获得感显著增强，但教育事业发展不平衡、不充分的情况还比较突出。要全面落实立德树人根本任务，注重提高教育质量，着力深化教育改革开放，着力打造一支高素质专业化教师队伍，努力培养德智体美劳全面发展的社会主义建设者和接班人。

孙志刚强调，决战脱贫攻坚，决胜同步小康，对贵州省教育工作提出了鲜明的时代要求。要坚决打好教育扶贫硬仗，推动教育更好地服务农村产业革命和高质量发展，奋力开创教育服务经济社会发展的新局面。要全面加强党对教育工作的领导，严格落实各级党政责任，突出抓好学校党建工作，切实加强思想政治工作，着力凝聚支持教育发展的强大合力，为建设特色教育强省提供根本政治保证。

谌贻琴强调，全省各级各部要全面贯彻党的教育方针，更加自觉地把教育放在优先位置，加快推进教育现代化，大力建设特色教育强省。要加快补齐短板，着力解决教育精准扶贫，“乡村弱，城镇挤”“入园难，入园贵”和留守儿童、随迁子女教育等问题，推动公共教育服务均等化。要做足特色文章，积极推动高校和职业教育形成特色，增强教育服务经济社会发展的能力。要千方百计解决好教师待遇问题，在师德师风上坚持高标准、严要求，加快培育壮大高素质专业化师资力量。要持续深化教育体制机制改革，充分激发教育事业发展的生机活力。各级各方要密切配合、强化保障，为教育优先发展创造良好条件。

这是一次举旗定向、坐标定位、推动发展的大会。省委、省政府主要领导的讲话，站位高、目标明、问题清、措施实。全省教育系统将不忘初心、牢记使命、感恩奋进，推动会议精神在教育战线入脑、入心、入行。坚持正确办学方向，全面加强党的建设，以社会主义核心价值观为统领，落实好立德树人这一根本任务，努力办好人民满意的教育。坚持社会主义办学方向，努力构建德智体美劳全面发展的教育体系，续写新时代贵州教育事业发展新篇章。

针对我国城乡学前教育发展不平衡、不充分以及“入园难”“入园贵”等问题，2018 年，《中共中央国务院关于学前教育深化改革规范发展的若干意见》进一步明确了学前教育公益普惠基本方向，提出了推进学前教育普及普惠安全优质发展的重大政策举措。这是新中国成立以来，第一个以党中央、国务院名义专门印发的学前教育文件，充分彰显了党中央对亿万学前儿童的亲切关怀和办好学前教育的坚定决心，具有里程碑意义。

进入新时代，现代化建设、社会全面进步和人的全面发展对教育提出了新的更高的要求。贵州省教育发展仍然不平衡、不充分，与发达地区教育水平相比，还存在不小差距，还不能充分满足人民群众日益增长的教育需求。为深入学习贯彻习近平总书记关于教育的重要论述，全面贯彻落实全国教育大会精神，用两个五年时间全面提升教育质量，加快推进教育现代化，建设特色教育强省，中共贵州省委、贵州省人民政府在召开新时代第一次全省教育大会的同时也印发了《贵州省推进教育现代化建设特色教育强省实施纲要（2018—2027 年）》等一系列推动全省教育改革发展的重要文件，对未来一段时期全省教育改革发展做出顶层设计、安排部署，践行立行立改。

贵州省教育厅（省委教育工委）落实全国、全省教育大会精神，全面贯彻党的教育方针，落实立德树人根本任务，围绕中央和中共贵州省委、省人民政府的重要决策部署，让广大人民群众享有更加公平、更有质量的教育，持续推进全省教育事业高质量发展。教育兴则贵州兴，教育强则贵州强。面对全国教育事业百舸争流、千帆竞发的态势，全省教育战线乘着全国、全省教育大会的东风，振奋精神，接续奋斗，按下贵州教育发展快进键，跑出贵州教育加速度，唱响贵州教育好声音。

3 月 16 日贵州省下发《省教育厅关于下达 2018 年度学前教育发展目标任务的通知》，明确了 2018 年度学前教育各县（市、区、特区）新招教师数、在园幼儿数、普惠率、幼儿园建设数等目标任务并督促推进。为确保目标任务的完成，5 月 31 日下发《省教育厅办公室关于填报 2018 年度学前教育发展目标任务月报表的通知》，要求各地每月 30 日前上报目标任务完成情况月报表，及时了解各地在完成任务过程中的问题和困难，加强了日常指导和督促。

为落实《贵州省第三期学前教育行动计划实施意见》中“利用财政性资金和国有资产举办的幼儿园必须全部用于扩大公办教育资源，已改变公办性质的，2017 年底前收回并整改到位”的要求，督促各市（州）整改学前教育发展中的相关问题，2018 年 4 月 4 日，在 2017 年底各地清理的基础上，省教育厅联合省人民政府教育督导室对 9 个市（州）分别下发了《省人民政府教育管导室省教育厅关于对各市（州）利用财政性资金和国有资产举办民办幼儿园及被改变公办性质幼儿园清理整顿工作进行督办的通知》，要求各地按照“一园一案”的要求，2018 年 6 月 30 日前完成利用财政性资金和国有资产开办的民办幼儿园及改变公办性质幼儿园的收回整改工作。截至当年 10 月底，已收回相关幼儿园 532 所（要求整改 675 所），回收率为 78.81%。从 2018 年开始，贵州省在全省范围内开展幼儿园办园行为督导，规范办园行为。通过现场督导、下达督办通知、约谈等方式强化了政府履行学前教育主体责任的意识，推进了学前教育的快速健康发展。

2018 年 3 月 19 日，根据 2018 年中央经济工作会议精神，贵州省教育厅开展贵州省 0—3 岁儿童早期教育服务工作，经过学习研究和充分研讨，制定了《贵州省儿童早期教育服务规划起草工作方案》，明确了 2018 年工作任务和重点，在全省范围内书面调研 0—3 岁儿童人口基本情况、受教育情况、机构情况、机构服务人员组成及教师学历等情况，为草拟《贵州省儿童早期教育服务发展规划》收集第一手数据。7—9 月，相关人员赴上海市、贵阳市、遵义市、黔东南自治州、铜仁市、黎平县等不同地区就不同形式的早期教育服务机构开展实地调研工作，撰写调研报告，为规划的起草提供现实依据。起草的《贵州省儿童早期教育服务规划（草案）》，可以为贵州省儿童早期教育服务工作提供科学指导。

2018 年 3 月 29 日至 30 日，贵州省第四届幼儿园优秀自制玩教具展评活动培训会在贵阳市举行。来自全省各市（州）、区（县）教育局分管学前教育工作的局领导、分管学前教育工作的科（股）长、设备（仪器）科（站）长、幼教干部、幼教教研员，省级示范幼儿园园长及各市（州）、县（市区）部分幼儿园园长和骨干教师共二百四十多人参加了培训。贵州省教育装备管理中心副主任杨权出席开幕式并发表讲话。他在讲话中指出，办好学前教育，要抓好学前教育装备工作；要加强学前教育信息化工作，科学合理配置教育装备，要进一步加强学前教育装备的质量管理工作。培训活动邀请了华东师范大学学前教育与特殊教育学院教授、博士生导师郭力平，亿童教育研究院副院长黄鑫，遵义市红花岗区第一幼儿园园长曹丽娟，贵阳市第一幼儿园一分园执行园长秦长芬等学前教育专家分别以“基于儿童发展的玩具设计及应用”“让游戏材料与幼儿对话——玩教具在幼儿课程实践中的融合与运用”“全国幼儿园自制玩教具获奖作品分析与赏析”为主题展开专题培训。培训会为贵州省幼儿园开展自制玩教具活动提供了理论性、创新性和指导性帮助。

2018 年 4 月 19 日，“共话新时代贵州教育改革发展圆桌会议”高端论坛在贵阳举行。此次会议旨在深入贯彻落实党的十九大和全国两会精神，开创贵州教育的新时代，推进公平而有质量的教育在贵州落地生根。来自教育部、知名院校的专家学者以及贵州省教育系统相关负责人围绕“新时代、新思维、新举措、新作为、新成就”，深入探讨教育改革发展，为贵州教育改革发展把脉问诊。国内专家学者从宏观、中观、微观全方位提出全面系统的理念、思路和措施，在全省掀起贵州教育“解放思想、深化改革、扩大开放、科学发展”大讨论。会议提出，为履行好教育新使命，推动贵州教育实现新发展，全省教育系统要紧紧围绕“聚焦党建思政、聚焦资源统筹、聚焦改革开放、聚焦充分平衡”的目标和要求，落实立德树人根本任务，深化教育改革，促进教育公平，提升教育质量，不断在“幼有所育、学有所教、教有所获”上取得新进展，切实在办公平而有质量教育的道路上写好“奋进之笔”，完成“得意之作”，为同步建成小康社会、实现“百姓富，生态美”的多彩贵州新未来提供重要的人才和智力支撑。与会专家们立足贵州教育发展的阶段性特征，着眼 2020 年后教育发展，立足 2020 年前现实问题解决，以“教育在贵州脱贫攻坚中的历史使命与责任担当”为主题进行了探讨。

专家学者们从不同的角度做了主题发言，并提出了全面系统的理念、思路、措施。

4 月 27 日下发的《省教育厅办公室关于开展教研指导责任区教研人员能力建设第四期培训的通知》，为提高教研员、教师的教研能力扩大了培训面。教研指导责任区建设是贵州省第三期学前教育行动计划提出的一项重要工作，是提高学前教育质量和均衡发展的重要抓手。通过以优质园为引领，组建覆盖县、乡、村教研指导责任区，以教研帮助教师解决实践中的困惑和问题，以教研和培训相结合提高教师培训的针对性和实效性。年初教育厅学前教育处要求各地上报 2018 年度教研指导责任区工作打算，对各地制定的方案进行了了解和指导。5 月 8—11 日，全省幼教干部、教研员、业务园长、保教主任、教研组长进行了教研指导责任区教研人员能力建设培训，共 70 人参培，这是省教育厅学前教育处举办的第四期教研人员工作培训。7—9 月，学前处到毕节市七星关区、铜仁市等地进行了教研指导责任区的实地指导，对教研指导责任区的规范管理、教研活动的组织开展、教研员教研能力提升等方面提出了指导意见。12 月，要求各地上报 2018 年度教研指导工作总结，以便了解各地教研指导责任区能力建设情况、

4 月 23—26 日，按照贵州省第三期学前教育行动计划提出的“建立完善幼儿园质量评估体系，逐步将省内各类幼儿园纳入评估范围”的要求，举办了省级示范幼儿园评估工作培训（第二期），培训人数为 97 人。10—11 月，学前处组织开展了四期省级示范幼儿园评估人员专项能力提升培训，对参与过省级示范幼儿园评估的专家、省级示范幼儿园园长、分管教育教学副园长或保教主任共计 200 人进行了培训，培训内容主要是教与学的质量、儿童发展、幼儿园管理及卫生保健四个部分。在推进全省幼儿园建设的同时，各地着力抓好省级示范幼儿园建设，以示范幼儿园建设促进质量提升。6 月 11—15 日，贵州省组织专家对已通过初评的开阳县城关镇幼儿园等 5 所幼儿园进行第二次评估，对贵阳市南

明实验幼儿园等 12 所省级示范幼儿园进行复查评估。经评估，开阳县城关镇幼儿园、大方县中心幼儿园、镇远县机关幼儿园、盘州市第一幼儿园、盘州市实验幼儿园被评为省级示范幼儿园（三类）；贵阳市南明实验幼儿园、省人民政府机关幼儿园等 11 所省级示范幼儿园通过复查评估，黔南自治州机关幼儿园通过省级示范幼儿园（二类）专项评估。11—12 月，对申报省级示范的幼儿园进行第一次评估，对部分省级示范幼儿园进行复查评估。

5 月 20 日，根据教育部部署要求，2018 年贵州省学前教育宣传月活动在铜仁市启动。本次宣传月的主题是“我是幼儿园教师”。省教育厅党组成员、副厅长级督学潘建春出席启动仪式并讲话。铜仁市委常委、市人民政府副市长王晓华，铜仁幼儿师范高等专科学校校长冉贵生，铜仁市教育局局长黄霞出席活动。2011 年以来，全省共投入一百多亿元建设幼儿园，每年新建改扩建 1000 所公办幼儿园；全省在园幼儿达到 153.4 万，每年新增在园幼儿 10 万人；每年新增 5000 名公办幼儿专任教师，7 年新增 36000 名，是 2010 年的 6 倍。指导 13 所普通本科高校开办学前教育专业，5 所师范学校升格为幼儿师范高等专科学校，加大培养高素质幼儿园教师，为学前教育发展提供数量足、质量高的师资。教师队伍建设工作多次得到教育部表扬，是贵州省学前教育的一大亮点。潘建春指出，省委、省政府高度重视学前教育，年年把学前教育列入十大民生工程，对学前教育发展进行了系列研究部署，以公益普惠为方向，遵循广覆盖、保基本、兜底线的基本原则，加大资金投入，扩大学前教育资源，加强幼教师资队伍建设，保障幼有所育。潘建春强调，各地要高度重视、精心部署，立足幼儿园保教工作实践，在全省范围内多视角、多形式宣传呈现幼儿园教师工作、学习的真实情景和具体案例，帮助社会和家长认识幼儿园保育教育活动的特点，理解幼儿园教师职业的专业性，了解幼儿园教师专业成长历程，塑造新时代幼儿园教师爱岗敬业、积极向上的良好形象，营造重视关心幼儿园教师成长、支持推动学前教育发展的良好氛围。展现职业特点和专业内涵，组织各主体广泛参与，并且多途径、多方式扩大宣传，以营造全社会理解幼儿园教师工作、关心幼儿园教师成长、支持学前教育发展的良好氛围。启动仪式结束时，在场所有教师重温了贵州省教师誓词。启动仪式结束后，北京师范大学洪秀敏教授与北京市早期教育学科带头人、清华大学继续教育学院国培讲师王雅明老师分别以“新时代幼儿园教师专业发展的挑战与思考”“和孩子一起成长”为题进行了专题讲座。学前教育宣传月活动中，各地开展了丰富多彩的宣传月活动，多措并举，营造了全社会关心支持学前教育改革发展的良好氛围。

6月13—15日，贵州省第四届幼儿园优秀自制玩教具展评活动在贵阳市成功举行。按照教育部《关于举办2018“张謇杯”全国幼儿园优秀自制玩教具展评活动的通知》和贵州省教育厅办公室《关于举办贵州省第四届幼儿园优秀自制玩教具展评活动的通知》文件精神要求，贵州省教育装备管理中心在厅学前教育处、省教科院的指导支持下，在前期开展省级培训、广泛宣传、深入推动、精心准备的基础上，于6月13日至15日圆满完成省级评审工作。各市（州）教育局高度重视、精心组织，层层选拔，共选送科学类、益智类、建构类、运动类、艺术类、综合类299件作品参加省级评选。省教育厅从幼教专家库抽选12名专家组成评审专家组，评审专家组对参赛作品进行了认真评选，共评选出一等奖16名，二等奖31名，三等奖63名。授予2名教师“自制玩教具能手”称号。贵州省从获奖作品中选送30件优秀作品参加全国展评活动。全省共有300多名教师携作品参加现场评审。毕节、安顺、黔东南等地教育局组织部分幼儿教师一百多人观摩评审活动。此次展评活动规模大，活动开展范围广、幼儿教师参与积极性高，作品质量较往届有较大提高。优秀自制玩教具展评活动的开展促进了教师对现代教学理念的思考，推进了幼儿教师间的交流和学习。幼儿教师根据教学需要创新设计开发玩教具，并利用其特色开展活动，促进幼儿园办园水平提升，提高贵州省学前教育质量，进一步贯彻党的十九大关于“办好学前教育”的目标要求。

6 月 22 日，省教育厅办公室下发了《关于开展 0—3 岁早期教育相关情况调研的通知》，在全省调研 0—3 岁儿童人口基本情况、受教育情况、机构情况、机构服务人员组成及教师学历等情况，为草拟《贵州省儿童早期教育服务发展规划》收集第一手数据，之后根据收集到的数据，在省内不同经济发展水平的市（州）进行实地调研，同时到先进省份进行考察学习，形成一份完整的书面调研报告；最后根据调研情况及《贵州省儿童早期教育服务规划（2020—2025）》（草拟稿）的相关要求，确定试点单位，在贵州省部分市、县进行试点。

2018 年 8 月，根据《教育部办公厅关于开展幼儿园“小学化”专项治理工作的通知》要求，省教育厅制定了《贵州省幼儿园“小学化”专项治理工作方案》，开展幼儿园“小学化”专项治理工作。专项治理工作按照全面部署、自查与摸排、全面整改、专项督查四个阶段进行，全省范围内所有公、民办幼儿园，公、民办小学及涉及幼儿的校外培训机构均在专项治理范围之内。8—11 月，开展自查工作幼儿园 10956 所，占比 98.37%；开展自查工作小学 8103 所，占比 94.73%；开展自查工作的校外培训机构 865 所，占比 99.08%。通过自查摸排，有效地发现了存在的问题，并制定了整改方案。

9 月 17—19 日，贵州省教育厅牵头，联合省妇儿工委、省卫计委和高校组成调研组，赴上海市开展儿童早期教育服务工作学习考察。调研组听取了上海市教委关于儿童早期教育服务工作现状及相关政策经验介绍，实地考察了孩子园幼儿健康成长托育中心、黄浦区早期教育指导中心等不同类型的早期教育服务机构，从设施设备、管理机制、师资队伍、运营效益等方面对儿童早期教育服务机构进行调研。省人民政府将制定贵州省儿童早期教育服务规划工作列入 2018 年的重点工作，并明确教育厅为牵头单位，省妇联、省卫计委为责任单位共同完成此项工作。7—9月，教育厅组织调研组赴贵阳市、遵义市、黔东南州黎平县等地实地考察了不同类型的早期教育服务机构，为贵州省儿童早期教育服务规划起草工作提供了有效借鉴。厅学前教育处、贵阳幼儿师范高等专科学校、省妇幼保健所、省妇儿工委办相关负责人参加了本次考察。

2018年10月31日至11月4日，2018“张謇杯”全国幼儿园优秀自制玩教具展评活动在江苏省海门市举行，来自全国31个省（自治区、直辖市、新疆兵团）共计九百余件作品参加了此次评选。贵州省代表团选送的30件作品全部通过初评进入现场终评，其中5件作品获得一等奖、11件作品获得二等奖、12件作品获得三等奖。贵州省代表团在各位老师的努力下，克服种种困难，所有作品讲解展示圆满完成，成功展示了贵州幼儿教师勤于探索、刻苦钻研、精于动手、团结协作、积极向上的精神风貌。贵州省在全省范围广泛发动幼儿教师参加自制玩教具，积极组织贵州省代表团有序参展，鼓励教师充分利用本土资源、巧妙融入民族元素、重视幼儿身心发展、坚持创新理念，对此，组委会领导和评审专家给予了充分肯定。通过参加全国幼儿园优秀自制玩教具展评活动，贵州省八十余名幼儿园园长、教师和全国的幼教工作者进行了广泛深入的交流，大家认识到，今后在自制玩教具活动中要把玩教具的安全性放在第一位，要消化吸收评审专家的评审意见并借鉴各省优秀作品的制作思路，根据教学需要创新设计开发玩教具，并利用其特色开展活动，促进贵州省幼儿园办园水平进一步提升。

11月5—6日，受国务院发展研究中心邀请，邹联克厅长参加了在北京召开的“第六届反贫困与儿童早期发展国际研讨会”，并围绕会议主题，做了大会交流发言。邹联克厅长表示，贵州省委省政府高度重视学前教育，始终把教育作为改变贵州、挖掉穷根的治本之策，把学前教育作为阻断贫困代际传递的有效途径，加大投入、出台政策，促进学前教育跨越发展。党的十八大以来，贵州省各级政府投入一百多亿元大力发展公办幼儿园，每年新建、改扩建公办幼儿园1000所，2015年，每个乡镇都有了至少 1 所公办幼儿园，一半的村有了公办幼儿园，公办幼儿园占比从 2010 年的 28% 增加到 2017 年的 52%，学前三年毛入园率达到 85%，是贵州省各类教育中唯一超过全国平均水平的普及指标。同时通过加大幼儿教师招聘力度，拓宽教师补充渠道，每年新增公办幼儿园专任教师 5000 人。新增 5 所幼儿园师范高等专科学校，扩大了教师培养规模，提高了人才培养质量。贵州省在全国率先实施农村学前儿童营养改善计划，从 2016 年启动时的 11 个县，到 2018 年秋季学期实现了农村学前教育机构全覆盖，惠及 87 个县、9921 所学前教育机构、86.18 万名农村学前教育儿童。贵州省通过采取集团化办园、教研指导责任区的方式整体提升县域内幼儿园办园水平和教育质量。目前贵州省广覆盖、保基本、兜底线、公益普惠的学前教育公共服务体系基本建立，入园难、入园贵的问题得到基本缓解。邹联克厅长对国务院发展研究中心在铜仁等地实施的“山村幼儿园行动计划”为贵州省农村学前教育发展提供的有益经验和政策探索表示衷心的感谢。他希望国务院发展研究中心、中国发展研究基金会继续给予贵州支持，帮助贵州省实现 2020 年全省学前三年毛入园率达到 90%、普惠性幼儿园覆盖率达到 80% 的目标任务，推动贵州学前教育发展水平再上新台阶。贵州的经验和做法备受与会代表的关注和好评。本次会议由国务院发展研究中心指导、中国发展研究基金会主办、中国国际发展知识中心和亚太儿童早期发展网络组织（ARNEC）合作举办。全国政协副主席李斌、国务院发展研究中心主任李伟、教育部部长陈宝生等同志出席会议并发表重要讲话。中国发展研究基金会副理事长兼秘书长卢迈主持会议，中外嘉宾共三百余人参会。会议围绕反贫困、2030 可持续发展、人力资本、脑科学、儿童早期养育、学前教育、儿童保护等议题展开讨论。

12 月 4—6 日，根据贵州省教育厅、省质监局、省工商局联合下发的《关于开展幼儿园床上用品专项检查的通知》要求部署，省教育厅牵头，省市场监督管理局组成两个工作组同时赴贵阳市、黔西南州进行幼儿园床上用品专项检查实地抽查。经过前期的各幼儿园自查及市（州）、县区抽查指导，对幼儿园床上用品采购、销售和生产做了进一步规范，出现的突出问题得到基本整治，但仍存在如下问题：一是由于家长认知有限，家长自行采购的、用于幼儿园的床上用品质量参差不齐。二是部分幼儿园只能提供生产厂家的质量合格证，不能提供本批次采购的床上用品质检报告，质量保障措施不严谨。三是部分幼儿园采购的棉絮实物与招标要求不符，有安全隐患。四是部分幼儿园重复翻弹使用老旧棉絮，不符合卫生要求。五是部分幼儿园棉絮等采购存在质量约定不清晰、验收方式不明确、质保期未约定等现象。针对存在的问题，检查组提出了下一步的工作建议：一是建立健全招标采购制度并严格执行。教育行政部门要严格按照财政规定的招投标程序招投标，并在有营业执照的正规企业或经营单位采购。二是指导家长辨识合格产品，提高家长安全意识。三是市（州）教育局、市（州）市场监督管理局等部门要加强联合，加大对招标采购床上用品等行为的监督管理力度，将床上用品流通领域的监管工作形成常态。检查组实地抽查了4个县（区）、16所幼儿园和1个棉絮生产企业，抽查的幼儿园种类涵盖了公办、民办、城市、农村。抽查检查期间，被抽查市（州）、县（区）就幼儿园床上用品的现状及工作进展情况进行了汇报，检查组在部分幼儿园召开了座谈会，向县（区）及市（州）相关部门进行了专题反馈和总结。省、市、县各级教育、工商、质检、安全等部门参加了检查。

2018年，教育部与联合国儿童基金会项目工作推进力度大、成效显著。“贵州省农村学前教育质量提升”（项目周期五年）和“贵州省城市流动儿童与贫困儿童学前教育质量提升”（项目周期三年）项目在贵阳市、遵义市、铜仁市、毕节市、黔东南自治州进入实质性实施阶段。2018年3月，召开了贵州省“教育部—儿基会项目”年度行动计划实施研讨会，确定了2018年工作总目标及各市（州）工作任务。同时为确保贵州省学前教育在儿基会项目推动下规范办园、提高质量，教育部与联合国儿童基金会在贵州省派驻了华东师范大学教授华爱华、四川师范大学教授鄢超云等5位在全国有影响力的专家，专家每月到负责的市（州）实地指导一次。为配合贵州省开展的农村学前儿童膳食营养改善计划工作，省教育厅学前处借助联合国儿童基金会支持，召开了学前儿童膳食营养研讨咨询会，邀请国家级膳食营养专家为贵州省学前儿童膳食调研工作进行指导，开展儿童膳食营养指导研究，并将此项工作列入贵州省教育十大招标课题。10月，开展贵州省学前儿童膳食营养与管理指导研究调查培训会，通过培训，加强了调研人员对调研工具的全面了解，提高了项目实施的科学性和严谨度，研讨了项目实施中可能存在的困难及解决策略。

3—6月，为了完善项目地区幼儿园办园条件，教育部与联合国儿童基金会为贵州省“城市流动儿童与贫困儿童项目”中八十余所幼儿园配备室外活动材料、图书包、室内材料，共计金额约100万元，并帮助贵州省铜仁市万山区、碧江区建立课程资源中心。8月，教育部与联合国儿童基金会为“贵州省农村学前教育质量提升”项目中二十余所幼儿园配备户外活动材料、室内材料及图书包，金额共计约20万元，均已陆续投入使用。为促进各个项目顺利开展，实施项目推进督促指导制度。学前处组织省级专家前往毕节、遵义、铜仁、黔东南等市（州）实地督导项目推进，在督导过程中帮助七星关区组建了由省内专家组成的专家团队，并召开项目中期推进会，带动各市（州）抓内涵、抓质量。会议总结了项目实施的主要成绩和经验，对项目要解决和突破的问题进行了深入分析，明确了下一步的工作思路及落实重点，确保年度项目的顺利推进。

10月23—26日，为了提高项目地区学前教育工作者有关儿童早期发展科学的认知和实践能力，促进贫困农村幼儿园及城市流动儿童幼儿园质量提升，教育部、联合国儿童基金会组织国际国内专家在贵阳举办学前儿童发展培训会。参加此次培训会的人员还有教育部与联合国儿童基金会项目官员，贵州省教育厅学前教育处相关人员，以及贵州省参加项目的贵阳市、遵义市、铜仁市、毕节市、黔东南自治州和山东省临沂市教育局项目负责人、教研员、幼儿园园长教师等 85 人。培训会上，贵州省教育厅厅长邹联克致欢迎辞。他表示，20 世纪 80 年代以来，教育部、联合国儿童基金会致力于探索和研究贫困山区学前儿童的发展，为我国制定学前教育相关政策积累了丰富的实践经验和参考依据。贵州省作为重要的参与者和实践者，见证了一个有着强烈使命感、责任感和科学精神的团队二十多年为贫困山区孩子的职守和贡献。贵州省委、省政府始终坚持把教育作为挖掉穷根的治本之策，优先发展教育事业，对学前教育特别是贫困地区学前教育给予了前所未有的关注和支持，把学前教育列入“十大民生工程”，学前教育实现跨越式发展。但由于起点低、底子薄、欠账多等问题，贵州省学前教育还面临许多新困难与老问题亟待解决，殷切希望得到教育部及联合国儿童基金会的持续关注与支持，共同推动贵州省学前教育发展迈上新台阶。“十三五”期间，贵州省将继续站在战略高度，大力实施好第三期学前教育行动计划，强有力地推进学前教育发展，努力回应人民对优质学前教育的热切期盼，力争到 2020 年基本建成广覆盖、保基本、兜底线、有质量的学前教育公共服务体系。

教育部与联合国儿童基金会项目官员陈学锋博士对项目实施情况进行了简要介绍。陈学锋博士提出，目前国际上对儿童早期教育的重要价值已达成共识，认为重视儿童早期教育是打破贫困代际传递的重要途径。希望通过在贵州省贵阳市、铜仁市等 4 个市（州）建立城市流动儿童和农村儿童学前教育质量提升项目试点，探索贫困地区儿童发展促进策略与路径，获得试点经验，并逐步向全国推广，综合推进城乡学前教育均衡发展。教育部基础教育司学前教育处副调研员张咏在主持会议时表示，近年来，在党中央、国务院领导的支持下，教育部会同有关部门推动各地以县为单位连续实施了三期学前教育行动计划，着力扩大普惠性资源，推动学前教育普及普惠健康发展。在推动事业发展的同时，教育部坚持质量与规模并重，下发了《3—6岁儿童学习与发展指南》(以下简称《指南》)，修订了《幼儿园工作规程》，组织开展贯彻落实《指南》的试点行动，推动幼儿国保教质量不断提高。但由于幼儿园教师整体素质不高，目前幼儿园“小学化”问题依然严重。为推进城乡学前教育质量均衡发展，防止和纠正“小学化”问题，教育部与联合国儿童基金会合作，开展城市流动儿童和农村儿童学前教育质量提升项目，旨在推进幼儿园深入贯彻落实《指南》，探索改进薄弱幼儿园保教实践的路径和策略，整体提升幼儿园保教质量。参训学员要借助项目实施契机，结合本地区和本园的实际，切实把保教质量推上一个新台阶。随后的3天培训中，加拿大红河学院杰密逊女士、桑德森女士等国际幼教专家及原深圳市教研室教研员肖湘宁、华东师范大学教授华爱华、四川师范大学教授鄢超云、天津师范大学教授梁慧娟、浙江省安吉县幼儿教育研究中心主任程学琴等国内知名学者围绕“学前儿童大脑发育”“学前儿童应对与能力”“学前儿童的沟通与学习”“儿童生态”“家园共育”等主题进行培训。

2018年，贵州省教育厅与北京乐平公益基金会合作项目取得新进展。这一项目主要开展了五项工作：一是对全省20个极贫乡镇学前教育师资团队开展培训。项目团队于4月23—27日在贵阳幼儿师范高等专科学校就幼儿园早期阅读、音乐教育及教育教学实务等内容开展极贫乡镇学前教育师资团队第三期培训，培训了极贫乡镇所在县教育局幼教干部、县集团化办园龙头骨干教师、乡镇中心幼儿园骨干教师共计100人。参加培训人员返回极贫乡镇所在地后就此次培训内容进行逐级培训。二是5月6—10日，邀请美国学前教育领域顶级专家、实践者、影响力投资者调研荔波县、平塘县的项目合作幼儿园，了解贵州省农村学前教育发展现状与“贵州省农村学前教育质量提升项目”成果，双方就学前教育领域经验进行了交流。三是6月3—17日，组织贵州省6位学前教育领域专家赴挪威开展为期 15 天的考察活动，学习挪威可持续发展理念在学前教育领域的实践，并交流了贵州省学前教育发展经验。四是对贵州省黔南自治州农村学前教育质量提升项目所在的 6 个县、全省 20 个极贫乡镇的 78 所幼儿园捐赠总金额为 23.4 万元的玩具、教具，同时为黔南自治州 6 个项目县、72 所幼儿园捐赠一批绘本。五是组织贵州省专家赴美国进行学前 STEAM（科学、技术、工程、艺术、数学）教育访学活动，深入了解美国 STEAM 教育发展与现状，为贵州省开展 STEAM 教育提供借鉴与经验。

2018 年，全省各级各类学生资助工作顺利开展，资助政策全面落实，累计投入各级各类学生资助资金 88.92 亿元，资助学生 432.25 万人次。其中，学前教育投入资助资金 8160 万元，资助在园幼儿 14.8 万人。

2018 年，贵州省继续大力实施民族中小学（幼儿园）办学能力提升的“双百工程”项目，评选了第三批工程项目，提升了民族地区教育水平。省教育厅、省民宗委、省文化厅三部门组织了 15 名专家和工作人员分三个调研督查小组，历时一个半月，走访了 65 所学校，对项目单位进行认真调研和严格督查，总结经验，提升民族特色教育水平，促进贵州省民族民间文化教育的传承创新。贵州省切实指导各项目单位做好实施工作。对第一批项目学校的建设工作进行督查，对第二批项目学校准备情况进行调研；组织完成了第三批贵州省民族中小学（幼儿园）办学能力提升“双百工程”项目申报评选的相关工作，遴选出雷山县示范性幼儿园等 20 所民族特色示范建设学校和胡克玲等 20 名民族教育名师培养对象；举办全省民族教育“双百工程”项目培训班，培训项目负责人、名师培养对象及教育行政部门相关人员一百一十余人，用“五步工作法”推动民族教育“双百工程”项目顺利实施。

2018 年，贵州省各级财政投入学前营养膳食补助资金 5.16 亿元，全省教育系统营养改善计划实现了“两个全覆盖”。一是实现农村学前教育机构全覆盖。除云岩区无农村学前教育机构外，贵州省在 87 个县、

9921所学前教育机构全覆盖实施农村学前教育儿童营养改善计划，受益农村学前教育儿童86.18万人。二是实现农村中小学校全覆盖。继续推进农村义务教育学生营养改善计划提质升级，全省2018年投入义务教育营养膳食补助资金26.19亿元。营养改善计划继续在全省87个县、1.16万所农村中小学校全覆盖实施，惠及389.2万农村中小学生。全省继续在政府保障、管理制度、设施设备、管理手段、供餐质量、食育教育六个方面推进营养改善计划提质升级。贵州的先进经验得到教育部肯定。

为扎实推进深度贫困地区的教育扶贫，贵州省出台《贵州省深度贫困地区教育精准脱贫三年攻坚行动（2018—2020年）》，教育资金和项目持续向贫困地区特别是深度贫困地区聚焦倾斜。召开2018年教育脱贫攻坚“春风行动”启动暨教育工程现场观摩推进会、切实做好易地扶贫搬迁安置点群众子女入学入托工作。2016年以来，贵州省累计支持各地在易地扶贫搬迁集中安置点所在区域完成新建、改扩建义务教育阶段学校和幼儿园320所，建成校舍近200万平方米，新增中小学、幼儿学位12万余个，解决搬迁户适龄子女入学近5万人。累计投入各级各类学生资助资金88.92亿元，资助学生432.25万人次，贫困学生实现“应助尽助”。全面开通“绿色通道”，推进教育精准扶贫系统和扶贫部门扶贫信息系统对接，保障建档立卡贫困学生无障碍入学。全年下达教育精准扶贫学生资助专项资金16.99亿元，资助农村建档立卡贫困学生465.1万人。

贵州省聚焦群众关切，实现教育经费大幅增长。多渠道争取中央资金170.48亿元、省级资金123.50亿元，比上年同期分别增长7.3%和20.1%。全省各级共压缩党政机关行政经费4.1亿元用于教育精准扶贫。印发《贵州省财政厅贵州省教育厅关于建立公办幼儿园生均公用经费财政拨款制度的指导意见》《贵州省关于建立普通高中生均财政拨款制度的指导意见》。

下达中小学、幼儿园项目建设中央和省级资金近 88 亿元，完成新建、改扩建公办幼儿园项目 753 所、全面改薄项目 973 所、城镇义务教育学校项目 16 所，加快标准化农村寄宿制学校和城镇义务教育学校建设。建成普通高中学校单体项目 280 个。清镇职教城入驻职业院校 19 所，入住师生 10 万余人。花溪大学城累计竣工 394 万平方米，入驻高校 9 所，入住学生 12.7 万人。

2011 年以来，中共贵州省委、省人民政府高度重视学前教育，贵州省学前教育事业实现了快速健康发展。截至 2018 年底，全省在园幼儿达到 154.9 万，比 2010 年新增 78 万，学前三年毛入园率达到了 87%。

2018 年 11 月底，省教育厅成立《中共贵州省委贵州省人民政府关于学前教育深化改革规范发展的实施意见》(以下简称(实施意见》) 起草小组，启动文件的调研起草工作。2019 年 1 月，省教育厅召集各市(州)教育行政部门对文件内容进行研讨；3 月，借全省“教育大调研”契机开展了学前教育专项调研，根据调研中发现的问题，对《实施意见》进行了修改完善。4 月至 5 月，三次广泛征求省发改委、省财政厅、省委编办、省司法厅等多个部门及各市(州)党委、政府及教育行政部门的意见。6 月，组织各相关单位召开会议，再次研讨商议文件相关内容；同时在省教育厅政务网公开征求意见，在征求意见过程中，共收到建议和意见 62 条，所有的合理性建议都予以了采纳。《实施意见》经省教育厅党组会议研究审议通过后，7 月送省司法厅进行合法性审查。8 月将《实施意见(送审稿)》报省人民政府。9 月，《实施意见(送审稿)》经省深化教育领域综合改革专题组 2019 年第二次全体会议审议通过；10 月，经省人民政府十三届四十三次常务会研究通过。12 月 10 日，报送《实施意见(送审稿)》至省委改革办，省委深改会审议通过后印发。

2019 年是伟大的中华人民共和国 70 华诞的喜庆之年，也是脱贫攻坚决战之年。教育部党组书记、部长陈宝生同志在 2019 年教育部直属系统扶贫工作推进会上指出，2019 年，教育脱贫攻坚战进入决胜的关键阶段，事关全局，事关攻坚战总体质量，要扎实做好今年教育脱贫攻坚工作，为如期全面打赢脱贫攻坚战，如期全面建成小康社会做出新的贡献。

省委书记孙志刚同志在《中国教育报》头版刊发署名文章《把教育作为拔穷根的根本之策》，明确指出，扶贫先扶智，治穷先治愚。贵州是全国脱贫攻坚的主战场，教育关乎贵州脱贫攻坚，关乎贵州长远发展。无论是从为决战脱贫攻坚、决胜同步小康提供坚实人才保障来看，还是从增强开创“百姓富，生态美”的多彩贵州新未来潜力和支撑来看，都需要把教育纳入全面深化改革和后发赶超的战略布局统筹谋划、推动落实。要在扎实推进教育现代化、加快补齐教育短板等方面下功夫，着力提高人民群众对教育的满意度。

2019 年 1 月，中共中央国务院下发《中共中央国务院关于学前教育深化改革规范发展的若干意见》，为深入贯彻该文件，贵州省教育厅学前教育处立刻成立《贵州省城镇小区配套幼儿园建设管理办法（试行）》起草小组，并多次征求相关厅局和市（州）教育局的意见，当年 6 月形成《贵州省城镇小区配套幼儿园建设管理办法（送审稿）》，6 月 24 日，联合省住房与城乡建设厅向省人民政府报送《关于协调相关部门推进城镇小区配套幼儿园治理工作的请示》；6 月 28 日，在省教育厅政务网公开征求意见；7 月 5 日，报省司法厅进行合法性审查；8 月 12 日，将送审稿报省人民政府；9 月 3 日，省人民政府组织教育、发改、财政、住建、自然资源等多部门及地方政府代表、行业协会和房地产企业代表、小区业主代表等召开文件研讨会，并要求省教育厅牵头，再次对文件内容进行修订后由多部门联合印发。10 月 21 日，经省人民政府同意，该文件由省教育厅等七部门联合印发。

2019 年，在中共贵州省委、省人民政府的正确领导和教育部的有力指导下，省教育厅（省委教育工委）坚持以习近平新时代中国特色社会主义思想为指导，全面贯彻党的十九大、十九届历次全会精神和省第十二次党代会、省委十二届历次全会精神，深入学习贯彻全国、全省教育大会精神，树牢“四个意识”，坚定“四个自信”，做到“两个维护”，坚持和加强党对教育工作的全面领导，全面贯彻党的教育方针，坚持中国特色社会主义教育发展道路，坚持社会主义办学方向，坚持稳中求进总基调；立足基本省情，遵循教育规律，坚持改革创新，以凝聚人心、完善人格、开发人力、培育人才、造福人民为工作目标，充分展示中华人民共和国成立70周年以来的巨大成就，尤其是教育改革发展取得的伟大成绩；积极回应群众的诉求，推进重点、攻克难点、化解热点，努力培养德智体美劳全面发展的社会主义建设者和接班人，在加快推进教育现代化、建设特色教育强省、办好人民满意的教育等方面取得了明显成效。

教育是民族振兴、社会进步的重要基石。贵州作为全国脱贫攻坚主战场，全省教育战线高度重视教育脱贫攻坚工作，坚持把教育作为拔掉穷根的根本之策，举全省之力发展教育事业，初步走出一条穷省办大教育的图强之路，为脱贫攻坚千秋大业贡献了教育方案。全省教育战线加强党对教育工作的全面领导，致力于变革育人方式，增强人民群众教育获得感，回归教育规律，完善教育管理体制机制，扩大教育开放，加强教师队伍建设，教育改革发展各项工作取得了新的突破性进展。贵州省教育系统坚持以教育脱贫攻坚统揽教育事业发展全局，以深入实施教育脱贫攻坚“1+N”计划为抓手，按照“1234”工作思路，奋力推进全省教育扶贫各项工作。

为落实《中共中央国务院关于学前教育深化改革规范发展的若干意见》《贵州省推进教育现代化建设特色教育强省实施纲要（2018—2027年）》文件精神，贵州省继续推进第三期学前教育行动计划。2019年1月24日，省教育厅在贵阳组织召开2019年学前教育相关工作研究部署会，省教育厅副厅长级督学潘建春出席会议并讲话。

潘建春在讲话中指出，此次会议既是国家和省相关重大政策的贯彻落实会，也是工作研讨会和部署会。潘建春全面总结了第三期学前教育行动计划实施以来，全省学前教育改革发展取得的主要成绩和经验，分析了目前贵州省学前教育存在的困难及问题：一是公办资源依然不足，部分地区公办在园幼儿占比偏低；二是普惠性幼儿园覆盖率偏低；三是幼儿园管理和质量提升工作推进不均衡；四是幼儿教育的教师配备不足。潘建春重点通报了部分学前教育工作问题较多的县（区），要求各级教育行政部门对照《中共中央国务院关于学前教育深化改革规范发展的若干意见》《贵州省推进教育现代化建设特色教育强省实施纲要（2018—2027年）》的要求，总结经验，查找不足。为做好下一步工作，潘建春讲了几点意见：一是牢牢把握公益普惠方向，明确政府责任。学前教育公益普惠的基本方向和发展目标是提出一系列重大政策举措的逻辑起点。二是以扩大普惠面为目标，继续扩大普惠性学前教育资源的覆盖面。重点落实加大公办幼儿园建设，积极挖潜扩大增量，规范小区配套园建设使用及鼓励社会力量办园等相关工作。三是以创新为支撑，加强教师队伍建设。严格按照标准来配备教职工，健全待遇保障机制。四是以集团化办园和教研指导责任区为抓手，努力提高学前教育质量。继续深化集团化办园工作，积极探索乡（镇）、村幼儿园一体化管理机制，建立和完善覆盖城乡公办民办幼儿园的教研指导责任区制度，促进《3—6岁儿童学习与发展指南》的深入贯彻，大力推进省级示范幼儿园建设。最后，潘建春要求各地高度重视，力争保质保量按时完成中央和省制定的各项目标任务，为实现幼有所育做出贡献。

会上，学前教育处负责人结合贵州省学前教育现状对《中共中央国务院关于学前教育深化改革规范发展的若干意见》《贵州省推进教育现代化建设特色教育强省实施纲要（2018—2027年）》文件进行了全面细致的解读，并对2019年各项工作进行了安排。各地汇报了2018年的工作情况及取得的主要成绩，贵阳市、遵义市、铜仁市、黔东南苗族侗族自治州介绍了在三期行动计划推进过程中所获得的可以在全省推广的经验和做法。各市（州）教育局，贵安新区社会事务管理局，省直管县、各区（县）教育局分管局长、学前教育负责人，部分学前教育教研员、园长五十余人参加了会议。

根据教育部、联合国儿童基金会安排部署，贵州省在贵阳市召开教育部与联合国儿童基金会贵州省学前教育质量提升项目 2019 年度工作会。会议主要围绕三个议题展开：一是汇报 2018 年度项目实施情况；二是分析 2018 年项目推进中存在的问题及改进策略；三是研讨 2019 年度项目工作目标及行动计划。会上，各项目实施单位对 2018 年度项目实施情况进行了详细汇报。总体来看，项目实施一年成效显著：一是对从根本上防治“小学化”问题上进行了有益的尝试；二是在乡（镇）村一体化管理上的探索上有了新进展；三是教研指导责任区和集团化办园工作深入推进，机制更加完善，能力提升途径更加实效；四是《3—6 岁儿童学习与发展指南》的贯彻落实有了强力抓手，各项目实施地区取得的经验和做法有在全省推广的价值。国家级专家团队分享了在贵州省 4 个市（州）指导项目实施的经验和做法，并对 2019 年项目行动计划提出了切实可行的建议。肖湘宁特别强调：“作为幼教工作者，一要以儿童发展为目的，立足于了解儿童进行教育；二要对学前教育有清晰的认识，切忌盲目跟风，更不要让教育娱乐化，下一步希望项目团队能建立信心，相信自己，勇于实践。”鄢超云教授建议下一步加强薄弱园的教研工作，使园本教研能从无到有、从少到多、从不规范到成体系。梁慧娟副教授建议各项目团队深化对幼儿园课程体系的认识，思考如何形成常态化的教研模式，如何依托环境和材料开展对儿童身心发展有益的活动，如何将项目经验有效推广、辐射出去。

2019 年 2 月 25—26 日，根据教育部、联合国儿童基金会“贵州省农村学前教育质量提升”项目 2019 年行动计划要求，为确保“贵州省学前儿童膳食营养管理指导研究”课题有效推进，在遵义市召开幼儿园膳食与营养管理调查分析培训会。此次会议主要围绕三个议题展开：一是总结课题开展以来的重点及成效；二是审核调查工具，培训调查数据的录入和统计；三是安排课题下一步工作。会上，课题负责人遵义市妇计中心主任吴忠勇首先对课题前期工作进行了小结，重点对前期的调研工作取得成效及存在问题进行了分析和回顾。二是详细讲解了调查工具的质量审核方法，并现场组织课题组对调查工具内容的完整性、数据逻辑性等进行逐一检查审核；三是介绍了调查表数据录入、统计方法及注意事项。各市（州）教育局学前教育负责人及课题组研究员对课题工作进行了研讨并提出了几点改进建议：一是进一步完善托幼机构卫生保健管理工作，尤其在卫生保健人员方面，由于待遇等原因导致膳食管理人员稳定性差、流动性大；二是建议膳食管理专家调研指导的同时对相关人员进行集中培训，提升服务质量和管理水平；三是加快课题研究进度，尽快制定贵州省学前儿童膳食管理指南。吴忠勇表示，下一步将按照课题计划加快推进力度，立即对前期工作进行查缺补漏，力争在5月底前完成调研数据的统计分析工作。遵义市、铜仁市、毕节市教育局学前教育负责人以及贵州学前儿童膳食营养管理指导研究课题研究员共二十余人参加会议。

2月25日，教育部、住房和城乡建设部、国家发展改革委、民政部、自然资源部5个部门召开城镇小区配套幼儿园治理工作座谈会，推动各地积极稳妥、扎实有效地做好治理工作。教育部副部长、党组成员郑富芝出席并讲话。郑富芝指出，开展城镇小区配套幼儿园治理工作是党中央、国务院的重大决策部署，是贯彻落实《关于学前教育深化改革规范发展的若干意见》的起步之举和重要措施。要顺利实现党中央、国务院确定的普及普惠目标，扩大普惠性学前教育资源供给是根本，抓好城镇小区配套幼儿园建设和规范管理是关键。做好治理工作，要做到三个“不动摇”：一是坚持学前教育公益普惠的基本方向不动摇，让人民群众的子女“有园上”“上得起”。二是坚持公办民办并举不动摇，充分发挥好政府和市场两个方面的作用，既要大力发展公办园，也要鼓励支持更多的民办园提供普惠性服务。三是坚持积极稳妥推进治理工作的决心不动摇，小区配套幼儿园是公共教育资源，国家关于城镇小区配套幼儿园建设和管理的政策规定是明确的，但一些地方落实不到位，这次治理是对已有政策的回归和落实。郑富芝要求，各地要严格执行治理政策，依法依规办事。一是依标配建，规划不到位和建设不到位的，要按照国家和地方的配建标准，通过补建、改建或就近新建、置换、购置等方式予以解决。二是如期移交，未移交的应限期移交，已挪作他用的采取有效措施予以收回。三是规范使用，小区配套幼儿园移交后，各地可根据当地普惠性资源的布局和供给状况统筹安排，办成公办园或委托办成普惠性民办园，不得办成营利性幼儿园。郑富芝强调，做好这次治理工作，既要积极，用心用力，大胆推进，不能松懈；又要稳妥，精心组织，细心操作，不能简单化。要按照国家和地方的相关政策规定，认真制定整改方案，明确责任分工，细化工作程序，制定实施细则，充分利用好督导手段，加强对摸排、整改环节的监督和评估，平稳有序地推进治理工作，做到摸排做到位、操作做到位、整改做到位、监管做到位。会上，住房和城乡建设部、国家发展改革委、民政部、自然资源部等相关司局负责同志分别就做好城镇小区配套幼儿园摸底排查、扩大城乡普惠性学前教育资源、加强民办园分类登记管理和非营利民办园监管、城镇小区配套幼儿园建设用地纳入国土空间规划等方面提出了明确要求。部分地方教育部门、住建部门负责同志介绍了前期开展城镇小区配套幼儿园治理工作的经验做法和成效。有关专家从学前教育事业的公益普惠属性和小区配套幼儿园的公共服务设施属性的角度，阐述了开展城镇小区配套幼儿园治理工作的必要性和重要性。

2019年3月22日，贵州省制定下发了《贵州省教育厅关于下达2019年度学前教育发展目标任务的通知》，在与各地充分沟通的基础上，制定下发了2019年各县（市、区、特区）新招教师数、在园幼儿数、普惠率、公办在园幼儿比、幼儿园建设数、农村幼儿园集团化管理资源中心建设、省级示范幼儿园创建等目标任务。2019 年 6 月 4 日，贵州省下发了《贵州省教育厅办公室关于填报 2019 年度学前教育发展目标任务月报表的通知》，要求各地从 2019 年 6 月开始，每月上报学前教育发展目标任务完成情况报表。根据报送情况，省教育厅学前教育处及时了解各地在完成目标任务过程中遇到的问题和困难，并加大日常跟进指导力度，确保目标任务如期完成。

3 月 27 日，贵州省人民政府网发布《关于印发贵州省城镇小区配套幼儿园治理工作方案的通知》，要求城镇小区没有按照相关要求规划配套幼儿园或规划不足的，或者有完整规划但建设不到位的，要通过补建、改建或通过就近新建、置换、购置等方式予以解决。小区配套幼儿园应当由教育行政部门根据区域学前教育布局规划优先办成公办园或委托办成普惠性民办园，不得办成营利性幼儿园。这一通知针对上述各项问题的整改任务提出了明确的时间表。老城区（棚户区）改造、新城开发和居住区建设、易地扶贫搬迁，应将配套建设幼儿园纳入公共管理和公共服务设施建设规划，对未按照相关要求规划配套幼儿园或规划不足的，县级人民政府要及时组织有关部门制定（或调整）区域内幼儿园布局规划，否则不予审批通过。对有完整规划但建设不到位，或达不到配建规模未进行增容的，由属地人民政府限期依标补建、改建或通过就近新建、置换、购置等方式予以解决。对配套幼儿园与住宅小区不能同步建设，或存在配套幼儿园缓建、缩建、停建、不建等问题的，在整改到位之前，不得办理竣工验收。对配建幼儿园达不到国家规定建设标准或存在安全隐患的，由属地人民政府限期进行整改。城镇小区配套幼儿园作为公共教育资源，开发建设单位应按相关政策文件规定要求将配套幼儿园移交给当地教育行政部门使用和管理。已建成的小区配套幼儿园按照规定及时移交当地教育行政部门，未移交的要限期完成移交，对已改变性质或挪作他用的可无偿赠与政府或通过有偿等方式收回。小区配套幼儿园移交当地教育行政部门后，应当由教育行政部门根据区域学前教育布局规划优先办成公办园或委托办成普惠性民办园，不得办成营利性幼儿园。公办幼儿园占比达不到50%的县（市、区、特区）需将城镇小区配套幼儿园办成公办园。各市（州）、贵安新区、各县（市、区、特区）制定城镇小区配套幼儿园治理工作方案，于2019年4月5日前报送省治理工作联合办公室。各地以县（市、区、特区）为单位，对乡镇所在地及以上所有居民相对集中的居住区（包括商品房和保障房）配套幼儿园情况进行全面摸底排查，针对规划、配建、移交、使用不到位等情况，分别列出清单、建立台账。该项工作于2019年4月25日前完成，并将摸底排查情况报省治理工作联合办公室。各地立足实际，针对摸底排查出的问题，认真制定有针对性的整改措施，按照“一事一议”“一园一案”的要求逐一进行整改。对于已经建成、需要办理移交手续的，于2019年6月15日前完成；需要回收、置换、购置的，于2019年9月15日前完成；需要补建、改建、新建的，于2019年12月15日前完成相关建设规划，2020年12月15日前完成项目竣工验收。各地要按照治理工作任务及整改时限，以市（州）为单位，按阶段将清理及整改情况分别报送省治理工作联合办公室。在每一个关键环节组织开展督查指导工作。省治理工作联合办公室根据各地报送情况进行抽查，对落实不力、整改不到位的地区进行通报。

5月27日，贵州省教育厅联合省住房与城乡建设厅下发了《贵州省教育厅省住建厅关于转发〈教育部办公厅住房和城乡建设部办公厅关于做好城镇小区配套幼儿园治理工作的通知〉的通知》，要求各地全面摸清底数，如实填报数据，逐一整改到位，并每月一次将贵州省城镇小区配套幼儿园治理工作相关情况上报教育部。7月15日，省教育厅召集省住房与城乡建设厅、省自然资源厅等多部门召开工作推进会议，进一步压实工作职责，确保如期整改到位。7月9—11日，省教育厅厅长邹联克同志率队对贵阳市云岩区、南明区、花溪区开展了小区配套幼儿园治理工作专题调研，采用现场办公的方式，帮助各地理顺工作机制，解决存在的问题，督促各地尽快整改落实。7 月下旬至 8 月上旬，省人民政府教育督导室联合省教育厅及省住建厅下发《关于开展城镇小区配套幼儿园治理工作专项督导检查的通知》，在全省范围内开展了城镇小区配套幼儿园专项督导检查工作，并联合省发改委、省财政厅等相关部门对问题比较突出的 23 个县（市、区）进行了重点省级督查。根据督查结果，8 月 26 日，省人民政府教育督导室联合省教育厅及省住建厅对贵阳市人民政府下达关于花果园小区配套幼儿园规划建设不足问题的督办通知，责令立即整改。8 月 29 日，贵州省人民政府再次联合省教育厅及省住建厅对各市（州）下发城镇小区配套幼儿园治理工作的督办通知，着力找准问题并督促各地整改到位。10 月 10 日，省人民政府办公厅召集教育厅相关处室再次研究部署此项工作，并以省人民政府办公厅的名义对各市（州）下发督办通知，要求各地核准摸排信息，完善整改方案，确保工作实效。10 月 29 日，省人民政府办公厅组织召开治理工作小组会议，完善了工作机制，将自然资源部门纳入牵头单位。11 月 15 日，报送《省教育厅关于城镇小区配套幼儿园治理工作情况的报告（第 109 期）》信息专报给魏国楠副省长。11 月 19 日，省人民政府再次召开专题会议研究小区配套幼儿园治理工作，分管教育工作的副省长出席会议并作重要部署，督促各地抓好抓实，实施信息旬报制。12 月 12 日，报送《省教育厅关于报送城镇小区配套幼儿园治理工作进展情况的函》至省人民政府，汇报治理工作进展情况。

2019 年 3 月 22 日，贵州省流动儿童和城市贫困儿童学前教育质量提升项目现场研讨会在凯里市第八幼儿园召开。在教育部和联合国儿童基金会的支持帮助下，贵州省在铜仁市、毕节市及黔东南苗族侗族自治州开展了流动儿童和城市贫困儿童学前教育质量提升实践研究。2017 年以来，各地获得了一些经验，为进一步加强项目市（区）的交流学习，推进项目实施，四川师范大学教授、博士生导师鄢超云，铜仁市、黔东南苗族侗族自治州教育局相关负责人以及来自七星关、碧江区、凯里市的项目工作负责人、教研员、幼儿园园长、教师等共计一百余人参加了本次会议。会议重点围绕“游戏中的观察与分享”这一主题，采取“先进班观察，再观摩园本教研，最后集中讨论”的方式进行。铜仁市、七星关区、凯里市 60 人进班记录幼儿游戏，观察班级游戏分享，观摩幼儿园园本教研，并围绕项目进行了座谈和研讨，从市（区）级层面和项目园层面交流了项目工作的开展情况。鄢超云教授表示，凯里市近年来在项目工作上做了积极的探索，以提质为中心，以教研为抓手，开展游戏改革实践研究，推进项目工作开展，在教研工作中要重视以下三个方面：一是每次教研都走到班级里，走近儿童，研究儿童；二是每次教研都让每一位教师参与，都有交流发言的机会；三是教研强调看、想、讲，让每一位教师充分调动思维，透过表面认真思考。黔东南苗族侗族自治州教育局副局长谢志军强调，流动儿童和城市贫困儿童是特殊群体，需要特别关心和帮助，希望与会人员以本次研讨会取得的新成果、新突破为抓手，继续抓好流动儿童和城市贫困儿童未来的教育，为他们的学习和成长提供更好、更多的帮助。

2019 年 3 月 30 日，全国“家园共育”百所数字幼儿园项目阶段性成果展示交流暨第三批试验幼儿园培育工作启动会在贵阳召开。此次会议在贵州省召开，既是对贵州省实施“家园共育”百所数字幼儿园项目各项工作的充分肯定，更是对贵州电教工作的鞭策与鼓励。中央电教馆副馆长杨非及相关部门负责人、全国各试点地区、幼儿园代表，贵州省各市（州）教育局电教馆（站）长、省电教馆班子及部门负责人共四百余人参加大会。省教育厅党组成员、副厅长黄健出席并讲话。会上，黄健副厅长对贵州省近年来学前教育取得的成果给予了充分肯定。自中央电教馆组织实施全国“‘家园共育’百所数字幼儿园项目”以来，省教育厅高度重视，认真组织实施，学前处、省电教馆统筹部署，遴选了 6 个市（州）、49 所幼儿园参加项目。在项目实施期间，贵州省有 3 位园长参加全国视频直播讲座，观看人员达十七余万人次；2018 年推荐 32

节优秀作品参加中央电教馆优秀案例遴选，有16节获中央电教馆优秀亲子活动表彰，另有4所幼儿园荣获优秀单位组织奖；2所幼儿园成功申报并开设“家园共育”亲子课程；认真组织全省第一批、第二批项目幼儿园园长（骨干教师）、家长参与直播学习，出勤率达91.7%。贵州省将以此次“家园共育”项目启动会为契机，以培养孩子优秀品格为目标，以构建学校、家庭和社会“三位一体”体系为抓手，以信息化融合应用为手段，以优质资源建设为依托，以“互联网+”为平台，扎实开展“家园共育”项目工作，全面推进学前教育又好又快发展。

2019年4月17日，贵州省教育厅联合省人民政府教育督导室下发了《关于开展幼儿园“小学化”专项治理督导检查工作的通知》，在全省范围内开展幼儿园“小学化”专项治理督导检查，分别对问题比较突出的安顺市、毕节市、黔西南布依族苗族自治州、黔南布依族苗族自治州、黔东南苗族侗族自治州、威宁彝族回族苗族自治县等地开展专项实地督查。通过全面摸排，大力整改，在幼儿园、小学双向开展教学改革，通过建立防治“小学化”长效机制等方式有效遏制“小学化”办学倾向，并将此项工作作为长期坚持的重要工作来常抓不懈。

2019年4月12日，省教育厅联合省财政厅下发《关于下达2019年幼儿教育内涵发展省级专项资金的通知》，下发2019年农村幼儿园集团化管理资源中心资金共计1806万元。为了快速提升农村学前教育质量，为乡（镇）、村学前教育一体化管理机制的建立积累丰富的实践经验和提供政策依据，根据《贵州省推进教育现代化建设特色教育强省实施纲要（2018—2027年）》的要求，要努力实现每个乡镇至少建立1个农村幼儿园集团化管理资源中心，2019年贵州省在全省建立301个农村幼儿园集团化管理资源中心。6月13—14日，省教育厅学前教育处组织的贵州省农村幼儿园集团化管理资源中心建设研讨会在贵阳召开。此次研讨会旨在探讨实现农村幼儿园资源共享，教师专业成长互助，乡（镇）村教师管理一体化的途径与方法，研究制定《贵州省农村幼儿园集团化管理资源中心建设指导意见（试行）》。此次会议邀请了深圳市幼教专家沙西娜、曾文苑老师到场指导。会上，沙西娜对幼儿园资源室的基本配置、创建与发展路径做了详细讲解。沙西娜认为，要实现资源室的动态发展，必须将课程发展与资源建设同步起来，要强化课程意识，建立课程框架，使本园课程发展与资源室建设相辅相成，才能真正发挥资源室的功能和作用。曾文苑对课程资源室人员职责、资源室工作制度、资源保管及使用制度进行了详细介绍，并针对资源中心建设的相关问题做了现场解答。铜仁市基于农村幼儿园课程模式建设，详细介绍了农村幼儿园集团化管理资源中心试点的经验与做法。遵义市对幼儿园资源中心业务管理、资源管理、资金管理及资源中心运行、教研开展等做了介绍。最后，与会人员共同交流了农村幼儿园集团化管理资源中心建设的困难与解决办法，并研讨了《贵州省农村幼儿园集团化管理资源中心建设指导意见（试行）》。此次会议对农村幼儿园集团化管理资源中心方案的制定、资源中心建设的经验与实践起到了积极的促进作用。各市（州）教育局、贵安新区社会事务管理局、仁怀市、威宁彝族回族苗族自治县教育局学前教育负责人、全省省级示范幼儿园园长、各县（市、区）幼教干部、教育部与联合国儿童基金会项目的市（州）负责人近180人参加会议。贵州省教育厅多次征求意见后，于7月15日印发了《省教育厅关于印发贵州省农村幼儿园集团化管理资源中心建设指导意见（试行）》和《贵州省农村幼儿园集团化管理资源中心配备指南（试行）的通知》，通过建立资源中心，采用区域资源共享、教研互助、共同管理等方式提升农村学前教育质量，为乡（镇）、村学前教育一体化管理机制的建立积累丰富的实践经验并提供政策依据。8月30日，各地已将资源中心建设方案报省教育厅学前教育处。11月20日，《贵州省教育厅办公室关于开展农村幼儿园集团化管理资源中心建设工作检查的通知》下发，进一步要求各市（州）对全省资源中心建设情况进行全面检查，有序推进资源中心的建设工作。

2019年，贵州省继续在贵阳市、遵义市、铜仁市、毕节市、黔东南苗族侗族自治州开展教育部与联合国儿童基金会“贵州省农村学前教育质量提升”和“贵州省城市流动儿童与贫困儿童学前教育质量提升”项目，本年度教育部与联合国儿童基金会为农村项目地区配备的教、玩具及图书材料的总值共计六十余万元。2019年1月，贵州省召开了教育部与联合国儿童基金会学前教育项目2019年度工作会。各项目实施单位对2018年度项目实施情况进行了详细汇报，国家级专家团队还分析总结了2018年项目推进中存在的问题及改进策略，项目市（州）、县（区）在国家级专家团队的指导下研讨确定了2019年度项目工作目标及行动计划。国家级专家团队分享了其在贵州省4个市（州）指导项目实施的经验和做法，并对2019年项目行动计划提出了切实可行的建议。专家肖湘宁特别强调，作为幼教工作者，一要以儿童发展为目的，立足于了解儿童进行教育；二要对学前教育有清晰的认识，切忌盲目跟风，更不要让教育娱乐化，项目团队要树立信心，相信自己，勇于实践。鄢超云教授建议下一步加强薄弱幼儿园的教研工作，使园本教研从无到有、从少到多、从不规范到成体系。梁慧娟副教授建议各项目团队深化对幼儿园课程体系的认识，思考如何形成常态化的教研模式，如何依托环境和材料开展对儿童身心发展有益的活动，如何将项目经验有效地推广、辐射出去。为及时了解项目实施情况，学前教育处实施项目推进督促指导制度，组织专家前往贵阳市、遵义市、黔东南苗族侗族自治州、七星关区等地及时了解各地项目推进情况，督导项目的推进，确保项目有效开展。项目进行了儿童膳食营养指导研究。基于2018年实地调研的数据，2019年上半年，课题进入研究结果分析阶段，通过开展一系列数据分析、专家论证等活动，充分保障《贵州省学前儿童膳食管理指南》的科学性和针对性。

总体来看，项目实施一年成效显著。“贵州省城市流动儿童与贫困儿童学前教育质量提升”项目于2019年8月顺利结束，并且开展了贵州省农村幼儿园集团化管理资源中心建设研讨会，研讨了农村集团化管理资源中心建设的做法及经验。2019 年 12 月，全省调研员培训的组织开展，进一步健全规范了贵州省的教研机制，提升贵州省的教研水平，对从根本上防治“小学化”问题进行了有益的尝试，乡（镇）、村一体化管理上的探索有了新进展，教研指导责任区和集团化办园工作深入推进，机制更加完善，能力提升途径更加实效，《3—6 岁儿童学习与发展指南》的贯彻落实有了强有力的抓手，各项目实施地区取得的经验和做法在全省范围内有推广的价值。在国家级专家团队的指导下，项目市（州）、县（区）对 2019 年的项目行动计划逐条修改完善，为之后项目工作的有效实施做了充分的准备。最后，联合国儿童基金会项目官员楼春芳对项目工作给予了充分肯定并做了全面总结。在此次会议中，各项目团队参与积极性高，促进了各项目之间的交流与学习，对项目的下一步工作起到了积极的推动作用。

北京乐平公益基金会项目 2019 年为贵州省 115 所幼儿园添置教、玩具及图书共计 2725 套，并且招募全国知名专家开展各类培训。2019 年，北京乐平公益基金会根据黔南布依族苗族自治州教育实践中的问题和需求，设计培训方案，先后聘请了北京师范大学冯晓霞教授、四川师范大学鄢超云教授、天津师范大学梁慧娟副教授、北京市特级教师沈心燕老师等 13 位专家，围绕“幼小衔接”、《3—6 岁儿童学习与发展指南》解读、幼儿园游戏等内容，举办了二十余场培训和指导，惠及教师一千一百余人。

2019 年 5 月 20 日至 6 月 20 日是教育部自 2012 年开展全国学前教育宣传月活动以来的第八个宣传月，当年宣传月的主题是“科学做好入学准备”。活动旨在引导全社会特别是广大教师和家长坚持科学理念，尊重幼儿发展规律和学习特点，关注幼儿身心健康全面发展，为幼儿今后的学校生活和终身发展做好全面的素质准备。5 月 21 日，2019 年贵州省学前教育宣传月活动在遵义市成功举办启动仪式。省教育厅副厅长徐国华、遵义市副市长李莲娜等出席了启动仪式。向全社会宣传正确的儿童观、教育观，帮助幼儿园和家庭为幼儿做好入学准备是提高教育质量的有效举措。徐国华强调，科学的入学准备是要将入学准备教育贯穿于幼儿园教育的全过程，不仅为幼儿顺利适应学校生活做好准备，更要为其终身发展奠定良好的素质基础。入学准备不仅仅是幼儿园的重要任务，也是家长以及社会的共同责任。各地要精心部署实施，将宣传月活动作为防治“小学化”的重要内容；要紧扣宣传主题，把握正确的宣传导向，向家长及教师传播幼儿生活常规、学习品质、社会交往等有关入学准备的正确理念及方法；要扩大宣传范围，动员各方力量大力推广本地入学准备和“幼小衔接”的好经验、好做法；要做好实践研究，深入推进入学准备研究并及时总结、推广，使入学准备工作常态化、可持续进行。开幕式结束后，遵义市幼儿园和小学的老师、孩子们带来了精彩的节目表演。与会代表参观了遵义市实验幼儿园并进行了交流研讨。不少家长表示，通过现场观摩，更清楚直观地体验到幼儿的生活及学习，真切感受到入学准备的重点不是备知识、备特长，而应该重视培养孩子的学习兴趣、学习品质，关注孩子的社会性发展。

2019 年省级示范幼儿园评估工作在 5 月正式进行。省教育厅学前教育处组织评估专家组对花溪区第一实验幼儿园、修文县久长镇幼儿园等 9 所幼儿园进行省级示范幼儿园正式评估，对白云区第一幼儿园、贵阳市第八幼儿园等 14 所省级示范幼儿园进行复查评估；现场评估结束后，召开了评估专家组研讨会，完成了评估意见报告。经评估，共 9 所幼儿园通过省级示范幼儿园评估，被评为省级示范幼儿园（三类），13 所幼儿园通过复查评估，1 所幼儿园未通过复查评估。贵州省教育厅学前教育处已将评估结果和意见下发至各市（州）教育局。12 月，组织专家组对瓮安县示范幼儿园等 10 所幼儿园进行第一次评估，对贵州师范大学幼儿园等 5 所幼儿园进行复查评估，对织金县实验中心幼儿园进行升类评估。

2019年7月中旬，语委办、普通话培训测试中心会同省教育厅学前教育处，于对全省16个深度贫困县进行深入调查。其中，15个县、3083名幼儿园教师普通话水平存在未达标情况。经研究，省教育厅决定分期分批对未达标的老师进行普通话培训和测试。2019年8月12日至8月16日，由省语委办、省普通话培训测试中心举办的全省深度贫困县幼儿园教师第一期普通话培训班在贵阳顺利举办。这是省语委、省教育厅推进“推普助脱贫攻坚行动计划”的具体举措。第一期培训班共有来自15个深度贫困县的180名教师参加，省教育厅党组成员、省教育工会主席王慧出席开班仪式并讲话。王慧在讲话中指出，根据《中共中央国务院关于打赢脱贫攻坚战三年行动的指导意见》以及国务院扶贫办（今国家乡村振兴局）、教育部《关于开展“学前学会普通话”行动的通知》的要求，省语委、省教育厅、省扶贫办及时下发了《关于全省推普助推脱贫攻坚的通知》及工作方案，对贵州省开展“学前学会普通话”行动提出了详细的实施方案。举办本次培训班，是深入贯彻落实脱贫攻坚相关要求的具体行动，也是贵州省打赢脱贫攻坚战的必然要求。本期培训班由省教育厅拨付专项经费，旨在加强贵州省幼儿师资培训力度，着力提高教师素养，力争在2020年年底前，全省所有幼儿园教师的普通话水平达到规定标准，因此，在编排培训班课程时，充分考虑了参训教师的实际情况，从语言文字政策法规、普通话语音规范、朗诵音乐选择、如何引导幼儿进行绘本赏析、幼儿园教师应具备的技能等几个方面邀请了相应的幼教专家和国家级普通话水平测试员进行授课，尽力让参训老师来有所学、来有所得。王慧强调，老师们参加培训班，时间宝贵，机会难得，希望大家珍惜这次培训，好好学习，把自己在培训班的所学所得带回去，在自己的教育教学中融入新方法、新理念，为家乡的学前教育贡献自己的一份力量。省语委办负责同志、贵州航空职业技术学院负责同志参加了开班仪式。

8月12日，贵州省第二批幼儿园名园长培养项目在贵阳启动。此次培训项目旨在贯彻落实《中共中央国务院关于全面深化新时代教师队伍建设改革的意见》和《中共贵州省委、贵州省人民政府关于印发关于全面深化新时代教师队伍建设改革的意见的通知》精神，着力打造一批思想过硬、品德高尚、业务精湛、治校有方、在全国有一定影响、能发出“贵州声音”的名园长，助力全省脱贫攻坚和新时代教育改革发展。据悉，贵州省教育厅在全省范围内遴选了 30 个第二批省级名园长培养对象，由贵阳幼儿师范高等专科学校负责省级幼儿园名园长培养对象的培训管理与考核评估等工作。省级名园长工作室自 2016 年成立以来，第一批名园长工作室的 19 名主持人充分发挥其在园所管理和教育教学改革中的示范和辐射作用，引领、带动了 76 所幼儿园、115 名成员、521 名学员，促进了各级各类幼儿园干部及骨干教师队伍专业发展，实现了“专家引领、自我提升、示范带动、促进发展、精准扶贫、惠及黔城”的建设目标。在第一批名园长工作室培养和打造的经验基础上，第二批省级名园长培养项目将通过贵州省教育厅、贵阳幼高专、名园长培养管理办公室政校合作，利用浙江师范大学杭州幼儿师范学院优质学前教育资源，搭建名园长培养支持系统和培训体系，创建培训机构的循环联动机制，探索具有贵州特色的幼儿园教师职后培训辐射模型，把握学前教育发展的脉搏，聚焦“脱贫攻坚精准扶贫”战略目标，不断提高学前教育质量，促进全省各级各类幼儿园健康发展。

12 月 3—4 日，教育部基础教育司在上海举行幼儿园游戏案例研讨会，省教育厅学前教育处处长谢旌等同志参加会议并作交流发言。会议由教育部基础教育司学前教育处处长张辉武主持。开幕式上，上海市教委副主任贾炜致欢迎辞，并对上海市学前教育改革发展基本历程进行了介绍。教育部基础教育司副司长姜瑾指出，各地要坚持以游戏为基本活动，做好区域学前教育内涵发展的导向引领，行政和教研要形成合力，牢牢把握正确方向。要找准提升质量的突破口，有针对性地解决教师能力问题，加大学前教育宣传力度，促进科学育儿，坚决防范“小学化”

倾向。会上，谢旌以“创新教研机制，提升农村学前教育质量”为题进行交流发言，向与会来宾介绍了实施学前教育行动计划以来贵州省学前教育发展取得的成绩，并围绕贵州省教研指导责任区及农村幼儿园集团化管理资源中心建设工作经验进行了交流。凯里市第八幼儿园园长罗钊对黔东南州小幼连贯制学校建设经验进行了介绍，贵阳市南明区第三实验幼儿园教师何丽红作为教师代表对案例研修环节进行了总结发言。会议总结了全国幼儿园优秀游戏案例遴选工作情况，贵州、上海、江苏等地汇报了贯彻落实《幼儿园教育指导纲要》和《3—6 岁儿童学习与发展指南》的经验做法，实地考察了部分上海市幼儿园优秀游戏活动。各省（市）教育行政部门负责学前教育工作的处长、省级教研员、骨干幼儿园园长及教师共一百五十余人参加了会议。贵州省是本次会议中经验交流人数最多的省份。

截至 2019 年，贵州省学前教育民生项目建设成绩斐然，超额完成“建设 500 所公办幼儿园”民生实事任务，解决搬迁户适龄子女入园入学近 12 万人。不仅确保搬迁群众子女不因搬迁而失学辍学，还让其享受到更优质、更便捷的教育服务。实实在在提升搬迁群众的幸福感与获得感，成为“搬得出、稳得住”的关键一环。贵州省累计投入各级各类学生资助资金（含营养改善计划）137.40 亿元，惠及学生 1064.34 万人次。其中，投入营养膳食补助资金 35.18 亿元，惠及学生 485.58 万人，其中学前营养膳食补助资金 5.37 亿元，惠及儿童 89.18 万人。这是一项涉及学生营养健康和生命安全的系统工程，更是一项得到人民群众交口称誉的德政工程。贵州省起草公布《中共贵州省委贵州省人民政府关于学前教育深化改革规范发展的实施意见》，并通过省委常委会审议通过。贵州省有序推进城镇小区配套幼儿园专项治理及幼儿园“小学化”专项治理工作，联合六部门印发《贵州省城镇小区配套幼儿园建设管理办法（试行）》。建立农村幼儿园集团化管理资源中心，采用区域资源共享、教研互助、共同管理等方式提升农村学前教育的质量和水平，贵州省学前教育普及水平达到新高度。

2019年7月29日，在全国基础教育工作会议上，时任副省长的魏国楠在全国基础教育工作会议上介绍了贵州省学前教育改革发展经验。国务院副总理孙春兰对贵州学前教育高度肯定："贵州把学前教育作为民生工程，脱贫攻坚任务重，贵州能做到，其他省也要做到。"

2020年，贵州省各级各类教育协调健康发展，教育优先发展战略得到有效保障，教育系统的大局保持总体稳定。面对疫情，全省教育人选择奋勇前行，毫不犹豫，用行动诠释着初心和使命。在中共贵州省委、省人民政府的坚强领导下，全省教育系统闻令而行、迎难而上、果断亮剑，从坚决落实教育部"五个一律"要求，到开播"阳光校园空中黔课"；从建立境外留学生联系机制，到组织开展线上教学、关切境内外留学生：从分类、分地、分段错峰、错时开学，到成为全国第一个宣布开学时间的省份，率先实现高三、初三年级复学复课，率先实现全学段、全覆盖复学复课；从在应急性超常规校园疫情防控条件下开学，到全面恢复正常教育教学秩序；从搭建贵州教育系统疫情心理支持平台，到下拨党费支持高校抗疫；从出台关心关爱一线医务工作者和援鄂医疗队子女、援鄂公安干警子女入园入学政策，到率先发布高考疫情防控地方标准，省教育厅想在前面、做在前面，做到了严防扩散、严防暴发，确保了校园一方净土。广大教师以最快速度适应线上教学节奏，带领学生开展长达几个月的"云端"学习，用行动诠释了师者担当。各医科类院校发挥专业优势和党员先锋模范作用，主动请缨前往一线，涌现出一批先进人物和先进事迹，其中，还有1人获"全国抗击新冠肺炎疫情先进个人"荣誉称号。伟大抗疫精神成为最厚重、最鲜活的思政课素材，广大师生接受了深刻思想洗礼，爱国热情空前高涨。全省教育系统全线战"疫"，坚决守住疫情防控风险底线，全力构筑阻断疫情进入校园的牢固防线，确保师生生命安全和身体健康。这一年，全省大中小学、幼儿园正常的教学生活秩序未受疫情太大影响，千余万名师生员工的安全、幸福得到完美守护，贵州省成功迎接了挑战，成功经受住了考验，成功稳住了阵地，成功历练了队伍，成功提升了治理能力。

贵州曾是全国贫困人口最多、贫困面最大、贫困程度最深的省份，截至2020年，全省66个贫困县全部摘帽，923万贫困人口全部脱贫，192万人搬出深山区、石山区，完成易地扶贫搬迁192万人。如此体量的人口搬到新社区，需要配套建设中小学、幼儿园，需要配套教育设施实现全覆盖。

2020年1月4日，中共贵州省委办公厅、省人民政府办公厅印发《贵州省脱贫攻坚挂牌督战工作方案》，要求6月30日前，96所易地扶贫搬迁集中安置点配套学校必须保质保量全部建成，这样的基础设施建设速度是前所未有的。省教育厅坚持以教育脱贫攻坚统揽教育发展全局，派出102支队伍、200多名干部深入全省4059所学校、1245个乡镇、2714个村、66626户建档立卡家庭，开展“冲刺90天，打赢脱贫攻坚教育保障歼灭战”专项调研督战，建立厅级、处级干部包保挂帮督导机制（厅级干部包保建设任务艰巨县（市、区），处级干部“一对一”包保项目），实行“日报告、周调度、半月研判”督战制度，联合贵州省纪委省监委派驻第十一纪检监察组实地调研督战。

自脱贫攻坚战打响以来，通过靠前指挥、靠前部署，强力调度、强力督战，2020年6月30日前，全省顺利实现了96所易地扶贫搬迁集中安置点配套学校按期保质保量全面建成的目标，安置点配套教育设施实现全覆盖。至此，2016年—2020年新建（改扩建）易地搬迁集中安置点配套学校669所，解决搬迁38万名适龄儿童入园、入学需求，其中，2020年全省挂牌督战的96所易地扶贫搬迁集中安置点配套学校按期保质保量全部建成，标志着全省易地扶贫搬迁集中安置点配套教育设施实现全覆盖，为全省脱贫攻坚任务如期完成奠定胜局、再立新功，出色完成了教育脱贫攻坚各项目标任务。

贵州省是全国脱贫攻坚工作主战场，中共贵州省委、省人民政府在坚决打赢脱贫攻坚战的同时，将小区配套幼儿园治理工作作为重要工作来抓。工作开展以来，全省各级政府投入财政资金四十余亿元用于治理工作。全省教育系统严格按照要求，对全省居住小区进行了全面摸排，并在国家治理任务要求上，设置“硬”指标，规定公办幼儿园占比达不到 50% 的县（市、区）需将城镇小区配套幼儿园办为公办园，确保小区配套幼儿园应建尽建、应补尽补、应交尽交。工作开展过程中，贵州省要求市、县两级政府多次完善“一园一案”，明确每所配套园的时间表、路线图，确保精准施策。

截至 2020 年年底，贵州省啃下了城镇小区配套幼儿园治理这块“硬骨头”，全面完成 747 所城镇小区配套幼儿园治理任务，新增普惠性学前教育学位 16.8 万个。其中，公办学位 11.12 万个，普惠性民办学位 5.75 万个。通过小区配套幼儿园专项治理，老百姓在家门口就能接受到优质普惠的学前教育，多地学前教育普及普惠水平显著提升。如治理工作开展前，贵阳市公办幼儿园在园儿童占比仅为 32.7%，其中花溪区、白云区等中心城区公办幼儿园在园儿童占比更是不足 20%。经过治理，贵阳市共完成 149 所配套幼儿园治理任务，新增普惠性学前教育学位 3.69 万个。截至 2020 年年底，公办幼儿园在园儿童占比提升至 52.8%，所辖全部县（市、区）公办园在园儿童占比均达到 50% 的任务目标。同时，省教育厅等七部门联合印发了《城镇小区配套幼儿园建设管理办法（试行）》，有效规范了城镇小区配套幼儿园规划、用地、建设、移交、办园等各环节的工作，建立了长效机制，确保不添新账。贵州学前教育不断朝着更高质量、更有效率、更加公平的方向前进。

2020 年 4 月 30 日，为如期完成本年度农村幼儿园集团化管理资源中心建设任务，贵州省召开农村幼儿园集团化管理资源中心机制建设线上研讨会。各市（州）、县（市、区）学前教育负责人、资源中心幼儿园园长、资源中心管理人员参加线上会议。遵义市教育局、铜仁市教育局在会上介绍了资源中心建设、管理、实施过程中的经验、成效。国家级专家肖湘宁教授对贵州省的资源中心工作进行了具体的指导。肖湘宁指出，要做好资源中心工作，需做到以下几点：一是要明确资源中心建设的初衷是为了缓解农村幼儿园教师少、教育教学水平与专业发展较难的现状；二是各资源中心要了解教师的真正需求，提高教师观察儿童的能力与呼应儿童需要的能力，正确认识儿童，以此提升教师教研水平；三是要丰富资源中心五大领域游戏活动案例；四是通过教研解决教师在实践过程中遇到的问题。联合国儿童基金会项目专家楼春芳老师对贵州省的资源中心建设工作予以了充分的肯定，并提出各资源中心需关注基层真实情况并思考如何发挥资源中心的功能，为农村幼儿园、教师与儿童提供最大的帮助。省教育厅学前教育处通报了 2019 年资源中心的成效与资源中心可持续运转机制尚不健全、对资源中心功能认识不精准等问题，并对 2020 年的工作进行了部署和安排，要求各地逐一指导资源中心建设，安排专项资金确保资源中心的正常运转和可持续发展，确保资源中心于 11 月底前全部建成。

5 月 25 日，按照《教育部办公厅关于开展 2020 年全国学前教育宣传月活动的通知》要求，贵州省教育厅下发《关于开展 2020 年学前教育宣传月活动的通知》。本次学前教育宣传月的活动主题是“特殊的时光，不一样的陪伴”，活动时间是 2020 年 5 月 25 日至 6 月 25 日，各地可根据实际情况调整或延长宣传时间。活动目的在于结合本省实际，积极宣传科学育儿知识，有效推进本省学前教育事业健康持续发展，营造更加适合幼儿健康快乐成长的良好氛围。宣传重点一是亲子陪伴助力孩子健康成长。通过回顾各公益机构、教育管理部门、幼儿园等为家长陪伴孩子提供的帮助，帮助家长正确认识亲子互动的重要性，珍惜亲子相处时光，科学开展亲子游戏，增进亲子之间的情感交流。二是特殊时光的奉献与陪伴。弘扬各行各业坚守岗位、敬业奉献的精神风貌。以主题活动、实践探究等方式，加强幼儿职业认知，激发幼儿爱祖国、爱家乡的情感和民族自豪感。展示特殊时期幼儿园通过多种方式进行家庭教育指导及为迎接幼儿入园开展的疫情防控及保育教育工作准备。强化幼儿园保教职能，树立幼儿教师的良好形象。三是宣传学习陈鹤琴学前教育思想。纪录片《中国幼教之父——陈鹤琴》将在宣传月期间在贵州电视台科教频道和广电融媒体等媒体播放。各地要以此为契机，研习陈鹤琴学前教育思想，帮助教师及家长树立科学儿童观、教育观，领会陈鹤琴生活课程和家庭教育理念及方法。各地要立足实际，结合开园及疫情防控工作时序，围绕宣传主题，针对社会、家长、幼儿、幼儿园教师等不同群体，精心谋划学前教育宣传月工作，可将开学教育工作与宣传活动统筹安排。要针对家长育儿及幼儿园保育教育及疫情防控的现实需求，突出宣传主题，制定宣传方案，精心部署实施。各级教育行政部门要结合开学工作，及时总结各幼儿园在科学育儿指导、疫情防控等工作上的典型经验和做法，加强宣传推广。可通过网文、照片、视频等方式展现家园互动优秀案例及幼儿园疫情防控工作开展情况。各地虽已陆续开园，但要始终高度重视疫情防控工作，坚决防止麻痹松劲思想和侥幸心理，要按照《托幼机构新冠肺炎疫情防控技术方案（修订版）》《省教育厅省卫生健康委员会关于做好新冠肺炎疫情防控期间幼儿园开学工作的通知》要求，扎实做好疫情防控期间开园和学前教育宣传工作。要积极利用网络电视、广播、微信等多种新媒体技术，采取线上为主、线下为辅的方式，多渠道、多形式开展宣传活动，不得组织大规模聚集活动。各地要认真总结宣传月活动采取的工作措施及取得的成效、典型案例等，将宣传月活动情况及典型案例的文字材料、图片和视频等资料以市（州）为单位，于6月30日前报教育厅学前教育处，教育厅将选取部分特色材料报教育部，教育部将在官方平台展示宣传。

7月14—16日，为帮助一线教师有效管理、实施农村幼儿园集团化管理资源中心建设，教育厅在黔东南州凯里市、遵义市播州区召开2020年贵州省农村幼儿园集团化管理资源中心工作推进会，联合国儿童基金会项目专家肖湘宁教授莅临指导。会议第一阶段是现场参观黔东南州凯里市、遵义市播州区共4个资源中心，并观摩其教研活动，第二阶段是集中研讨，凯里市、遵义市分别介绍了资源中心建设、管理、运行及教研情况。肖湘宁教授就遵义市、凯里市资源中心当前运行情况给予了肯定与鼓励，并指出资源中心建立的初衷是促进村级幼儿教师专业成长，需提升资源中心教研质量。省教育厅学前处处长谢旌总结了2019年资源中心建设与运行过程中存在规划不合理、成效不显著等问题，并提出下一步工作计划：一是各市（州）需梳理资源中心各自存在的问题，做好规划，督促2020年资源中心建设的完成；二是县教育局要指导每个资源中心的建设，建立可持续发展的资金、人员及制度保障；三是资源中心要提升自身能力，将教研、培训融为一体，实现人力资源与物质资源的共享，提升村级幼儿教师的能力与水平。此次会议参会者包括各市（州）教育局学前科（基教科）负责人、部分资源中心负责人，县（市、区）教育局幼教干部，共200人。

7月31日下午，全省城镇小区配套幼儿园治理工作攻坚会议在省政府召开。会议的主要任务是贯彻落实国家和省关于城镇小区配套幼儿园治理工作的有关部署，聚焦突出问题，明确工作任务，深入推进全省城镇小区配套幼儿园治理工作。省政府副秘书长汤向前主持会议并讲话，省教育厅厅长邹联克、省住房城乡建设厅副厅长陈维明、省自然资源厅二级巡视员叶玉国出席会议并提出工作要求，省教育厅副厅长漆思通报了治理工作的完成情况。

汤向前部署了全省小区配套幼儿园治理工作。他指出，城镇小区配套幼儿园治理是党中央、国务院交办的重大政治任务，是老百姓最关心的事情、最急迫的重要民生。完成好各项治理任务既是对党中央、国务院重大决策部署的贯彻落实，更是促进教育公平的重大举措，各地要抢抓历史机遇，坚持人民中心办学立场，扎实推进各项治理工作。汤向前要求，各地要聚焦重点难点，全力确保治理工作保质保量推进。一是要加快新建、补建、改建工作，全力解决“进度慢”的问题；二是要做好移交工作，全力解决“移交难”的问题；三是要加强移交后续管理，全力解决“普惠率低”的问题；四是要压实工作责任，建立工作专班，强化督查督办，务必确保年底前全面完成小区配套幼儿园治理任务。邹联克对城镇小区配套幼儿园治理下一步工作进行了安排。他强调，完成好小区配套幼儿园治理工作，一要认清严峻形势，统一认识，统一标准，统一推进各项治理任务；二要认领治理任务，优化治理方案，制定治理清单，逐条逐项落实到位；三要认准工作重点，充分发挥各级治理工作联合办公室统筹协调作用，倒排工期，明确时间表、路线图、责任人，同时对即将开展的小区配套幼儿园治理督导检查工作进行了部署。漆思通报了全省城镇小区配套幼儿园治理工作完成情况。西秀区、织金县、松桃县、兴义市政府主要负责同志汇报了本地工作推进进度及下一步工作打算，安顺市、毕节市、铜仁市、黔西南州政府分管同志汇报了治理工作开展情况，省住房城乡建设厅、省自然资源厅分管负责同志结合部门职责对小区配套幼儿园规划、建设、移交等环节治理工作进行了指导发言。省政府督查室有关负责同志，安顺市、毕节市、铜仁市、黔西南州政府分管负责同志及教育、住房城乡建设、自然资源部门负责同志，西秀区、七星关区、威宁县、织金县、松桃县、沿河县、兴义市、望谟县主要负责同志和分管负责同志等四十余人参加了会议。

11 月 25 日，为总结推广教育部与联合国儿童基金会“贵州省农村学前教育质量提升”项目实施的成效和经验，教育厅在贵阳召开教育部与联合国儿童基金会“贵州省农村学前教育质量提升”“贵州省城市流动儿童和贫困儿童学前教育质量提升”项目总结会。此次会议包括各市（州）教育局分管学前教育的科长、幼教干部、教研员、乡镇中心幼儿园园长、省级示范幼儿园园长共 130 人参加。联合国儿童基金会教育处处长潘思纳、项目官员楼春芳、教育厅副厅长周进出席会议并讲话。会上，周进副厅长致辞，介绍了贵州省省情、学前教育发展概况，对联合国儿童基金会在资金、设备、技术等方面的支持表达由衷的感谢。学前教育处负责人汇报了项目实施情况与成效，各项目市（州）、项目组围绕安吉游戏、资源中心建设、关爱城市处境不利儿童、教研指导责任区能力建设、幼小衔接、爱生幼儿园、幼儿师范高等专科学校课程建设、贵州学前儿童膳食营养管理指导进行了专题汇报。潘思纳处长对贵州省项目取得的成绩给予了充分肯定。他表示，贵州普及普惠取得了很大的成绩，各项指标超过了全国平均水平，在质量提升上做了很多有益的尝试和探索，取得的经验不仅可以在全省推广，还可以在全国西部地区复制。贵州省各级政府针对城市流动儿童、贫困儿童及农村边远地区山村儿童入园难问题，制定了一系列切实可行的政策措施，成效显著。楼春芳女士对四年来贵州省的项目组织和实施工作高度肯定，对各地积极参与支持项目表示衷心的感谢。会后，潘思纳处长、楼春芳女士考察了贵阳市接纳城市处境不利儿童的公民办幼儿园、农村幼儿园，进一步印证了在教育部、儿基会的支持下，贵州省在完善学前教育政策、学前教育教学改革、教师专业水平提升、家长观念转变等方面的变化。

2020 年，教育部与联合国儿童基金会“贵州省农村学前教育质量提升”“贵州省城市流动儿童和贫困儿童学前教育质量提升”项目圆满收官，贵州省依托项目，在质量提升上做了有益的尝试和探索，积累了可在全省推广的丰富经验，在完善学前教育政策、学前教育教学改革、教师专业水平提升、家长观念转变等方面有显著变化。联合国儿童基金会对贵州省项目取得的成绩给予了充分肯定，其成功经验在全省推广，并在全国交流，产生了全国影响力。贵州省召开了全省学前教育工作会议，会上对流动儿童与城市贫困儿童学前教育质量提升项目做了总结和充分肯定。全省教育工作会议的召开标志着贵州省流动儿童与城市贫困儿童学前教育质量提升项目圆满收官。在联合国儿童基金会的支持下，省教育厅学前教育处向各市（州）印发《流动儿童家庭教育指导与培训手册》及配套资料 700 套。各市（州）在省级培训基础上开展本地二次培训，并试用《流动儿童家庭教育指导与培训手册》。项目 2017 年实施以来，贵州学前教育建立了区域教研机制，教师教研能力、教育教学水平得到了普遍提升，进一步健全了适宜于农村儿童及城市流动儿童的课程与教学体系，《3—6 岁儿童学习与发展指南》得到了有效的贯彻落实，“小学化”现象得到了有效遏制。《流动儿童家庭教育指导与培训手册》对科学有效的流动儿童家庭教育做了有益探索与实践。

受益于教育部与联合国儿童基金会农村学前教育提升项目，在项目实施市州的铜仁市试点的基础上，贵州省资源中心建设工作在全省铺开，并将资源中心建设写进了《贵州省推进教育现代化建设特色教育强省实施纲要（2018—2027）》，以省人民政府的名义提出“每个乡镇至少建立一个农村幼儿园集团化管理资源中心”的目标任务。截至 2020 年年底，全省已在建立 768 个农村幼儿园集团化管理资源中心的基础上新建立了 467 个管理资源中心，共投入 5542 万元。除建立农村幼儿园集团化管理资源中心之外，贵州省搭建课程中心、教研中心、管理中心平台，快速有效地帮助了区域内农村幼儿园提高保教水平、提升办园质量，对探索乡（镇）村学前教育一体化管理的新机制和新策略有重要意义。

2020 年底，贵州省共有幼儿园 1.1 万所，数量比 2010 年提高 5 倍；在园幼儿共 158.8 万人，比 2010 年增加 82 万人。全省学前三年毛入园率从 2010 年的 50% 跃升至 2020 年的 90.3%，超过国家和省 2020 年目标任务，普惠性幼儿园覆盖率（公办园和普惠性民办园在园幼儿数占在园幼儿总数的比例）达 83.36%，顺利完成国家和贵州省 2020 年目标任务。贵州省通过创建示范幼儿园，以典型引路，带动全省办园质量整体提升。截至目前，贵州省共创建省级示范幼儿园 77 所、市级示范幼儿园 569 所、县级示范幼儿园 1406 所。贵州省通过公开招聘、县级特岗计划、教师转岗等方式补充幼儿园教师。目前，全省共有幼儿园教职工 16 万人，比 2010 年增长近 7 倍；幼儿园专任教师 9.4 万人，比 2010 年增加 7.9 万人；幼儿园专任教师与幼儿比从 2010 年的 1∶52.6 升至 1∶16.9。

第四节　2021年贵州学前教育高质量发展

2021年4月7日，为深入学习贯彻习近平总书记视察贵州重要讲话精神及对教育工作、关心下一代工作重要指示精神，认真贯彻党的十九届五中全会及省委十二届八次全会精神，全面贯彻党中央、国务院和省委省政府关于学前教育工作的决策部署，落实立德树人根本任务，助推学前教育普及普惠安全优质发展，根据省委办公厅转发《贵州省关心下一代工作委员会2021年工作要点》，经贵州省关心下一代工作委员会、省教育厅研究，贵州省在全省组织开展农村学前教育“双助”行动。农村学前教育“双助”行动的目标任务为帮助幼儿园教师提升能力水平项目，支持各市（州）举办幼儿园园长和骨干教师培训班各1期，培训幼儿园园长和骨干教师各100人以上；帮助幼儿园改善办学条件项目，支持乡镇中心幼儿园建立学前教育“研培中心”60个。通过实施农村学前教育“双助”行动，促进农村幼儿园办园行为日益规范，师资队伍建设不断加强，办园质量逐步提升，努力满足农村人民群众对幼有所育的美好期盼，助力巩固拓展脱贫攻坚成果同乡村振兴有效衔接，为培养德智体美劳全面发展的社会主义建设者和接班人奠定坚实基础。贵州省关心下一代工作委员会（以下简称关工委）投入学前教育“双助”行动专项经费400万元，其中，帮助幼儿园教师提升能力水平项目经费100万元，帮助幼儿园改善办学条件项目经费300万元，向脱贫地区、民族地区、毕节试验区倾斜。帮助幼儿园教师提升能力水平项目经费使用初步方案：贵阳市11万元，遵义市12万元，六盘水市10万元，安顺市10万元，毕节市12万元，铜仁市11万元，黔东南州12万元，黔南州11万元，黔西南州11万元，主要用于聘请授课专家、印制培训资料、租赁培训场地、安排学员食宿等。帮助幼儿园改善办学条件项目“研培中心”建设初步方案：贵阳市 3 个，遵义市 8 个，六盘水市 5 个，安顺市 5 个，毕节市 10 个，铜仁市 7 个，黔东南州 8 个，黔南州 7 个，黔西南州 7 个。每个“研培中心”建设经费 5 万元，主要用于成套配置教学会议一体机、台式电脑、彩色激光打印一体机、音响（功放、音箱、调音台、效果器、麦克风、机柜）、桌椅、空调、玩教具、图书等设备器材。鼓励资源整合，结余经费用于项目幼儿园教育教学设施建设。省关工委、省教育厅根据各市（州）申报项目可行性优化经费使用方案，制定具体计划。经费不足部分由市（州）关工委自筹。

4 月 16 日下午，贵州省县域学前教育普及普惠督导评估培训会在省教育厅召开。会议的主要任务是：进一步抓实贵州省县域学前教育普及普惠工作，指导各地高质量创建“国家学前教育普及普惠县”。教育厅党组成员、副厅长周进出席会议并讲话。周进对贵州省自启动全省县域学前教育普及普惠督导评估工作以来，各市（州）及试点县开展的前期相关准备工作给予肯定，并从五个方面对贵州省开展学前教育普及普惠工作提出要求：一是进一步认识学前教育普及普惠督导评估工作的重大意义。二是以普及普惠督导评估为契机，推动贵州省学前教育高质量发展。三是要对标对表部门联动，确保各项指标全部达成。四是要聚焦重难点问题，采取强有力措施逐项解决问题。五是教育督导部门要主动作为，强力推进学前教育普及普惠督导评估工作。会上，厅督导办就开展县域学前教育普及普惠国家督导评估工作的内容、程序、方法和资料准备等进行培训。厅学前处、民办处、教师处等处室就《贵州省县域学前教育普及普惠督导评估指标体系》进行了现场答疑。各市（州）教育局和 2021 年将接受学前教育普及普惠认定的 10 个县（区）教育局分管学前教育、督导办副局长，相关科室负责同志和教育厅相关处室负责同志参加会议。2021 年，贵州省全面启动国家学前教育普及普惠县创建工作，结合本省实际，研究制定《贵州省县域学前教育普及普惠督导评估指标体系》，开展基线调研和督导评估，统筹中央和省级经费两亿元，指导扶持经省级评估通过的云岩区等8个首批学前教育普及普惠县创建工作，确保学前教育普及普惠水平、政府保障情况、幼儿园保教质量等达到国家要求，更好地满足人民群众对优质普惠学前教育的需求。新建农村幼儿园集团化管理资源中心400个，农村幼儿园集团化管理资源中心覆盖面进一步扩大。新增省级示范幼儿园19所，省级示范幼儿园达96所。开展“砥砺十年 奠基未来”学前教育宣传月活动，集中宣传展示学前教育改革发展十年成效。启动幼小衔接、安吉游戏两项改革试点，开展以自主游戏精神为切入点的幼儿园课程改革，双向推进入学准备和入学适应工作。开展幼儿园乱收费行为专项治理工作，进一步规范幼儿园办园行为。2021年，贵州省启动实施学前教育普及普惠发展提升工程，继续扩大学前教育资源总量，完成新建改扩建公办幼儿园459所，新增学位4.4万个。

5月18日、5月25日，2021年度贵州省全省农村幼儿园集团化管理资源中心建设第一期、第二期现场观摩培训会分别在六盘水市、铜仁市召开。各市（州）教育局学前科（基教科）负责人、部分2021年资源中心建设项目负责人，县（市、区）教育局幼教干部二百余人参加了会议。会上，六盘水市教育局、铜仁市教育局，水城县、万山区4所乡（镇）、村幼儿园进行了资源中心建设工作汇报。凯里市教科局、龙场中心幼儿园到会进行经验交流。两次会议对全省农村幼儿园集团化管理资源中心建设工作开展培训，就相关工作进行了安排部署。会议强调，农村幼儿园集团化管理资源中心是实现乡镇村学前教育一体化管理，快速提高农村学前教育质量的有效途径。要深刻认识到，资源中心建设不仅仅是一项工作任务，还是一项事关农村学前教育改革，助推教育高质量发展的实践研究，更是一场事关乡村振兴、助推教育公平的教育试验。建好、用好资源中心，受益的将是广大农村的教师和儿童。会议要求，各地一要明确重点，全面完成2021年资源中心建设任务，加快建设进度、加强资金管理、加大督促指导力度，确保秋季开学前资源中心全部建成并投入使用；二要聚焦难点，全面提升资源中心使用效益，完善管理及运行机制、压实工作责任、内化经验、做好培训，确保资源中心真正发挥作用。新建农村幼儿园集团化管理资源中心400个，资源中心覆盖面进一步扩大。在水城区、万山区分别召开农村幼儿园集团化管理资源中心现场观摩培训会，统筹推进资源中心使用管理。在县（区）自查、市（州）检查的基础上，组织开展农村幼儿园集团化管理资源中心专项检查，确保资源中心建设成效，加强资源中心辐射引领，促进乡（镇）村一体化管理，切实提升农村学前教育质量。

5月20日至6月20日，贵州省结合实际开展学前教育宣传月活动并回顾十年发展改革历程，2021年，第十个全国学前教育宣传月活动的主题为“砥砺十年 奠基未来”，按照《教育部办公厅关于开展2021年全国学前教育宣传月活动的通知》要求，在厅门户网上设置“贵州学前教育发展十年巡礼”专栏，各地教育行政部门门户网站设分栏，集中宣传贵州省近十年来学前教育改革发展历程，展示贵州省学前教育普及普惠发展优秀经验、实践案例和先进事迹。国家学前教育宣传月宣传片用较大篇幅介绍了贵州省学前教育改革发展经验，中国教育电视台等媒体也对贵州省学前教育发展情况进行了专题介绍。

十年来，贵州省学前教育普及普惠程度迅速提升。各地通过建设公办幼儿园、扶持普惠性民办幼儿园发展、开展城镇小区配套幼儿园治理、建设易地扶贫搬迁安置点幼儿园等方式扩大学前普惠资源；各地通过公开招聘、特岗教师、政府购买服务等多种渠道补充幼儿园教师，推进学前教育普及普惠发展的重大成果。十年来，贵州省在推进幼儿园科学保教方面取得了重大成就。全省以集团化办园方式规范了幼儿园管理，以教研指导责任区为抓手提高幼儿园教师专业能力和水平，建立农村幼儿园集团化管理资源中心探索农村乡（镇）村幼儿园一体化管理，创建省级示范幼儿园，开展幼小衔接试点工作，不断提高幼儿园科学保教水平。通过讲好学前教育故事，突出十年来幼儿园教师教育理念不断提升、家长育儿观念转变、幼儿享受有质量的学前教育。十年来，贵州省涌现出了一批学前教育先进工作者和学前工作团队，他们为全省学前教育事业发展树立了标杆。讲好他们的故事，鼓舞带动更多学前教育工作者不断为学前教育发展努力，促进学前教育事业更好更快发展。十年来，各地积极探索，开展了如农村幼儿园学前教育质量提升、幼小衔接、流动儿童和城市贫困儿童学前教育质量提升、安吉游戏推广试点、教研能力建设等实践研究，为全省学前教育政策制定提供了理论和实践支撑，以点带面推进了全省学前教育发展。

宣传形式丰富多样。一方面在网络进行巡展，省教育厅在教育厅门户网开设“贵州学前教育改革发展十年巡礼”专栏，全面展示贵州省学前教育改革发展十年风采，各市（州）在本市（州）教育局网站（或政府网）开辟专栏，根据当地特色，结合实际设计制作网络巡展页面，以文字、表格、图片和视频等多种形式宣传本地学前教育改革发展的突出成就。另一方面，要求各市（州）以“我（们）与学前教育改革这十年”为主题，面向学前教育战线广泛征集宣传案例，发动教育行政人员、专家、园长、教师、家长等各类群体，以他们的亲身经历和故事讲述十年来学前教育普及普惠发展、推进幼儿园科学保教的变化和成果。

在省教育厅的精心统筹部署下，各地充分认识到在“十四五”开局之年展示贵州省学前教育改革发展十年来的重大成果对凝聚社会共识、鼓舞学前教育战线士气、营造学前教育工作氛围的重要意义。各地结合实际，围绕宣传主题，因地制宜地研究、制订了宣传方案，精心谋划学前教育宣传月工作，开展了丰富多彩的宣传活动，并及时总结学前教育普及普惠和科学保教工作中的典型经验和做法，加强宣传推广，通过网络、照片、视频等方式展现改革发展情况。幼儿园通过家长讲座、主题开放日等多种活动宣传科学保教的经验成果。

7月6日，贵州省安吉游戏推广工作暨幼小科学衔接试点工作推进会在凯里市召开。黔东南州副州长江朝伦、省教育厅副厅长周进、黔东南州教育局局长唐光宏、凯里市副市长蒋云生等同志出席会议并讲话，会议由省教育厅学前教育处处长谢旌同志主持。各市（州）教育行政部门分管负责同志及相关科室负责同志，安吉游戏推广工作及幼小科学衔接试点县教育行政部门分管负责同志及相关科室负责同志，安吉游戏推广工作及幼小科学衔接省级试点地区骨干教师，凯里市教育和科技局相关负责同志参加会议。会议期间，与会人员分别对凯里市第八幼儿园、凯里市龙场镇中心幼儿园、龙场镇中心幼儿园三兴村分园、凯里市碧波镇中心幼儿园、凯里市第十三小学进行了现场观摩。会上，江朝伦致欢迎辞，蒋云生介绍了凯里市学前教育发展基本情况，贵阳市、黔东南州、凯里市分别围绕本地区安吉游戏及幼小科学衔接工作实施情况作交流发言。周进同志认真听取了发言，并提出工作要求。周进回顾了近十年来贵州省学前教育发展历程，他指出，“十二五”“十三五”期间，贵州省学前教育学事业走过了“建机制、扩资源、壮队伍”的十年，实现了“四个基本”，一是学前教育发展阶段性任务基本完成，以上问题基本得到解决。二是学前教育发展方向基本明确，贵州省学前教育紧扣高质量发展这一主线，一手抓学前教育县内普及普惠发展，一手抓学前教育高质量发展。三是学前教育内涵建设体系基本形成，城市和乡镇建立了以幼儿园集团化管理和教研指导责任区建设为主要内容的学前教育发展共同体，乡镇和村建立了农村幼儿园集团化管理资源中心，有效促进了各级各类幼儿园内涵发展。四是学前教育教科研体系基本确立，幼儿园科学的儿童观、教学观、课程观逐步建立。学前教育基本改变了体量小、基础弱、底子薄的局面，初步形成了广覆盖、保基本、兜底线的公益普惠学前教育公共服务性格局。

周进提出，“十四五”期间，贵州省学前教育要紧扣实现学前教育高质量发展这“一条主线”，同步推进县域内学前教育普及普惠发展和幼儿园保教质量提升，实施幼儿园教育教学改革。各级各类幼儿园一方面要转变课程观，践行幼儿园以游戏为基本活动，帮助教师完成从观念到行为的转变，另一方面要开展幼小衔接，帮助儿童做好入学准备和入学适应。周进要求，各地要将教育内涵发展主导权抓在手里，主动作为，引领各级各类学前教育机构朝着正确的方向发展。各级各类幼儿园要落实以游戏为基本活动开展幼儿园保教工作，充分理解安吉游戏所蕴含的游戏精神，充分利用当地材料和游戏资源，探索出符合地方实际的游戏经验，从根本上克服和纠正“小学化”“功利化”倾向，提升学前教育质量。各地要协调幼儿园和小学，建立幼小双向衔接机制，共同做好入学准备和入学适应，深入推进幼小科学衔接攻坚行动，帮助儿童顺利度过衔接关。要将提升幼儿园教育质量纳入重点工作，教研和行政要形成合力，坚持破立并举，坚持教育公益属性，深入推动幼儿园和小学教育教学改革，推进教育高质量发展。

2021 年 9 月 9 日，贵州省教育高质量发展大会在贵阳召开，省委书记、省人大常委会主任谌贻琴作出批示，省委副书记、省长李炳军出席并讲话。省委、省政府印发《贵州省整体提升教育水平攻坚行动计划（2021—2030 年）》《学前教育普及普惠发展提升工程等七个实施方案》，提出通过大力实施学前教育普及普惠发展提升、巩固义务教育成果提升、普通高中教育发展提升、现代职业教育扩容提质提升、高等教育突破发展提升、师资队伍建设保障提升、职业技能学历双提升“七大提升工程”，奋力推进全省教育水平整体提升，全力推动教育高质量发展。

2021 年，贵州省人民政府教育督导室、省教育厅联合开展幼儿园乱收费行为专项治理，成立治理小组，畅通举报渠道，组织明察暗访，对幼儿园以“兴趣班”“特长班”“实验班”“特色课程”“课后培训班”“亲子班”“操作材料包”等名义违规收取费用行为进行摸排治理，强化监督整改。

2021 年 12 月 17 日，为规范和加强学前教育发展扩大资源补助资金管理，提高资金使用效益，根据财政部、教育部《支持学前教育发展资金管理办法》等有关规定，贵州省发布《学前教育发展扩大资源补助资金管理办法》，规定学前教育发展扩大资源补助资金将专项用于支持扩大学前教育资源、改善办园条件，以及扩大普惠性资源供给、新建改扩建公办幼儿园和扶持普惠性民办园发展。其所适用的幼儿园是指已列入当地学前教育布局规划拟长期保留或新建的城乡公办幼儿园，以及依据《贵州省普惠性民办幼儿园认定扶持及管理办法》规定、经县级教育部门组织认定、报市（州）教育部门备案的普惠性民办幼儿园。补助资金主要用于支持实施公办学前教育扩容提质工程，重点推进常住人口3万人以上的乡镇中心2所以上公办幼儿园、常住人口2000人以上有实际需求的行政村1所公办幼儿园应建尽建。同时，要支持提高保教质量。改善普惠性幼儿园办园条件，配备适宜的玩教具和图画书。对能够辐射带动薄弱园开展科学保教的城市优质园和乡镇公办中心园给予支持。

针对资金管理，要确保按时、依法、合规用好、用足补助资金，确保及时、充分、高效发挥资金使用效益。严禁超越办园基本需要和省情、市情、县情实际超标准建设豪华幼儿园，不得建设与幼儿园功能无关的建筑、设施。严禁将补助资金向少数优质幼儿园集中，拉大教育差距。《贵州省惠普性民办幼儿园认定扶持及管理办法》还强调，补助资金严禁用于人员工资福利支出、平衡预算、偿还债务、支付利息、支付罚款、对外捐赠、对外投资、教师公租房（教师周转宿舍、教职工宿舍）、冲抵地方应承担的相关经费和国家规定禁止列支的其他支出，不得从补助资金中提取工作经费或管理经费。

党的十八大以来，国家连续实施了三期学前教育行动计划，学前教育普及普惠水平大幅提升。贵州省学前教育通过前三期行动计划的连续实施实现了快速发展，学前教育普及普惠水平持续提升。但学前教育仍是整个教育体系的短板，经费投入不足、成本分担机制不健全、教师待遇保障不到位、科学保教水平不高等突出问题亟待解决。按照国家“建设高质量教育体系”部署要求，“十四五”期间，贵州省仍需继续实施

“学前教育发展提升行动计划”，落实好国家相关文件精神，着力补齐学前教育短板，健全普惠性学前教育保障机制，提高普及普惠水平，提升幼儿园保教质量，加快建设特色教育强省，助力学前教育高质量发展。

2021 年 12 月 9 日，为深入贯彻党的十九届五中全会精神，进一步提高学前教育普及普惠水平，加强县域普通高中建设，推进基础教育高质量发展，教育部等九部门印发《“十四五”学前教育发展提升行动计划》，部署实施“学前教育发展提升行动计划”，对“十四五”期间学前教育事业发展进行了规划和部署。指导思想为习近平新时代中国特色社会主义思想，立足新发展阶段、贯彻新发展理念，把实现学前教育普及普惠、安全优质发展作为提高普惠性公共服务水平、扎实推进共同富裕的重大任务，全面贯彻党的教育方针，落实立德树人根本任务，遵循学前教育规律，强化政府主体责任，健全保障机制，努力满足人民群众幼有所育的美好期盼，为培养德智体美劳全面发展的社会主义建设者和接班人奠定坚实基础。明确学前教育发展基本原则为强化公益普惠、坚持巩固提高、推进科学保教、提升治理能力，确立工作目标为进一步提高学前教育普及普惠水平，到 2025 年，全国学前三年毛入园率达到 90% 以上，普惠性幼儿园覆盖率达到 85% 以上，公办园在园幼儿占比达到 50% 以上；覆盖城乡、布局合理、公益普惠的学前教育公共服务体系进一步健全，普惠性学前教育保障机制进一步完善，幼儿园保教质量全面提高，幼儿园与小学科学衔接机制基本形成。重点任务是补齐普惠资源短板、完善普惠保障机制、全面提升保教质量。

《“十四五”学前教育发展提升行动计划》的政策措施具体为：

1. 优化普惠性资源布局。推进教育公平，增加普惠性资源供给，充分考虑出生人口变化、乡村振兴和城镇化发展趋势，逐年做好入园需求测算，完善县（区）普惠性幼儿园布局规划，原则上每三年调整一次。结合三孩生育政策实施和地方实际，及时修订和调整居住社区人口配套学位标准，推动城市居住社区、易地搬迁安置区配套建设与人口规模相适应的幼儿园，产权及时移交当地政府，确保提供普惠性服务，满足就近入园需要。完善农村学前教育资源布局，办好乡镇公办中心幼儿园，通过依托乡镇中心幼儿园举办分园、村独立或联合办园、巡回支教等方式满足农村适龄儿童入园需求。充分发挥乡镇中心幼儿园的辐射指导作用，实施乡（镇）、村幼儿园一体化管理。鼓励有条件的地方探索实施学前教育服务区制度。

2. 推进普惠性资源扩容增效。国家实施教育提质扩容工程和教育强国推进工程，新建改扩建一批公办幼儿园，支持人口集中流入地、农村地区、“三区三州”、原集中连片特困地区县和片区外国家扶贫开发工作重点县普及学前教育。各地实施幼儿园建设项目，补齐普惠性资源短板，确保城乡学前教育资源全覆盖。加大扶持力度，落实财政补助、划拨方式供地、减免税费和租金等政策，鼓励支持政府机关、国有企事业单位、军队、街道、农村集体举办公办幼儿园，积极扶持民办园提供普惠性服务。逐步化解和消除学前教育“大班额”现象，防止出现新的无证园。全面改善办园条件，消除园舍安全隐患。各类幼儿园按照国家和地方的有关要求配备丰富适宜的玩教具和游戏材料。对乡镇公办中心园、企事业单位和用集体资产开办的幼儿园，经机构编制部门审批后，依据《事业单位登记管理暂行条例》等相关规定做好事业单位法人登记管理工作，发挥其兜底线、保普惠的重要作用。各省（区、市）要认真部署开展城镇小区配套园治理“回头看”，对治理成效进行全面复查，健全城镇小区配套园建设管理制度，完善扶持政策和监管机制，巩固治理成果，坚决防止出现反弹。

3. 健全经费投入与成本分担机制。各省（区、市）以提供普惠性服务为衡量标准，科学核定普惠性幼儿园办园成本，明确分担比例，统筹制定财政补助和收费政策，合理确定家庭支出水平。优化完善财政补助政策，逐步提高学前教育财政投入水平，保障普惠性学前教育有质量可持续发展。健全学前教育资助制度，切实保障家庭经济困难儿童接受普惠性学前教育。加强幼儿园收费监管，各省（区、市）综合考虑经济发展水平、群众承受能力和办园成本等因素，动态调整公办幼儿园收费标准、普惠性民办幼儿园最高收费限价。各省（区、市）尽快制定完善非营利性民办幼儿园收费的具体办法，可对非营利性民办园实行政府指导价管理，在合理核定办园成本的基础上，明确收费标准，坚决遏制过高收费和过度逐利行为。

4. 提高幼儿园师资培养培训质量。鼓励各地结合实际加大农村和欠发达地区幼儿园教师培养力度。深化学前教育专业改革，完善培养方案，强化学前教育专业基础，注重培养学前教育专业学生观察了解儿童、支持儿童发展的实践能力。在高等学校学前教育专业增加特殊教育专业课程，提高师范生的融合教育能力。各地制定幼儿园教师和教研员培训规划，加大培训力度，实施全员培训，突出实践导向，提高培训实效。鼓励高校、教科研机构和优质幼儿园结对帮扶基层、边远和欠发达地区幼儿园。

5. 保障幼儿园教师配备和工资待遇。各地要及时补充公办园教职工，严禁“有编不补”、长期使用代课教师。民办园按照配备标准配足、配齐教职工。落实公办园教师工资待遇保障政策，统筹工资收入政策、经费支出渠道，确保教师工资及时足额发放、同工同酬。按照政府购买服务范围的规定，可将公办园中保育、安保、食堂等服务纳入政府购买服务范围，所需资金从地方财政预算中统筹安排，公办园和承接主体应当依法保障相关劳动者权益。民办园要参照公办园教职工工资收入水平，合理确定相应教职工的工资收入。各类幼儿园教职工依法全员纳入社会保障体系，畅通缴费渠道，农村集体办园的教职工社会保险可委托乡镇中心幼儿园代缴，农村小学附属幼儿园由小学代缴。各类幼儿园依法依规、足额足项为教职工缴纳社会保险和住房公积金，社会保障、医疗保障、税务等有关主管部门依法依规对幼儿园教职工缴纳社保情况组织检查，积极开展医保参保宣传进校园等活动，切实保障教职工合法权益。

6. 完善幼儿园规范管理机制。落实县级人民政府和各有关部门的监督管理责任，提升跨部门协同治理能力，完善动态监管机制，强化对幼儿园办园条件、教师资格与配备、安全防护、收费行为、卫生保健、保育教育、财务管理等方面的动态监管。完善幼儿园信息备案及公示制度，各类幼儿园的基本信息纳入区（县）政务信息系统管理，定期向社会公布幼儿园教职工配备、收费标准、质量评估等方面信息，幼儿园园长和专任教师变更要主动向教育主管部门备案，一个月内完成信息更新。加强民办园财务监管，非营利性民办园收取费用、开展活动的资金往来要使用在教育行政部门备案的账户，确保收费主要用于保障教职工待遇、改善办园条件、提高保教质量。严禁非营利性民办幼儿园举办者通过任何方式取得办学收益、分配或转移办学结余。

7. 强化幼儿园安全保障。严格落实幼儿园安全主体责任和有关部门安全监管责任，建立全覆盖的安全风险防控体系。幼儿园要健全房屋设备、消防、门卫、食品药品、幼儿接送交接、幼儿就寝值守和活动组织等安全防护和检查制度，及时排查安全隐患，严防各类事故发生。加强人防、物防、技防建设，幼儿园门口设置隔离栏、隔离墩或升降柱等硬质防冲撞设施，专职保安配备、一键式紧急报警、视频监控装置配备和封闭化管理全面达标。构建联防联控有效机制，公安机关要优化上下学时段幼儿园周边“高峰勤务”机制，强化幼儿园周边重点巡防，组织公安民警、警务辅助人员、学校保卫人员、教职员工和群防群治力量落实好幼儿园“护学岗”机制。各地教育部门要会同有关部门建立健全幼儿园安全日常监管、重大隐患督办、约谈通报等工作机制，及时通报幼儿园安全风险，定期组织开展联合检查和集中整治，落实监督检查常态化措施，确保幼儿园安全运转。

8. 加大不规范办园行为治理力度。加强办园行为督导，重点对存在危房、“三防”不达标等安全隐患及园长和教师不具备规定资格等不规范办园行为进行动态督查，限期整改，整改不到位的依法进行处罚。

对出现虐童、体罚及变相体罚等严重师德失范行为的幼儿园，年检实行一票否决，对涉事教职工、管理者和举办者依法追究法律责任。各省（区、市）部署开展幼儿园名称规范清理行动，对冠以“中国”“中华”“全国”“国际”“世界”“全球”等字样，包含外语词、外国国名、地名，使用“双语”“艺术”“国学”“私塾”等片面强调课程特色以及带有宗教色彩的名称，以及民办园使用公办学校名称或简称等现象进行清理整治，2022年6月前完成整改。加大校外培训机构执法检查力度，对面向学龄前儿童开展线上培训和以学前班、幼小衔接班、思维训练班、托管班等名义开展线下学科类（含外语）培训，以及其他违反儿童身心发展规律和接受能力的培训活动，一经发现，严肃查处，并追究相关人员的责任。

9.深化幼儿园教育改革。深入贯彻落实《3—6岁儿童学习与发展指南》《幼儿园教育指导纲要》，以先进的实践经验为引领，切实转变教师观念和行为，促进幼儿在快乐的童年生活中获得有益身心的学习和发展经验，提升教师职业成就感。深入推进幼儿园与小学科学衔接，在认真开展试点、加强实践探索的基础上，全面构建衔接机制，强化幼儿园和小学深度合作，切实提高入学准备和入学适应教育的科学性和有效性，坚决纠正超前学习、拔苗助长等违反幼儿身心发展规律的行为。教育部出台《幼儿园保教质量评估指南》，各省（区、市）完善幼儿园质量评估实施办法，将各类幼儿园全部纳入质量评估范围，树立科学导向，强化过程评估，引领教师专业成长，全面提高幼儿园保教质量。

10.推动学前教育教研改革。坚持教研为幼儿园教育实践服务，为教师专业发展服务，为教育管理决策服务。加强学前教育教研工作，遴选优秀园长和教师充实教研岗位，每个区县至少配备一名学前教育专职教研员，形成一支专兼结合的高素质专业化学前教研队伍。完善教研指导责任区、区域教研和园本教研制度，实现各类幼儿园教研指导全覆盖。教研人员要深入幼儿园保教实践，了解教师专业成长需求，分类制定教研计划，确定教研内容，及时研究解决教师保教实践中的困惑和问题。充分发挥城镇优质幼儿园和乡镇中心幼儿园的辐射指导作用，推动区域保教质量整体提升。

为深入贯彻教育部等九部门《“十四五”学前教育发展提升行动计划》等文件要求，落实立德树人根本任务，推进贵州省学前教育普及普惠、安全优质发展，贵州省教育厅等十二部门共同印发了《贵州省“十四五”学前教育发展提升行动计划》，实施“十四五”学前教育发展提升行动计划。

贵州省实施“十四五”学前教育发展提升行动计划，是贯彻习近平新时代中国特色社会主义思想和党的十九大及十九届五中、六中全会精神的重要部署，是落实贵州省委省政府关于教育优先发展的重要举措，是建设特色教育强省的应有之义，是推动教育高质量发展的必然要求，是实现人民群众幼有所育美好愿望的具体实践。各地要切实把思想和行动统一到党中央决策部署上来，扎实推进学前教育普及普惠、安全优质发展，奋力培养德智体美劳全面发展的社会主义建设者和接班人，谱写新时代贵州学前教育高质量发展新篇章。重点目标是：覆盖城乡、布局合理、公益普惠的学前教育公共服务体系进一步健全，学前教育经费保障机制进一步完善，乡（镇）、村幼儿园一体化管理机制基本建立，普及普惠县积极稳妥创建，幼小科学衔接机制初步形成，“小学化”倾向基本消除，实现学前教育办学方向正确、办园行为规范、普惠格局完善、保教质量提高、幼儿全面发展。到2025年，全省学前三年毛入园率达到94%，普惠性幼儿园覆盖率达到85%，公办幼儿园在园幼儿占比达到60%，全省50%左右的县（市、区）通过学前教育普及普惠国家认定，每个市（州）创建1所及以上一类省级示范幼儿园，每个县（市、区）创建1所及以上省级示范幼儿园，每个乡（镇）建成1个及以上农村幼儿园集团化管理资源中心。

行动计划的主要任务有五个方面：一是扩容增效普惠资源。优化普惠性资源布局，以县为单位，原则上每三年调整一次普惠性幼儿园布局规划。城镇地区依标配建居住区配套幼儿园，开展城镇小区配套幼儿园治理“回头看”，农村地区加强公办园建设。持续加大普惠性学前教育资源供给，“十四五”期间全省新建、改扩建一批公办园，新增学位15万个左右。促进县域学前教育均衡发展，到2025年,50%左右的县（市、区）通过学前教育普及普惠国家认定。二是全面规范办园行为。强化办园行为动态监管，规范幼儿园名称，加强信息公示，严格民办园财务监管，营利性、非营利性民办幼儿园实行分类登记管理。夯实安全保障措施，严格落实幼儿园安全主体责任。开展危房、“三防”不达标、无证园、园长和教师不具备规定资格等不规范办园行为动态督查，加强校外培训机构监督管理。三是加强教师队伍建设。加强师德师风建设，及时补充公办园教职工，民办园按照配备标准配足配齐教职工，确保教职工全面持证上岗。深化高等院校学前教育专业改革，支持高校与幼儿园双向合作，分层开展幼儿园师资培训，提升教师专业能力。落实公办园教师工资待遇保障机制，确保教师工资及时足额发放。民办园参照公办园教职工工资收入水平，合理确定工资收入。各类幼儿园依法依规、足额足项为全园教职工缴纳社会保险和住房公积金，“十四五”期间，定期开展幼儿园教职工缴纳社保情况检查。四是完善经费保障机制。落实政府投入为主、家庭合理分担、其他多渠道筹措经费的学前教育经费保障机制，提高学前教育财政投入水平。落实省定公办幼儿园生均公用经费标准，逐步将拨款制度延伸至普惠性民办园。健全成本分担机制，按照实际需求动态调整公办幼儿园收费标准，合理核定普惠性民办园最高收费限价并落实补助标准。五是着力提升保教质量。进一步扩大优质学前教育资源，到2025年，每个市（州）创建1所及以上一类省级示范幼儿园，每个县（市、区）创建1所及以上省级示范幼儿园。落实集团化办园管理、教研指导责任区、农村幼儿园集团化管理资源中心“三个全覆盖”制度。各级教研部门配备学前教育专职教研员，提升教研实效。

行动计划的保障措施：一是强化组织领导。进一步加强省级统筹，充分发挥市（州）作用，落实县级主体责任。逐级编制实施“十四五”学前教育发展提升行动计划，确保各项目标任务落到实处。二是强化部门协同。强化各相关部门工作职责，形成齐抓共管、共同促进学前教育发展的良好局面。三是强化经费保障。各级财政统筹资金重点支持扩大普惠性资源、改善办园条件、提升内涵发展等，强化资金使用效益。

十年来，财政投入力度持续加大，中央财政支持学前教育发展专项资金累计投入超过 1700 亿元，有效拉动了地方财政投入的快速增长，为学前教育发展提供了有力保障。成本分担机制基本建立，贵州省出台了公办园生均公用经费标准或生均财政拨款标准、普惠性民办园补助标准，并根据事业发展需要不断完善标准；同时综合考虑经济发展水平、群众承受能力和办园成本等因素，动态调整公办幼儿园收费标准，确定普惠性民办幼儿园最高收费限价，有效保障幼儿园正常运行。连续十年，贵州省围绕破解“入园难”，实施了学前教育行动计划，坚持学前教育优先发展的地位，持续启动实施学前教育重大项目，不断扩大学前教育资源供给，学前教育资源总量迅速增加，普及水平大幅提高，从“有园上”到“园好上”再到“上好园”，多措并举促进学前教育发展，更好地满足了人民群众的教育期待。坚持“政府投入为主，家庭合理分担”，学前教育经费投入机制不断完善。

2021 年，贵州全省共有幼儿园 11305 所（其中民办幼儿园 5109 所），比上年增加 288 所，增长 2.61%。其中，普惠性幼儿园 9999 所，比上年增加 1277 所，增长 14.64%。学前教育入园幼儿 638475 人，比上年减少 60649 人，下降 8.67%；在园幼儿 1655347 人，比上年增加 66883 人，增长 4.21%。其中，普惠性幼儿园在园幼儿 1568313 人，比上年增加 244101 人，增长 18.43%。幼儿园教职工 192258 人，比上年增加 28106 人，增长 17.12%；专任教师 104954 人，比上年增加 10890 人，增长 11.58%。学前教育毛入园率达到 91.4%，比上年提高 1.1 个百分点，高于全国平均水平3.3个百分点，保持西部领先地位并继续高于全国平均水平。

2021年，贵州省新增省级示范幼儿园19所，其中贵阳市实验幼儿园未来方舟博学分园为省级示范幼儿园（一类），都匀市第四幼儿园等2所幼儿园为省级示范幼儿园（二类），观山湖区第三幼儿园等16所幼儿园为省级示范幼儿园（三类）。指导盘州市第一幼儿园等2所幼儿园完成省级示范幼儿园（二类）升类工作。截至2021年底，贵州省共有省级示范幼儿园96所，其中省级示范幼儿园（一类）4所，省级示范幼儿园（二类）25所，省级示范幼儿园（三类）67所。地区分布上，贵阳市37所、遵义市15所、安顺市5所、铜仁市6所、六盘水市11所、毕节市4所、黔南州7所、黔东南州8所、黔西南州3所。

2021年，中国共产党建党一百周年之际，全国普惠性幼儿园（包括公办园和普惠性民办园）达到24.5万所，占幼儿园总量的83%，其中公办园12.8万所，比2011年增长了149.7%，充分发挥了公办园兜底线、保基本、平抑收费、引领方向的重要作用。学前教育普惠水平大幅提升，2021年全国普惠性幼儿园在园幼儿占比达到87.8%，比2016年增长20.5个百分点（2016年开始统计普惠性幼儿园在园幼儿占比），其中12个省份超过90%，有效保障了绝大多数幼儿享受普惠性学前教育。学前教育公共服务网络逐步完善，2021年，农村普惠性幼儿园覆盖率达到90.6%，每个乡镇基本办有一所公办中心园，大村独立办园、小村联合办园；适应城镇化进程，不断扩大城镇普惠性资源，特别是全面开展了城镇小区配套幼儿园治理，共治理2万多所幼儿园，增加普惠性学位416万个。城乡学前教育公共服务体系基本建成，基本满足了老百姓在家门口入园的愿望。同时适应城镇化进程，不断扩大城镇普惠性资源，特别是全面开展了城镇小区配套幼儿园治理，共治理2万多所幼儿园。

贵州省学前教育取得跨越式发展，普及水平位列全国中上行列，广大适龄幼儿享有公平接受学前教育的机会；学前教育资源发生格局性变化，公益普惠底色更加鲜明，人民群众幸福感、获得感显著增强；坚持“依法治教、依法办园”，学前教育治理体系不断完善，学前教育科学化、专业化、规范化水平不断提高，办园水平显著提升，督导评估深入实施，全面实施了办园行为督导评估和县域普及普惠认定工作，建立了督导问责机制，为提高国民素质、建设教育强省奠定了坚实基础；建立一批幼儿园保育教育改革实验区，发挥示范引领作用，不断完善学前教研体系，推动“以游戏为基本活动”有效落实，有力促进幼儿身心健康成长；每年开展“全国学前教育宣传月”活动，面向全社会持续传播科学保教理念和方法，促进科学育儿知识走进千家万户，专业指导持续加强；深入开展“小学化”专项治理，积极推进“幼小衔接”攻坚行动，幼儿园“小学化”治理成效显著，科学保教理念深入人心；学前教育始终立足省情、勇于创新，创造了贵州特色的学前教育发展经验，为中国贡献了贵州方案。

回顾百年来贵州省学前教育走过的不平凡历程，我们深切体会到，办好学前教育必须坚持党的全面领导，确保学前教育始终沿着正确方向前进；必须坚持站稳人民立场，把发展公益普惠的学前教育作为政府的重要责任；必须坚持深化改革创新，不断破解制约学前教育改革发展的体制机制性障碍；必须坚持科学保育教育，切实遵循学前教育规律和幼儿身心发展规律。

进入新时代，踏上新征程。我们将坚持以习近平新时代中国特色社会主义思想为指导，认真贯彻落实党中央、国务院关于学前教育的重大决策部署，积极服务国家人口发展战略，深入实施《“十四五”学前教育发展提升行动计划》，大力推进学前教育高质量发展。进一步补齐普惠资源短板。多渠道持续增加普惠性学前教育资源供给，加强农村和城市新增人口集中地区幼儿园建设，切实保障适龄幼儿入园。进一步完善普惠保障机制。落实以政府投入为主、家庭合理分担、其他多渠道筹措的经费投入机制，切实解决好普惠性学前教育的人财物保障问题。进一步提升保教质量。深化幼儿园教育改革，以科学理念和先进经验为引领，全面提升办园水平和科学保教质量，为促进幼儿健康成长、终身发展奠基。

人生百年，立于幼学。学前教育关系亿万儿童健康成长，关系千家万户幸福和谐，关系国家发展和民族未来。教育是国之大计、党之大计，党中央、国务院高度重视学前教育事业，习近平总书记就学前教育改革发展多次作出重要指示。党的十八大提出“办好学前教育”，党的十九大要求“在幼有所育上取得新进展”。国家将这项千家万户最关心、最直接、最现实的学前教育发展作为基础工程，连续十年实施行动计划，中央财政设立支持学前教育发展专项资金，实施了一系列学前教育重大项目，教育部会同有关部门分阶段明确学前教育发展具体目标、重点任务和工作举措，地方各级人民政府切实做好实施工作，下大力气、用真功夫，坚持不懈推动学前教育持续快速健康发展，提升人民群众对教育的获得感和幸福感。社会各界逐步形成广泛共识，各级党委、政府及相关部门更加认识到“投资学前教育就是投资未来”，广大学前教育工作者更加认识到尊重学前教育规律对幼儿健康成长的关键作用，广大家长送孩子入园接受学前教育的愿望更加迫切，全社会形成了关心支持如何办好学前教育的良好氛围。

贵州省学前教育认真践行为党育人、为国育才的崇高使命，不断深入学习，深刻领会、坚决贯彻习近平总书记关于教育的重要论述和对贵州教育的重要指示要求，坚持以习近平新时代中国特色社会主义思想统领贵州教育的改革发展，进一步增强“四个意识”，坚定“四个自信”，做到“两个维护”，以构建广覆盖、保基本、有质量的学前教育公共服务体系，不断以满足人民群众幼有所育的美好期盼为重大任务，加快推进教育现代化，建设特色教育强省，不忘初心，牢记使命，砥砺奋进，开拓创新，确保党中央关于教育工作的决策部署在贵州落地生根、开花结果。